本书由中国社会科学院世界宗教研究所儒教研究中心 编

本书出版得到了
西安都城隍庙和西安临潼明圣宫的资助

儒道研究

第五辑

卢国龙／主编

赵法生／执行主编

社会科学文献出版社

SOCIAL SCIENCES ACADEMIC PRESS (CHINA)

目　录

专题研究

三清之道皇建其极

　　——三清山道文化报告 ………………………………… 卢国龙 / 3

经典与今诠

经史之别：程颐与朱熹《春秋》学之歧异 ……………………… 曾　亦 / 25

本性与教化

　　——"习与性成"古典诠释的梳理与省思 ……………… 许　伟 / 63

儒家与儒教

论周公对《黄帝四经》政治思想的影响 …………………… 杨兆贵 / 87

吕坤启蒙儒学散论 ………………………………………… 陈寒鸣 / 104

回归原典，整合儒道

　　——唐力权场有哲学根身性相学解读 ………………… 韩　星 / 130

贺麟五伦新观三特征 ……………………………………… 李　杨 / 143

道家与道教

郭象《庄子注》解释方法试析 ……………………………… 李耀南 / 155

传述与评介

柏洋林氏祖先祭祀的个案研究 ……………………………… 杨　莉 / 179

江南家族慈善文化的历史重现

　　——《无锡华氏义庄：中国传统慈善事业的个案研究》述评

　　………………………………………………………… 郭进萍 / 204

祠堂·理学·信仰

　　——以《朱子家礼》为中心的考察 ……………… 周天庆 / 215

专题研究

三清之道皇建其极

——三清山道文化报告

卢国龙[*]

一 楔子

> 近山惟有此山尊，养鹤仙人玉一群。
>
> 前约已过休落帽，后期直上好书云。
>
> 也知乘兴寻仙侣，绝胜偷生避哨军。
>
> 莫若来春风雨过，杖藜闲访玉宸君①。

这是元代诗人鲁贞写的一首诗。诗的意蕴未必如何精妙高古，但叙述的事情却很实在。事情就是怡情山水的几个读书人，相约登三清山一游。然而人世间的生活，能够随心所欲的事情处处偏少，身不由己的时候人人嫌多，所以约期过了，相约的人都还散落在山下，各自忙碌。

不过，相约既然是为了怡情，爽约也就没必要反生懊恼。于是鲁贞抱着再次动员的心思，响应同人的再约，说附近虽然层峦迭嶂，但要数三清山最为崇高，清绝出尘，可以脱尘壤而凌霄汉。在这个人以金戈相啸聚，

---

　　* 卢国龙，中国社会科学院世界宗教研究所研究员。

　　① 《桐山老农集》卷四《次刘用晦约游少华韵》。

我为偷生而奔忙的时代里，何不直上三清，权将撩云当泼墨，在天地间书写出神仙逍遥的大意境？况且，三清山就像是直达天庭的云梯，像是天庭玉宸君设在苍茫大地以接引神仙的驿站，那里面住着许多修道的仙子，与他们清虚相守，岂不"绝胜"在人世间躲避乱军？

心动决定行动。鲁贞对三清山既是如此神往，则扪萝攀葛，凌虚御风以一尝所愿，就只剩下时间问题了。元至正癸卯（1363），自号"桐山老农"的鲁贞，终于暂时告别耕读生活，从三清山东麓的浙江开化开始了登山之旅。就这一次不算远的旅行，鲁贞留下三篇作品，一首《题少华山》诗，一篇畅叙金沙灵济庙龙神的《赠龙文》，还有一篇《三清山游记》。对于作者本人来说，这些作品或许只是以所见所闻所感受到的，直抒胸臆，而对于六百五十年后的我们来说，那却是一条时光隧道，能唤醒沉睡的历史感，让我们得以略窥三清山的"曾经"。

平实无华地看，鲁贞的《三清山游记》，与其说是一篇严格意义上的文学作品，还不如说是接近现代学术范式的田野调查报告，一路登山的食宿、路况、景物等等，细大不捐，逐一记录在案。也正因为这篇游记很写实，所以尽可充当历史数据之用。于是，根据鲁贞的叙述，我们得知三清山文化"曾经"的格局，在元代就是山下有金沙灵济庙，借助冰玉洞的奇妙结构，是当地官民祈雨的场所，鲁贞为此撰写的《赠龙文》，浑朴而典雅，由同行者投入冰玉洞水中，算是举行了一场简洁却不失庄重的登山仪式；山上有三清观，是道教所理想的洞天福地。三清观由石匠三人施工做成，观内则有石刻三清石仙君、葛仙翁、李尚书、金童、玉女及潘元帅像。从灵济庙上三清观，一路经过了风门、"相传李尚书结须而度"的结须岩、神仙洞等。由三清观向顶峰瞻望，则有天然巨石，被命名为传递道教文化信息的"石仙君""仙人桥"。三清观近侧又有香炉石、卓旗石。香炉石上的铁炉为李尚书所铸，"如石上生成"；卓旗石上有窍穴，圆而且深，"旗竿所立也"。自三清观向更高的峻绝处攀登，行六七里，可以见到李尚书遗留下的"丹炉"。

根据鲁贞的这份"考察报告"，我们显然可以做出一个简单的判断，即在元代以前，三清山的文化已经自成格局，山下灵济庙的祭祀礼俗，山上三清观的清静道场，既相映成趣，又守候相望。相映成趣呈现出在尘与出尘、常规生活与追求超越的趣味差异；守候相望则表现在建构信仰的神灵世界里，祭祀礼俗与清静道场相互烘托，相对映衬。合而言之，就是鲁贞写在《赠龙文》里的一句话，"信兹山之精神兮，奚至斯而融结"。如果允许略加改窜，"信兹山之精神兮，奚融结而至斯"，或许就更能表征出三清山融结精神的文化品格了。

当然，要想从源流上弄清楚三清山道文化的历史脉络，单纯依赖鲁贞的记叙是远远不够的。就渊源而言，鲁贞的记叙只是为我们明确了历史下限，即至迟到元代，三清山已经建有三清观，确定了三清信仰、道文化是这座山人文开发的基本方向，而李尚书铁炉、丹炉等，则像冶炼术一样将这个文化方向铸造、焊接在这座山上。但是，三清观何人所建？李尚书又是何方神圣？还有葛仙翁与三清山究竟是一种什么性质的关系？这些问题，都还需要做进一步的梳理考证。

二 "李尚书"考略

考察三清山道文化的历史，我们会发现一个有趣的现象，即山上可见的文物，多于文献可见的历史叙述。文物既包括李尚书铁炉、丹炉等罕见的铸造物，也包括数量庞大的宫殿建筑、摩崖石刻等。当地学者黄上祈先生长期从事三清山历史文化的调查和研究，所著《三清山道教文化考略》列有《三清山古建筑群与摩崖题刻、石雕一栏表》，统计见存者总凡125处。如果再加上无复子遗但目录偶有记载的《少华山录》等书画作品，数目只会更多。而山志、宫观志之类的著作，却久付阙如，关于其历史文化的基本轮廓，要从让人疑信参半的民间传说中去窥探，属于典型的开山有历史、叙事无卷帙的状态。这种现象，使关于三清山历史文化的研究很有些像夏商周三代考古，一方面是历史叙事上"文献不足征"，另一方面则是文物足以证明其历史文明真实存在。当然，三清山局域有限，不可能像"夏商周三代考古工程"那样拥有广袤的考古空间，时常能遭遇考古新发现，只是在文物足以证明其历史存在的意义上，二者有异曲同工之妙。而三清山文物，最引人瞩目的当然就是李尚书铁炉、丹炉。

鲁贞的《三清山游记》，可以作为铁炉、丹炉确曾存在的第一份目击报告——尽管实物已经荡然无存，但"曾经"的真实依然是真实。由有铁炉、丹炉之物或体的真实，可以推知其用亦即炼丹实践的真实；而由有其体与用的真实，又当然可以推知其主人李尚书的真实。但李尚书究竟是谁，却成了探寻三清山道文化历史的第一个谜题，需要从与三清山相关但线索时断时续的汗漫文献中去稽考。

鲁贞之后，明代的第三十六代天师张宇初也曾提到李尚书，"三清山峰秀若笔立，吴葛仙公玄暨德兴李尚书某修炼其间"①。这里面提供了一条新线索，即李尚书是德兴人。但其人有姓无名，称"某"应该是佚其名号，而不是避名讳，因为纯粹叙事没有这种避讳的必要，就像称"葛仙公玄"而毋须避讳一样。为此我们查阅《江西通志》《饶州府志》《德兴县志》，发现德兴历史上有名的"李尚书"，只有唐末的李涛。但清同治《德兴县志》所叙李涛事，大约据旧志或乡里耆艾之传说，显然将唐末的李涛与五代宋初的李涛混而为一、重叠在一起了，所以采撷府县志的《江西通志》，叙其事而有所存疑②。唐末李涛是杨行密的部将，《新唐书》《资治通鉴》载其事而不叙其籍里；五代宋初的李涛则是京兆万年（今属西安）人，《宋史》有传，曾任刑部、吏部尚书，履历清晰，未见与德兴相关的记载。德兴李涛，当是唐末人。但此李涛既未曾任尚书职，也未见与道教、炼丹术相关的记载，在三清山铸炉炼丹的李尚书，没有理由认为即其人。这样，所谓"德兴李尚书"的线索，也就无从延展了。

考索"德兴李尚书"虽然无果，但从中我们可以获得一些启示，即我们的目标不必锁定在三清山本地人身上。因为通常的情况下，古代炼丹家选址，主要取决于两个条件，一是洁净之地以避免受干扰，同时也避免奇异的丹术惊世骇俗，干扰社会，所以那些遗迹保留至今的古人炼丹场所，几无一例外都在古代的僻静之地；二是出产铅、汞、硫磺等丹药所需的地方，例如葛洪求为勾漏令，就是因为传言其地产丹砂。这种为求丹砂而远游的古典式浪漫，甚至可以追溯到更古老的时代，如屈原《远游》说，"任羽人于丹丘兮，留不死之旧乡"。就炼丹所需的这两个条件而言，三清山可谓得天独厚。三清山远隔尘嚣，自然是炼丹的理想去处；德兴在唐代

---

① 《蚬泉集》卷二《福庆观记》。
② 详《江西通志》卷八十七。

就开凿银矿，有色金属蕴藏丰富，当然也是丹家所向往的"丹丘"。我们甚至可以因此产生一些合理的推测，炼丹的李尚书之所以与德兴挂上钩，不是由于籍里，而是由于德兴盛产炼丹所需的贵重金属。不管怎么说，曾经从事过炼丹实践，应该是这位李尚书的最重要特征。

传言李尚书与葛玄或葛洪在三清山炼丹，委实渺茫不可考。因为各地传说中葛玄或葛洪隐修的地方实在太多了，粗略搜集各地方志的记载就多达六十三处，所以我们有理由相信，这些传说是反映金丹术和灵宝派传播地域的一种文化现象，具有其独特的文化意蕴，但不一定要坐实，三清山也不例外。就炼丹术的传播和发展而言，魏晋南北朝时还属于秘术，魏晋名士乐于服食的"五服散"，虽然也像金丹一样含铅，但那毕竟不是道教之所谓金丹。士大夫热衷于金丹术的风气，是在唐代开始流行起来的，所以从相对宏观的金丹术历史上来分析，李尚书乃唐或唐以后人的可能性比较大。于是，我们将考索的焦点转向唐代。

唐宪宗元和九年（814），三清山所隶属的信州出了件奇案，信州刺史李位被部将韦岳告发，原由是结集术士，图谋不轨。这件案子在两《唐书》、《资治通鉴》、《唐会要》等文献中都有记载，如《新唐书》卷一百六十三《孔巢父传》附《孔戣传》："信州刺史李位好黄、老道，数祠祷，部将韦岳告位集方士图不轨，监军高重谦上急变，捕位劾禁中。（孔）戣奏：'刺史有罪，不容系仗内，请付有司。'诏还御史台。戣与三司杂治，无反状。岳坐诬罔诛。贬位建州司马。中人愈怒。"《旧唐书》的记载大致相同，只是关于李位的案由说得更清楚些，"位好黄老道，时修斋箓，与山人王恭合炼药物，别无逆状"①。祠祷是举行祭祀仪式的泛称，其中可能包括祈请天命的内容，斋箓则是道教仪式的专称，而且李位和"山人王恭"所举行的斋箓，是与"合炼药物"联系在一起的。

这样的案件确实让人拍案惊奇，一个下级武官，就算对行政主官心怀嫌怨，怎么就会想到要拿炼丹斋箓的事去诬告主官图谋不轨呢？同样炼丹的官员太多了，据韩愈《故太学博士李君墓志铭》，单是韩愈熟识并且误中丹毒的名公巨卿，诸如工部尚书、刑部尚书、殿中御史等，就多达六七

---

① 《旧唐书》卷一百五十四《孔巢父传》附《孔戣传》。

人，与韩愈不熟或者熟识而未中丹毒的炼丹者，正不知其几。拿这样一个广泛存在的事项，去诬告信州刺史李位图谋不轨也就是谋夺皇权，扯得上吗？可能取信于人吗？然而江西监军高重谦信了，远在朝廷的唐宪宗也信了，李位被押赴皇宫，囚禁起来。这件怪事，如果不是大文豪柳宗元给李位写过一篇《墓志铭》，大概也就无从索解了。而从这篇柳文中我们获知，原来李位是唐太宗的玄孙，唐太宗废太子承干的曾孙。这就难怪了，在血统上，李位是距离皇权很近的人，因此也就是守护皇权很需要防范的人。于是韦岳得偿所愿，李位被囚于禁内。

这起案件还涉及一个特殊的历史背景，即由王叔文所推动的"永贞革新"，引发朝士与太监集团的矛盾，李位案的幕后推手，就是太监集团。《新唐书》叙述孔戣为李位昭雪之后"中人愈怒"，指的就是太监们因构陷不成而大为光火。当时如果不是孔戣、薛存诚等人极力要求将案件交付御史等三司会审，李位就可能被太监们无声无息地消灭在皇宫之内了，不可能后来又出任邕州经略招讨使，妥善化解广西的民族矛盾，备受边民爱戴；又如果不是柳宗元像李位一样都是王叔文集团的成员，为怀念故人而撰写那样一篇《墓志铭》，我们可能就不知道信州历史上曾经有过这样一位出身皇家却信仰道教、热衷金丹术的刺史。据柳氏《唐李公墓志铭并序》① 所述，李位"刺岳、信二州，得刘向秘书，以能卒化黄白，日召徒试术"。所谓"刘向秘书"，也就是刘向之父刘德在汉武帝时治淮南王刘安之狱，从刘安处所获得的《枕中鸿宝苑秘书》，"书言神仙使鬼物为金之术，及邹衍重道延命方"②。而被李位招揽实验其金丹术的方士，两《唐书》作王恭或王仁恭，其行事于史无考。倒是李位与王仁恭炼丹、斋箓的场所，究竟在信州的什么地方，却是一个涉及三清山所在地区道教历史的悬案，很值得推敲。为此，我们查阅信州域内与道教关系密切的各名山数据，诸如龙虎山、葛仙山、军阳山以及属于抚州的玉华山等，结果未能发现李位、王仁恭与这些名山的任何关联。倒是在三清山铸炉炼丹的神秘李尚书，最有可能就是李位故事在当地民间的口头流传。理由有二。第一，

① 原题《唐故邕管经略招讨等使朝散大夫持都督邕州诸军事守邕州刺史兼御史中丞赐紫金鱼袋李公墓志铭并序》。
② 《汉书·刘向传》。

据柳宗元《墓志铭》，李位在任职信州刺史之前，曾任浙江西道都团练副使，饶州在其领治之内，可信李位对于三清山周边的地理环境是熟悉的。第二，将李位的职衔由刺史、御史中丞误传为尚书，在宋人吴缜的《新唐书纠谬》中就已经出现了，"今按《孔戣传》云：迁尚书左丞、信州刺史李位，好黄老道，数祠祷"①。其实，这是一个很简单的句读错误，迁尚书左丞的是孔戣，而非李位。但既然宋代的学者已经误称李位为尚书了，则参与或者委托王仁恭在三清山炼丹的李位被传为李尚书，也就不足为怪了。

与三清山"李尚书"相关联的，还有一个大人物，那就是两宋之际的三部尚书李弥大。李弥大（1080～1140）是北宋末进士，南宋初先后任刑部、吏部、户部尚书。像李位一样，李弥大也是李唐诸王的苗裔，始家陈留。自八代祖李澄，仕为温州永嘉令，遂迁居福州连江县，至其祖为苏州吴县人。在北宋末、南宋初那样一个多事之秋，李弥大既表现出谋划军事战略的才能，也曾出任大使，到女真族的金朝廷一探虚实，内政方面历任三部尚书，更足以表明其不是泛泛之辈。但因先后与童贯、李纲等重臣意见相左，所以四十余岁后即退隐，居怀玉山麓之衣锦乡，与弟李弥逊曾有终老此山之约。李弥大乃三清山"李尚书"真身的可能性同样很大，理由有三。第一是李弥大与三清山有直接关联，三清山的"冰玉洞"摩崖石刻，即为其所书②。第二是据李弥逊《书尚书兄墨迹后》所述，李弥大"自壮留意炼养"，身体一向健硕，到六十岁时依然"神发俱鲜，长髯过腹"③，是深谙道家炼养术而且成效显著的实践者，六十一岁时暴卒的原因不明，也很难说不是误中丹毒所致。第三是在三清山、怀玉山当地，李弥大很早就被尊如神灵，如《明一统志》载怀玉山三老堂，"在澄心院，中堂壁有画维摩诘、上龙南禅师及李弥大尚书三像"④。画像上了佛院的中堂，与佛教祖师并列，李弥大在当地信仰世界的地位，也就可以想见。

---

① 该著卷十。
② 南宋韩详有《灵济庙记》云："山前有庙，石仙君与龙共祠。故尚书陇西李公弥大，刻石作盈尺字，所谓冰玉洞，龙与石仙君相为影响者也。"载同治《玉山县志》卷一下。
③ 《筠溪集》卷二十一。
④ 转引自《江西通志》卷四十。

从汗漫的文献着手稽考，李位、李弥大都有可能是"李尚书"传说的原型。但是，在三清山铸炉炼丹的"李尚书"只有一个，而李位、李弥大是分属唐宋的前后两人，按照常理常情来推断，两人中要么有一假，要么无一真，不可能两个都是真的。然而，我们在这里也许邂逅了一次奇遇，即"李尚书"传说本来就是长久以来地域性的模糊记忆，以至一代道门宗师张宇初都只能叙其事而不能举其名，属于心理学上关于记忆的"重叠效应"。按照沃尔夫冈·柯勒（Wolfgang·Kohler）的格式塔心理学，在一前一后的记忆活动中，如果所识记的对象相类似，就会产生相互抑制、相互干扰，从而滋生记忆模糊，导致清晰、准确的记忆缺失，这种现象就叫"重叠效应"。李位与李弥大，显然符合"重叠效应"的基本特征，诸如李姓、李唐宗室后裔、尚书级的高官、热衷道家炼养等，都是很容易产生重叠的身份符号。再加上炼丹之事本来就需要避人耳目，关于其人其事都是在时过境迁之后，当地人渐渐有所风闻，所以出现这种集体性记忆的"重叠效应"，应该说尽在情理之中。而且，无独有偶，这种"重叠效应"在当地不止一例，如《德兴县志》叙述李涛事，也显然将唐末与宋初两个李涛重叠在一起了，同样属于历史记忆的"重叠效应"。如果张宇初所说的"德兴李尚书"，模糊指向德兴旧志所叙述的尚书李涛，因不能确认而称"德兴李尚书某"，那么三清山的"李尚书"就更是多层重叠了。这么看来，三清山"李尚书"就是一个地位崇高、信仰道教而热衷金丹术的人物符号，多层重叠了非凡人物的身影，以李位炼丹为原本，以李弥大职位而称尚书，以李涛籍里而挂钩德兴。

对于这种"重叠效应"我们应该如何理解？也许，我们没有太多的理由抱怨前人未曾写出一部《三清山志》，将事情原委交代清楚，而应该静下心来，像欣赏交响乐一样，欣赏三清山对于周边文化的"融结"。这种文化融结，不仅表现为关于历史记忆的"重叠效应"，还表现为我们在后文将会涉及的对于周边地区道教的融合性象征，而这种精神或者文化的融结，或许正是三清山道教的魅力之所在。

三 融聚文化的历史考述

鲁贞游历所见三清山的道教建置，最初的建设者或许就是李位和王仁恭，所谓筚路蓝缕，用起山林，正是这些第一代开拓者的写照。虽然铁炉和丹炉今不一存，我们无从了解其形制，不知是否烧炼金丹所用的既济炉和未济炉，但铸造丹炉的同时修建一处斋箓之所，以与炼丹活动相匹配，将炼丹不仅看作科技实验，同时也看作信仰实践，倒是符合道教的传统，而与现代的化学实验室不同。

自唐代开山之后，三清山道教的踵事增华者或许代有其人，只是由于史志缺闻，现在已不能悉知其详了。不过，周边地区一些文人骚客的吟咏，或多或少还是留下了片段信息，让我们知道三清山与道教、神仙的关联，时断时续地总会受到文人的关注。

从鲁贞和他的朋友们一约再约要登三清山的情形来看，我们大概可以说，他们是三清山道教在元代的关注者。通过鲁贞的诗文我们还可以说，三清山在这些周边地区文人的心目中，是一座洋溢着仙气的清静圣山，能够融结精神。

比鲁贞更早些，有南宋人韩滮，宋室南渡时随其父从开封侨居玉山，算是三清山地区的北来移民第二代，也曾有诗作关注三清山："苍崖松声风泠泠，心高太虚望青冥。幽寻王君集山灵，古井方池谁招真？金沙岭头净无尘，呼吸风光聚精神（下略）。"[①] 诗中所谓"金沙岭"，在南北各地都有重名的，这里称"金沙岭头"，应该是站在金沙溪仰望其峰岭，也就是三清山。能够佐证这一判断的，是诗中所谓"王君"。这个"王君"当然不是王仁恭，而是太华三仙中汉代神仙王方平的族弟。据同治《玉山县志》引述清初玉山县令唐世征旧《志》："近好事者以抚之太华山三仙奉祠于此，又名以少华。"这是三清山又名少华山的渊源，而抚州崇仁县的太华山或称华盖山，在唐代就有颜真卿写过《华盖山仙桥观记》，言及太华三仙也就是王、郭二仙和浮邱先生之事，所以其山其仙在周边地区久负盛名。因为三清山上的道教，曾在历史的某个时期奉祠太华三仙，所以韩滮的诗有"幽寻王君集山灵"之句，表明其所吟咏的正是居家附近的三清山。而韩滮关注三清山的焦点，竟然比鲁贞更着先鞭，是"呼吸风光聚精神"。聚精神或曰融结精神，大意是相同的，合而言之可以称之为融聚精神。而对于

---

① 《涧泉集》卷三。

三清山具有融聚精神的品格，似乎异代同风，是文人们的共识。

如果说在宋元时期，这样的文人共识还只是吉光片羽，是当地文人得先天之利的"少数派尊享"，那么到了明代，三清山融聚精神的品格就通过更多文人的参与、在更广泛共识的基础上呈现出来。这种人文气象的蓦然兴盛，当然与王祜家族所倾力推动的三清山建设有关，与各路文人的热情参与也有关，从而形成实体建设与文化建设双轨并进的合力。而明代三清山融聚精神的品格，正是由这种合力打造而成的。

王祜或作王赵祜，字永禝，是居住在三清山西北麓的乡绅。据《三清山王氏宗谱》，其族自唐末南迁，选址三清山周边而为黎庶之居，远祖却是隋代大儒文中子王通。虽说由于世代绵渺，洪绪难续，但耕读家风终究不绝如缕，不但从洋洋九卷本的《三清山王氏宗谱》中，看不出这个家族有多少游乎方外的雅趣，而且王祜有子五人，或经商，或业儒，也无一人入僧道籍。那么，王祜怎么就突发奇想，要上三清山开建道教宫观呢？清代的邱日荣在《延溪弗隐王公传》里，为我们提供了一个答案，"景泰丙子秋，旱蝗为灾，公率里民祷于少华山，神不逾时，沛然雨降，蝗尽灭。公感神佑，爰捐己资，鸠工庀材，兴造三清宫阙寥阳宝殿"①。由此看来，王祜开建三清宫的初衷是朴素的，因为明代宗景泰七年（1456）秋季大旱，蝗灾为患，王祜带领一众乡邻在三清山祈雨，结果得神灵感应，雨降而蝗虫尽灭。为感恩神贶，王祜斥资兴建道教宫观。

初衷虽然很朴素，但由于是在一个合适的地方做一件合适的事情，所以在建设过程中能够广结文化之缘，使三清山俨然成为一方文化重镇，效果出乎意料的好。而这样的文化之缘，大概要从王祜长子王璁结识道士詹碧云说起。

五子中，长子王璁堪称王祜最得力的帮手。为了保障兴建宫观的资费，王璁放弃儒者的科举之业，转而经商。正是在滁州经商时，王璁结识了卓尔不群的道士詹碧云，并按照王祜的旨意，延请詹碧云住持三清山道教。据清董文光《延溪王璁公传》，"詹师抵山，与永禝公规画，更欲有光大之意，凿石卷砌，穿洞架桥，备极精巧"②。至今三清山的建筑格局，大

---

① 《三清山王氏宗谱》卷一。
② 同上。

体就是詹碧云规划的。而且，詹碧云自身还具有良好的文化素养，如清董仲和《延溪尚德王公传》说，"方其时，詹碧云，羽士也，亦文人也，一旦来栖于公之山中，公相得甚欢，名联著作，共相砥砺，意义深长，卓然大方，迄今过少华之巅，令人叹赏不已"①。尚德即王祐第四子王璡，曾任浙江施州儒学训导，是这个王氏家族中学养最高的，也是最能够在文化上与詹碧云相互切磋的。大概詹碧云既有多方面的长材，又人格高迈，深受王璁、王璡兄弟尊重，所以他们像对待父执辈一样，礼请当时德兴颇负声望、曾任四川参政等职的舒清，为詹碧云撰写了一通寿藏碑文。

对于明代三清山道教的兴建来说，詹碧云到场的意义，也许不仅仅在于建设规划和文化品位方面，还在于架起了一座与外界联系的桥梁，让三清山受到外界文化人的广泛关注，其中大概包括像詹碧云一样在艺术上颇有造诣的安徽歙县人黄文敬。

黄文敬堪称将三清山风景带到京城的第一人。据明代著名神童、后来的礼部侍郎程敏政说，"歙人黄文敬自德兴来，手《少华山录》一编，云是山主王永祓所寄者。发卷视之，乃知天地间有此奇观"。诗则从"玉峰元出鬼工劚"，一路吟咏到"蛟龙在下今犹蛰"，也就是从山巅玉京峰到山脚冰玉洞，历历如在目②。再就其"发卷"以见"天地间有此奇观"云云来看，可知《少华山录》原是画卷，第不知出自何人之手。清同治《德兴县志》相沿旧志存录有《少华山图》，精美异常，非寻常方志图录可比，同样的图式亦见载于《三清山王氏宗谱》，或许就出自黄文敬《少华山录》的不同摹本。黄文敬擅长石雕木刻，刊刻过《千字文》；出任舟山群岛的第二大岛岱山书院山长时，明初的江西行省参知政事陶安曾赋诗送行，诗中有"半石琢成司寇像"等句，可见黄文敬本有刻石成像的技艺甚至是嗜好，三清山繁富的石雕群中，或许就有黄文敬的作品。可以想见，一个热爱三清山景物，以至要随身携带其画卷的雕塑家，面对三清山的天然石阵，一时技痒只怕是难免的。而且事有巧合，黄文敬是歙县人，程敏政是休宁人，詹碧云籍里不详，舒清所作詹碧云寿藏碑文现在也遍寻未得，但詹碧云是王璁在滁州结识的。休宁县有道教的齐云山，世居詹姓道士，不

---

① 同上。
② 详《篁墩文集》卷八十五《寄题少华山》。

知与詹碧云是否有关联。大概的情形，明初期与三清山发生联系的外界文化人，主要集中在古徽州，到明中叶时，三清山与外界文化联系的人脉，日渐拓展开来。

明中叶，至少发生了两起相同的事件，即进士出身的官员宣布放弃官宦身份，投奔三清山入道。这种挂冠而去的慷慨行为，大概让很多同类人心有戚戚焉，这些人在太监政治碾压下，处境极其尴尬，风闻有同类脱官服，着道袍，难免心头顿生涟漪，于是围绕三清山赞美咏叹，交流道教的修行心得，以诗文和交游来分享其高举遐遁的快感，三清山因此成为道教文化和精神的新生代代表。

两起事件中，一起是由浙江绍兴籍进士周用宾创造的。据当时颇负盛名的孙一元所作《送周用宾进士访道入少华山》的引言，"尝闻齐人安期生以策干项羽，羽不能用，欲封之侯，不受，遂亡去。予谓古之仙者，往往皆豪杰辈为之。友人周用宾弃官访道，入少华山。予喜安期生之风，感激于斯人，因作是诗以送之"①。从这个借古讽今的序言来看，可信周用宾曾提出过政治建议，但不被主政者接纳，所以干脆选择一条不与政治苟合的道路，上三清山去追求属于自己的人生理想。叹赏周用宾"豪杰"行为的孙一元更不寻常，原本是明宗室安化王的宗人，三十七岁时，安化王坐不轨罪诛，孙一元乃弃朱姓，变姓名以避难，字太初，号太白山人。其人才地超逸，诗文以悲壮激越著称，而且踪迹奇诡，携铁笛鹤瓢，游历半天下，是个在士林中很有影响的风云人物。

与周用宾相交游的，还有郑善夫、夏尚朴等。郑善夫（1485～1523）字继之，福建闽县（今属福州）人。弘治十八年（1505）进士，以清操而抵斥嬖幸擅权，屡次任官而弃官。夏尚朴（1466～1538）字敦夫，号东岩，江西永丰人。正德初年（1506），进京会试，见太监刘瑾擅权，不试而归。正德六年（1511）乃登进士第，授南京礼部主事，历南京太仆寺少卿。尝与王阳明、湛若水论学而自成一格。

制造另一起事件的，是三清山东麓的开化人吾谨。吾谨字惟可，正德丁丑（1517）进士。史称吾谨异才杰出，总角能吟诗，博综经传子史、天

---

① 《太白山人漫稿》卷二。

文地理、兵家、阴阳、释、道等书，过目不忘。当时的文坛宗匠李梦阳，曾将吾谨拟配唐代的天才李贺。但吾谨志轻轩冕，得进士第后，旋即归隐三清山。为了让将来研究地域文化的人不至于因其未闻而忽略三清山，吾谨创作《少华山赋》，有序说："古者名山大川莫不有纪志，所以备观风辨物之采择也。少华山僻处东南之荒陬，近稍闻于世，而犹未显。予得造而登焉，实壮其形势，以为不可无辞章以表暴之，而使观风辨物者之泯于见闻也。"从这个创作的立意中，不难领会吾谨对于三清山的感情寄托和归属感。在学术上，吾谨与王阳明有交集，而徜徉山水诗文之间的性情吟咏，则交游者有李梦阳、何景明、孙一元等人。

李梦阳字献吉，甘肃庆阳人，弘治癸丑（1493）进士，官至江西提学副使。曾起草弹劾弄权跋扈的太监刘瑾，气节震动士林。又倡导复兴古文，以振起八股痿疲文风为己任，在明中叶文坛上，声望与何景明相拮抗。何景明字仲默，号大复，河南信阳人。弘治十五年（1502）进士，官至陕西提学副使，力倡诗文复古，与李梦阳相表里，而风格互异，李梦阳主张模仿，何景明主张创造。吾谨不仅与这等人物交游，而且交游的内容都涉及三清山道教，例如何景明作有《三清山人歌》，其中咏赞三清山说，"三清西南龙虎连，攒峰迭翠盘石莲。千崖万壑，不可以径度；玉梁倒挂银河前，青蜺下望凭云烟，石璧中开日月悬。傍通七十二福地，白玉楼台罗洞天"①。说三清山与西南的龙虎山相连，有些诗意想象了，二山的距离有点远，但说三清山"傍通七十二福地，白玉楼台罗洞天"，却道出了三清山在道教传播大格局中的区位特质，三清山正处在洞天福地高度集中的浙江、江西两省中心。而借助这些文化名流的咏诵传播，吾谨大概就无须担忧三清山不为人所知了。

无疑，通过周用宾、吾谨上三清山弃官入道，拓展了三清山在文化界、知识精英中的影响，而知识精英们围绕三清山的吟咏，既可能是对三清山自然与人文的理解，可能是对三清山文化发展方向的期待，也可能是参与三清山文化品格的塑造，站在哲学的角度看，他者的理解正是塑造主体品格的组成部分。这种他者理解即是塑造的互动关联，在三清山的文化

---

① 《大复集》卷十二。

建设中几乎无处不在。举个简单的例子以见一斑。王祜晚年在三清山麓建了座休闲花园，植花木，凿池塘，造桥梁，建亭廊，日游宴于其间。孙原贞题了块"颐乐亭"的匾额，于是，王祜晚年就用"颐乐"作名号。王祜辞世后，颐乐亭坍圮，后人于其侧建庵堂，依然用颐乐名号，叫做颐乐庵。孙原贞是德兴籍的明朝名将，官至大司马，在当地声望极高。初名其亭曰颐乐，意思显然是说王祜居此颐养天年，王祜援用来作名号，既出于对孙原贞的尊重，也意味着接受了孙原贞所塑造的文化符号。后人继续用颐乐作庵堂名称，意思似乎就不那么恰当，因为颐乐者王祜已经不在了。但历来董其事者都未觉有何不妥，其中原因也许很多，例如王祜晚年曾用颐乐作名号，后人可以遵循名从故人的原则；又如清人李大成在《汾水颐乐庵记》中解释，沿用旧名以示不忘与人同乐的祖训，等等，而更根本的原因，大概是接受他者的理解来塑造、积聚自身的文化是一件很自然的事。从大的方面说，三清山的文化，就正是以这种融聚的方式建设、发展起来的，而从颐乐亭到颐乐庵，只是其中的一个微观个例。

四 "三清"含蕴的教义考察

三清山又名少华山，从历史文献上看，玉山人称三清，德兴人称少华，原本是山麓两侧两地的不同习惯。因为两个名称同样渊源于道教，所以不管称谓习惯对于地方来说究竟有什么特殊含义，站在道教文化的角度来理解都是归本一元的。只是由于奉祠太华三仙的说法历史性地没有着落，太华三仙并未在三清山真正落户，所以相因太华山的少华山之称，也就成了一种历史记忆，而三清则成为最终选择。

以宗教的名相命名山水，中外各地所在多有，只不过由于宗教的教派背景不同，其所命名的文化含义也各不相同，以致根据其命名，人们往往可以印象式地了解当地包含宗教在内的历史文化背景。如果再缜思明辨些进行比较，似乎还可以发现，世界各地以宗教命名的山水固然很多，但直接以某个宗教的最高信仰来命名的却也罕见。如巴西的基督山、中国的普陀山，命名足以标识其宗教的历史文化背景，也为所在地赋予了各自宗教的神圣性，但毕竟都不是相应宗教的最高信仰。就其以宗教的最高信仰来命名的方式而言，三清山大致类似基督教的"上帝之城"概念，其核心含义在于，即此方所便是圣域，而不只是在凡世间由教会托管或禋祀神灵的"租界"。那么，赋有这种特殊命名含义的三清山，何以出现在广信府与饶州府、江西省与浙江省交接的这片区域？以"三清"名其山，按照道教的教义又应该如何理解？

放在道教史上来论资排辈，三清山大概要排在后发阵营行列。尽管就自然环境能够呈现神仙世界的意境而言，三清山并不少逊于任何一座名山，但在道教一百零八处洞天福地名录中，没有三清山。洞天福地形成于晋南北朝时期，至唐初期由司马承祯《天地宫府图》排序为名录，绝大多数都是此前道教传播、发展的有影响区域，少数是传说中的神仙住所。三清山未被列入名录，原因很简单，三清山是后发的。

然而，后发者也有后发的优势，其中最重要的一点，就是少了些陈陈相因的固化，多了份融聚创新的活力。尤其是在明以后，三清山发挥自身天然造化的环境优势、处于南方道教密集区域之中心的区位优势，发展出不拘一格，不宗一派，上遂则直追道教的最高信仰，下适乃与社会精英广结文化之缘，从而形成精神有追求，文化能融聚，可塑性强，社会化前景广阔的大格局。而这种格局的形成，既有地域性因素在其中发挥作用，也彰显出道教对于中华文化的整合作用。

所谓地域性因素在其中发挥作用，主要包含两点。第一是三清山周边的玉山、德兴二县，文化自两宋发祥，入明而殷盛，相对于关中、齐鲁或中原，文化上属于后发区域，三清山道教之后发，与其周边环境是相应的。第二是德兴、玉山二县的居民，很多都是宋室南渡后的北方移民，所以二县的文化兴起之际，也正是社会融合之时，三清山之命名及其融聚文化的特质，与其周边的社会环境，同样也是相因应的。

三清山所在的地区，古代一直是行政区划的交界处。就其近邻而言，德兴与玉山分居两侧，而德兴属饶州府，玉山属广信府。略向外围放大一圈，则"南襟百越，北带三吴"[①]，或者说"牙闽控越，襟淮面浙"[②]。如

---

① 《江西通志》卷四引南唐陈乔新《建龙虎山张天师庙碑》。
② 《江西通志》卷四引宋王雷《修信州城记》。

果再放大一圈，那就是"当吴、楚、闽、越之交"①。从小圆到大圈，三清山始终处在交汇点上。如果站在吴楚闽越的任何一方去看，三清山似乎都属于边缘地区，与这些春秋战国时代的文明中心，差不多等距离遥远。可是，如果将吴楚闽越合在一起来看，三清山无疑就矗立在中心区位。而历史大趋势恰到好处的是，吴楚闽越合起来，正是发轫于东晋，渐兴与大唐，至宋明而为洪流的社会融合大方向。

回顾历史，三清山奇特的区位，在华东南开发的早期，例如汉代，曾被视为守护江淮，抵御闽越的军事要冲，因为闽越人经三清山周边北下鄱阳湖，是完成集结以攻掠江淮的快捷方式②。而在六朝以后社会的融合发展时期，三清山周边则是吴楚闽越的交通要道，即如明夏子阳所说，其地"连闽越，控吴楚，乘轺之使，聚粮之旅，过是都而问津者，毂相击，履相错"③。无论是政府公干还是私人商贾，都会经过这处连通长江流域与华东南的交通要道。但由于此地山峦迭嶂，地理环境复杂，所以迷路的人也多。显而易见，这是人员流动大而社会处于融合中的景象。

三清山周边的社会融合，还与东晋、南宋两次移民潮关系密切。《江西通志》卷二十六引《广信府志·论》说，"信自永嘉东迁，衣冠避地，风气渐开。历唐而宋，文学之士间出。而南渡以后，遂为要区。人知敦本积学，日趋于盛。比入明朝二百余年，艺文学术，蔚为东南望郡"。永嘉东迁发生在公元 3 世纪，宋室南渡发生在公元 11 世纪，是华夏文明遭受的两场劫难。但北方士族为避难而迁徙东南，终究为东南部的文明开发创造了契机。两次大迁徙，鄱阳湖南岸都是水路移民的重要集散地，所以三清山周边在永嘉之乱后有"风气渐开"的气象。及宋室南渡，则如元袁桷在《梅亭记》中所说，"广信据江浙闽越之冲，（中略）建炎初，中原缙绅家多居是州，其旧闻遗语，尊守传信，历历可数。皆数百年文献源委，非如野人窭子掇拾，目近为利禄。地方是时人物之胜，足以甲山水"④。对于这

---

① 明宋讷《西隐集》卷六《送吕经历朝京序》。
② 例如淮南王刘安，陈伐闽越之利，上书云："越人欲为变，必先由馀干界中积食粮乃入，伐材治船。"详《汉书》卷六十四上。
③ 《江西通志》卷四引明夏子阳《玉山西济桥记》。
④ 《清容居士集》卷二十。

样一个移民社会来说，中原缙绅与本地居民如何融合，来自不同地区的中原缙绅之间又如何融合，无疑是一件大事。举一个小例子，就足以见社会融合之事大。直到清同治年间编修《玉山县志》，编者绪论其风俗依然说，"玉邑土著者少，寓籍者多，一村一里，语言判别，士人肄业，亦间杂方言，音节不谐，四声讹舛"①。由于寓籍者也就是移民来自不同的地方，所以各自然村的方言口音都不相同。方言口音这种小事，为什么会让编修县志的人焦虑呢？道理很简单，语言和信仰是维系社会共同体的两大维度，如果语言不通、信仰不同，那就只是块杂居之地，而不是一个具有凝聚力的社会共同体。

准此而言，以道教最高的"三清"信仰命名一处山峦，出现在饶信、江浙交汇的这片区域，并非偶然，因为这片区域在宋以后是一个不断融合的社会环境，而"三清"正具有融合的无穷含蕴。

进而言之，要如何从语言和信仰的维度来有效推动社会的融合呢？现代推广普通话，语言的问题似乎可以终极解决了，而在古代，只能发挥中国文字统一的独特优势，即不管方言口音如何千差万别，汉字及其所承载的意义都是统一的、不变的，所以汉字始终是维系中华社会共同体最坚实不变的基础。

信仰问题则要比语言问题复杂得多。在这个问题上，魏晋以后的中国，事实上并没有某个解决问题的一揽子方案，而是儒道释三家并行。三家在建构信仰共同体的目标上，既有合力，也有张力。合力的根源在于受到现实社会的制约，即现实社会只有一个，三家中的任何一家，既不能根本否定他者在这个社会中的存在及其合理性，那就只能采取妥协的态度，接受共存的大格局，其中有些人理解这种共存格局的内在紧张，乃起而著述，力倡"三教合一""三教一家"。张力则根源于三家信仰自成体系，各有其终极的理想目标，并因此各有其安顿现实生活的态度和方式。因为自魏晋以降，这种儒道释三家的合力与张力始终交织在一起，既不可能真正合而为一，也不可能彻底分道扬镳，所以就形成满足中国人信仰需要的特定生态，形成建构中国社会信仰共同体的三足鼎立格局，而儒道释三家在

---

① 《玉山县志》卷二。

这个生态体系中的定位，通常是由其功能所决定的。

单就建构信仰共同体的功能而言，儒家无疑是最显性或者说表现最为突出的。因为儒家关切现实的意愿最强烈，立场也最明确，所以儒家对于信仰共同体的建构，主要表现为锐意推广人文教化，以维护现实社会和政治体制的统一。举一个例子来说，科举制以儒家的经典为蓝本，通常被认为只是儒家与皇家合作的人才选拔制度，殊不知这种制度还有一个重要的功能，即通过科举从某地选拔儒学教养良好的人才进入统一的政治体制，让某地在统一的体制中拥有自己的代表人物，既可以引导某地民众对于统一体制的认同感和归属感，也可以引导某地的文化融入以儒家文化为主体的中华文化大系。这方面，三清山周边地区是个典型的例证。在唐代，该地区还由于匪患频出，朝廷要在行政区划上设州至县，反复调整，而宋代自北宋初玉山出身的杨亿发科，至南宋后沛然莫之可御，不但进士成群结队，位列三甲者也层出不穷，以至前人称之"异时多士之隽，屡冠天下；而宰辅之出，间亦蜚声名，立事业"①。这种由科举建立起来的当地社会与大一统体制的连接，使当地社会对于大一统体制的认同感和归属感日益根深蒂固。

佛教对于现实社会的关切，或许与儒家并无二致，但佛教所采取的情感表达方式，却与儒家截然相反。如果说儒家的情感表达方式是，因为爱你所以想时常陪伴你，那么佛教的情感表达方式就是，因为爱你所以想立即离开你。这种情感方式的背后，当然包含着佛教对于万物和人生真相的沉思，有其形而上的思辨体系作为支撑，并因此代表了中国思辨哲学的"极高明"成就，但由于从情感到理性都不合乎常情常理，所以北宋时的儒家学者李觏评议说，"释之徒善自大其法，内虽不赡，而外强焉"②。此所谓"强"，当然可以被理解为集体性的、持续的精神努力，而佛教在中国信仰共同体建构中的功能，正是通过这种精神努力彰显出来的，其中最重要的成果，就是用"可以离开"的情感表达和理性思辨，让信仰共同体更具有开放式的弹性和包容性。

---

① （宋）韩元吉：《南涧甲乙稿》卷十五《信州新建牙门记》。
② 李觏：《盱江集》卷二十三《邵武军学置庄田记》。

"佛法深妙，道教虚融"①，历史上关于佛教和道教的这个对比评论，大致概括了佛道二教的思想特质和文化功能。而道教发挥其虚融功能的最重大成果，就是以"三清"体系对魏晋以后的中国信仰进行整合。

站在道教信仰的角度来叙述，号为元始天尊、灵宝天尊、道德天尊的"三清"，就是开天辟地、造化人神、传经布道的创生之神。神的称号虽然系列为三，其实是同一股元始祖气的应化，所以说是"一气化三清"。化生或者创生的方式，是口吐道经，在虚空中以云气变化呈现为文字，是谓"云篆"。后来的宇宙万物，就是由"云篆"凝聚而成的，所以万物中都包含文理，包含道。最初的道经，是对"云篆"的摹写，保留在道教"三洞十二部"的经教体系中，就是十二部的第一部"本文"。"本文"不但是所有道经的根本，而且是对万物创生之根本的记录，所以从自然造化到人文的进德修业，是统一或者说一以贯之的。"三清"中，元始天尊是万物至今生生不息的终极动力，所以就其推动万物化生而言，称为"元阳"，元始圣诞日也因此被约定在象征"一阳来复"的冬至节当天。灵宝天尊从元气中肇分出阴阳，并且让阴阳对待流行，从而化生出万物的品类。道德天尊也就是太上老君，秉持着万物创生的奥秘，历世应化，不断启发人类的文明。

而站在人文历史的角度看，如果说"三清"信仰体系相对成熟，称得上是对人类认知自然与社会发生发展及其有序性的一种概括，那么这个体系本身就是人类文明的创造物，必有其发现或者发明的历史。而揆之以历史，这个体系是在东晋以后日渐完善的，其渊源不仅包括此前道教的老子信仰、三皇信仰，还包括流传于华东南的盘古神话。将这些信仰和神话融聚成一个体系，正是道教发挥其整合功能的经典表现。

盘古神话最早见载于三国时豫章人徐整的《三五历纪》，徐整之前，这个神话究竟在民间流传了多久，古代人弄不清楚，现代人同样也弄不清楚。徐整的《三五历纪》失佚已久，对于他为什么要记录这样一个流传民间却不见经传的远古神话，没有明确的文献叙述，现代人只能根据有限的史料进行推测。据《江西通志》卷六十六引录《南昌耆旧记》，徐整曾出

---

① 《隋书》卷二隋文帝开皇二十年诏书。

任东吴的太常卿。这是个执掌礼乐仪式也就是祭司式的官，起源于更古老时代的巫祝，权力虽然不大，对于知识的要求却很高。按照《国语·楚语》所开出的知识列表，领取这个职位的人，不仅"能知山川之号、高祖之主、宗庙之事、昭穆之世、斋敬之勤、礼节之宜、威仪之则、容貌之崇、忠信之质、禋洁之服"等等，还要熟知"上下之神只氏姓之所出"，也就是各路神灵与民间族群的关系。而东吴域内不同族群所奉神只的"氏姓之所出"，就包括盘古，是许多族群的祖先神。按照中国古代领其民而尊其神的礼乐通则，盘古很可能被纳入东吴的祭祀系统，就像秦汉统一之初，在雍畤建万神殿一样①。而要为这座万神殿的各路神灵排出顺序，就需要理顺各族群"高祖之主"的历史关系，正如盘庚迁都试图强调的那样，祖先们在天国的关系可以引导现实中人与人、族群与族群的关系。徐整的《三五历纪》作为一部史志，或许就旨在排出历史顺序，从而为神殿之序提供依据，并以历史和祖先信仰认同的形式推动社会融合，为新近建立的东吴政权奠定统一的社会基础。

《三五历纪》的历史叙事，在以北方族群为主体的隋唐统一体制中，显然很难成为历史观念的主流，其书失佚，其说不传于后世，也就不足为怪。但盘古神话并未从此销声匿迹，不仅流传下来了，而且由道教接过话题，一路演变，盘古——盘古真人——元始天王——元始天尊，最终晋级为统贯天人的主宰之神。并以这个主宰之神为万物创生的起点，将源自北方的老子信仰、三皇信仰融会其中，从而构成道教的信仰体系。值得一提的是，完成这一系列历史观念和信仰演进的，正是活跃在三清山周边的灵宝派道士。灵宝派起源于江苏句容，盛传于浙江各地，最终确立江西合皂山为宗坛，并在明代由合皂山反哺江苏句容②，刚好绕着三清山转了一圈。从这个角度来看三清山的命名，或许是偶然的，但就反映周边的历史文化而言，又是恰到好处的。

---

① 《史记·封禅书》："或曰：自古以雍州积高，神明之隩，故立畤郊上帝，诸神祠皆聚云"。
② 详见明青元观谭嗣先造《太极葛仙公传》，载《正统道藏》洞玄部谱箓类。

经典与今诠

经史之别：程颐与朱熹《春秋》学之歧异

曾　亦[*]

朱子学宗二程，以居敬穷理、格物致知为要，可谓宋代理学之集大成者。然朱子遍解诸经，而独于《春秋》无所撰述。其先，胡安国治《春秋》，本于伊川，而尚"一字褒贬"之书法，然朱子颇不谓然，以为《春秋》不过直书其事而善恶自见而已。朱子又不信条例，故于三传中独重《左传》，而纯以记事之书视《春秋》。盖朱子于理学虽为伊川之嫡传，至于《春秋》，则似不甚慊于伊川，尤其于颇传伊川《春秋》学之胡安国，实多有批评。

朱子本不擅《春秋》，犹颇有论《春秋》之说者，故以其理学之地位，而致其《春秋》学说对后世影响亦不小，遂形成宗朱一派《春秋》学。大概自宋、元以降，治《春秋》者，或宗《胡传》，或宗朱子。世之治宋学者，素以伊川、朱子为理学大宗，然就《春秋》学而论，则以《胡传》出于伊川之故，则程、朱《春秋》学之持论正相反也。正因如此，程、朱《春秋》说之影响，较诸其理学之弥盖天下，几不稍逊焉。

一　从程颐到胡安国

程子极推崇《春秋》，尝曰："五经，载道之文；《春秋》，圣人之用。

* 曾亦，同济大学哲学系教授。

五经之有《春秋》，犹法律之有断例也。"又曰："《春秋》一句即一事，是非便见于此，乃穷理之要，学者只观《春秋》，亦可以尽道矣。"① 著有《春秋传》一卷，以传于世。② 其书似颇阙略，襄、昭后尤然。③ 又有自序，殆作于崇宁二年，时伊川已七十一年矣，逾四年而殁，可谓晚年之论也。

程子治《春秋》，欲求圣人之意而已。其《春秋传》自序云：

> 夫子当周之末，以圣人不复作也，顺天应时之治不复有也，于是作《春秋》为百王不易之大法。……后世以史视《春秋》，谓褒善贬恶而已，至于经世之大法，则不知也。《春秋》大义数十，其义虽大，炳如日星，乃易见也。惟其微辞隐义，时措从宜者，为难知也。或抑或纵，或与或夺，或进或退，或微或显，而得乎义理之安，文质之中，宽猛之宜，是非之公，乃制事之权衡，揆道之模范也。夫观百物，然后识化工之神；聚众材，然后知作室之用，于一事一义而欲窥圣人之用心，非上智不能也。故学《春秋》者，必优游涵泳，默识心通，然后能造其微也。后王知《春秋》之义，则虽德非禹、汤，尚可以法三代之治。自秦而下，其学不传，予悼乎圣人之志不明于后世也，故作《传》以明之，俾后之人通其文而求其义，得其意而法其用，则三代可复也。

伊川谓《春秋》有经、史之分，盖孔子因其道不行于天下，故因《春秋》而立"百王不易之大法"，此即《春秋》大义也；至于褒贬当世之事，则史家之所为，非圣人之事焉。故刘永之曰："程子之《传》，有舍乎褒贬予夺而立言者，非先儒之所及也。"④ 可见，程子不以褒贬视《春秋》也。

然《春秋》又有微辞隐义，及时措从宜者，虽为难知，然圣人之用

---

① 胡安国：《春秋传·述纲领》引。
② 朱彝尊《经义考》卷182引黄渊语云："伊川初令门人刘质夫作《传》，后来却又亲为之，未知何以窥圣人用心处？"
③ 案，程子《春秋传》实至桓公九年而止，然陈亮《龙川集》有跋云："今其书之可见者才二十年。"盖程子门人间取经说续其后，遂有陈亮所谓可见者二十年也。
④ 朱彝尊：《经义考》卷182。

心，正由此可见也。是以学《春秋》者，当有以造之也。且宋人治学，莫不崇尚三代，而观伊川之序，其为《春秋传》，亦欲因以明圣人之志，期以复三代之旧焉。

程子治《春秋》，亦"舍传求经"一路，盖皆先列经文，而以己意断之于下，至于三传及旧师之说，绝不征引也。隐元年，春，王正月。程子曰：

> 书"春王正月"，示人君当上奉天时，下承王正。明此义，则知王与天同义，人道立矣。周正月，非春也，假天时以立义耳。平王之时，王道绝矣，《春秋》假周以正王法。隐不书即位，明大法于始也。诸侯之立，必由王命，隐公自立，故不书即位，不与其为君也。法既立矣，诸公或书或不书，义各不同。既不受命于天子，以先君之命而继世者，则正其始，文、成、襄、昭、哀是也。继世者既非王命，又非先君之命，不书即位，不正其始也，庄、闵、僖是也。桓、宣、定之书即位，桓弑君而立，宣受弑贼之立，定为逐君者所立，皆无王无君，何命之受？故书其自即位也。定之比宣，则又有间矣。①

程子说"即位"之例，可谓极精，然似无旧说依傍也。程子又谓"周正月，非春也，假天时以立义耳"，则胡安国"夏时冠周月"之说，盖有本焉。

又，隐元年，公子益师卒。程子曰：

> 诸侯之卿，必受命于天子，当时不复请命，故诸侯之卿，皆不书官，不与其为卿也。称公子，以公子故使为卿也。惟宋王者后，得命官，故独宋卿书官。卿者，佐君以治国，其卒，国之大事，故书于此，见君臣之义矣。或日，或不日，因旧史也。古之史，记事简略，日月或不备。《春秋》因旧史，有可损而不能益矣。②

---

① 程颐：《春秋传》，《二程集·河南程氏经说》。
② 程颐：《春秋传》，《二程集·河南程氏经说》。

程氏此说亦无依傍，然其旨则在尊王，盖宋人说《春秋》之大旨也。又，《公》《谷》固主日月例，至于《左氏》，亦不废卿卒书日之例，而程子以为经承旧史，无义例也。

宋人既尊王，故不主"亲迎"之礼。隐二年，九月，纪履𫘤来逆女。程子曰：

> 先儒皆谓诸侯当亲迎。亲迎者，迎于所馆，故有亲御授绥之礼，岂有委宗庙社稷，远适他国以逆妇者乎？非惟诸侯，卿大夫而下皆然。《诗》称文王亲迎于渭，未守出疆也。①

三传俱谓诸侯以下得亲迎，唯于天子亲迎有异同耳。然程子以为，卿大夫犹不亲迎，况天子、诸侯乎？亲迎者，不过迎于妇所馆而已，非迎于妇家也。

又，隐七年，齐侯使其弟来聘。程子曰：

> 凡不称公子而称弟者，或责失兄弟之义，或罪其以弟之爱而宠任之过。左氏、《公羊传》皆曰年，齐僖公之母弟。先儒母弟之说，盖缘礼文有立嫡子同母弟之说。其曰同母弟，盖谓嫡尔，非以同母为加亲也。若以同母为加亲，是不知人理，近于禽道也。天下不明斯义也久矣。②

《公羊》谓孔子尚质，故有"母弟"之说，然程子驳之，以为"不知人理，近于禽道也"。③

---

① 程颐：《春秋传》，《二程集·河南程氏经说》。
② 程颐：《春秋传》，《二程集·河南程氏经说》。
③ 其后，吕大圭祖其说，极讥何休文质说之非，曰："《公羊》曰：'母弟称弟，母兄称兄。'此其言已有失矣，而休又为之说，曰：'《春秋》变周之文，从商之质；质家亲亲，明当亲厚异于群公子也。'使后世有亲厚于同母弟兄，而薄于父之枝叶者，未必不由斯言启之。《公羊》曰：'立适以长不以贤，立子以贵不以长。'此言固有据，而何休乃为之说，曰：'嫡子有孙而死，质家亲亲先立弟，文家尊尊先立孙。'使后世有惑于质文之异，而嫡庶互争者，未必非斯语过之。"（引自朱彝尊《经义考》卷172）此论殆不明《春秋》尚质之义焉。

程子自言体贴出"天理"二字，故其说《春秋》，好以"天理"指斥当世之失。如桓七年，"谷伯绥来朝，邓侯吾离来朝"，程子谓"臣而弑君，天理灭矣，宜天下所不容也"；文五年，"王使荣叔归含且赗"，程子谓"天子成妾母为夫人，乱伦之甚，失天理矣"。程子又语学者云："且先读《论语》、《孟子》，更读一经，然后看《春秋》。先识得个义理，方可看《春秋》。"① 可见，程子治《春秋》，亦理学之知人论事耳，其不尚颛门可知。

朱子论程子《春秋》学云："伊川《春秋传》中，间有难理会处，亦不为决然之论也。"朱子理学虽宗程颐，然于其《春秋》学，似未甚推崇也。元李廉谓程子"始以广大精微之学发明奥义，真有以得笔削之心，而深有取于啖、赵，良有以也"②，则以程子之学颇得于啖、赵也。明胡居仁谓"作《春秋传》者不少，惟程子发明得到"。③ 近人甘鹏云谓"伊川为《春秋传》，世多称之，遂为高闶所本，刘绚、罗从彦皆传其学"④，此为伊川《春秋》学之流裔也。

就道学之流传而言，湖湘学派出于大程子明道先生，然就《春秋》学而言，则实出于小程子伊川先生。

胡安国（1074～1138），字康侯，建宁崇安人。入太学，以程颐友朱长文及颍川靳裁之为师。哲学绍圣四年（1097），登进士第。授太学博士，提举荆湖南路学事。崇宁四年（1105），蔡京恶其不为己用，遂诬以举人不善，竟因除名。后屡称疾不仕，读书于衡山紫盖峰下，潜心研究《春秋》。安国自少留意《春秋》，每曰："先圣亲手笔削之书，乃使人主不得闻讲说，学士不得相传习，乱伦灭理，用夷变夏，始由此乎！"又惩于王安石废《春秋》，于是潜心刻意，备征先儒，虽一义之当，片言之善，靡不采入。安国治《春秋》，研穷玩索者二十余年，以为天下事物无不备于《春秋》，喟然叹曰："此传心要典也。推明克己修德之方，所以尊君父、讨乱贼，存天理、正人心者，必再书屡书，恳恳致详。于是圣人宏规大

---

① 《近思录》卷3。
② 李廉：《春秋诸传会通》自序。
③ 朱彝尊：《经义考》卷182。
④ 甘鹏云：《经学源流考》卷6。

用，较然明着。"① 可见，安国以《春秋》与心性之学实相通也。

安国每以《春秋》大义讲论时事。建炎三年，苗、刘为变，高宗被迫退位，朱胜非时为宰执，而依违周旋其间。后高宗复辟，胜非引咎去职。绍兴间，朝廷欲用胜非同都督江、淮、荆、浙诸军事，据《宋史》本传，时安国引《春秋》义奏曰：

> 况胜非系臣论列之人，今朝廷乃称胜非处苗、刘之变，能调护圣躬。昔公羊氏言祭仲废君为行权，先儒力排其说。盖权宜废置非所施于君父，《春秋》大法，尤谨于此。建炎之失节者，今虽特释而不问，又加选擢，习俗既成，大非君父之利。臣以《春秋》入侍，而与胜非为列，有违经训。

盖《公羊》许祭仲行权，历来颇受后儒讥弹，而胜非虽于高宗复辟或有功焉，然毕竟有废置君父之嫌，迹类祭仲，是以胡氏论《公羊》义之非，欲以黜胜非也。盖后世以尊王为第一义，实未有人臣能如祭仲行权者。

然胜非遂相，而安国竟辞归矣。其后，又诏安国提举江州太平观，令纂修所著《春秋传》。书成，高宗屡称其善，谓"深得圣人之意，非诸儒所及也"。时朝臣颇有论安国"学术颇僻"者，然帝念安国训经纳谏之忠，特除宝文阁直学士。卒，谥文定。

安国在官四十年，然历职不及六载。为人刚正，不附权贵。钦宗曾问中丞许翰识胡安国否，许答云："自蔡京得政，士大夫无不受其笼络，超然远迹不为所污如安国者实鲜。"《宋史》称："渡江以来，儒者进退合义，以安国、尹焞为称首。"此足见文定之"强学力行"也。

安国尝自谓其学多得于伊川书，其于程颐，盖私淑弟子也。高宗时，尝有谏官诋康侯为"假托程颐之学者"，而安国亦直承不讳，曰：

> 孔、孟之道不传久矣，自颐兄弟始发明之，然后知其可学而至。今使学者师孔、孟，而禁不得从颐学，是入室而不由户。（《宋史》本传）

---

① 胡寅：《先公行状》，《斐然集》卷25。

其后，全谢山称安国为"私淑洛学而大成者"，"高渡昌明洛学之功，文定几侔于龟山"。① 可见安国学术与二程渊源之深也。

安国之学，颇宗程颐也。安国尝论其与程门高弟杨时之不同，曰："若论其传授，却自有来历。据龟山所见在《中庸》，自明道先生所授。吾所闻在《春秋》，自伊川先生所发。"元李廉《春秋诸传会通》自序谓《胡传》"事案《左氏》，义取《公》、《谷》之精，大纲本孟子，主程氏，而集大成矣"，汪克宽《春秋胡氏传纂疏》自序亦云："至于程，始求天理于遗经，作《传》以明圣人之志，俾大义炳如日星，微辞奥旨了然若示诸掌。胡文定公又推广程子之说，著书十余万言，然后圣人存天理、遏人欲之本意，遂昭焯于后世。"不独安国本人，世人俱以安国《春秋》学出于程颐也。然据胡寅《先公行状》，安国自少即治《春秋》，徽宗政和六年（1116），"初得伊川先生所作传，其间大义十余条，若合符节。公益自信"，则安国治《春秋》甚早，非尽得于程颐也。

安国于诸经中，尤推崇《春秋》，以为"史外传心之要典"。② 其曰：

> 《春秋》见诸行事，非空言比也。公好恶则发乎《诗》之情，酌古今则贯乎《书》之事，兴常典则体乎《礼》之经，本忠恕则导乎《乐》之和，着权制则尽乎《易》之变。百王之法度，万世之准绳，皆在此节。故君子以谓五经之有《春秋》，犹法律之有断例也。学是经者，信穷理之要矣。不学是经而处大事，决大疑，能不惑者，鲜矣。③

其治《春秋》，亦啖、赵一脉，盖以兼衷三传为大旨也。安国尝自谓其书云：

> 传《春秋》者三家，《左氏》叙事见本末，《公羊》、《谷梁》词辩而义精。学经以传为按，则当阅《左氏》；玩词以义为主，则当习《公》、《谷》。……故今所传，事按《左氏》，义采《公羊》、《谷梁》

---

① 全祖望：《宋元学案》卷34，《武夷学案》。
② 胡安国：《春秋胡氏传》序。
③ 胡安国：《春秋胡氏传》序。

之精者，大纲本孟子，而微词多以程氏之说为证云。①

《春秋通旨》亦载其语云："事莫备于《左氏》，例莫明于《公羊》，义莫精于《谷梁》。"又云：

> 《左氏》释经虽简，而博通经史，叙事尤详，能令百代之下颇见本末，其有功于《春秋》为多。《公》、《谷》释经，其义皆密，如卫州吁以称人为讨贼之辞也、公薨不地故也、不书葬贼不讨以罪下也，若此之类，深得圣人诛乱臣、讨贼子之意。考其源流，必有端绪，非曲说所能及也。啖、赵谓三传所记，本皆不谬，义则口传，未形竹帛，后代学者妄加损益，转相传授，侵失本真，故事多迂诞，理或舛驳，其言信矣。

后世论胡氏书，多有论及此者。晁公武《郡斋读书志》卷3云："安国师程颐，其传《春秋》，事按《左氏》，义取《公》、《谷》之精者，采孟子、庄周、董仲舒、王通、邵尧夫、程明道、张横渠、程正叔之说，以润色之。"② 陈振孙《直斋书录解题》卷3云："事按《左氏》，义采《公》、《谷》之精，大纲本孟子，而微旨多以程氏之说为证。近世学《春秋》者皆宗之。"汪泽民《春秋胡传纂疏》原序云："《左氏》考事精，暗于大义，《公》、《谷》疏于考事，义则甚精。胡氏摭三家之长，而断之以理，汉唐诸儒奥论，盖深有取，间若有未底于尽善者，岂犹俟于后之人欤？"③ 刘宪《重刻春秋胡传序》云："惟《胡氏传》事按《左氏》，义择《公》、《谷》，大纲本孟子，微词则证程氏，视诸说为备。"④

可见，安国《春秋传》不仅折衷三传，至其微旨，则以程颐说证之也。安国曰：

---

① 胡安国：《春秋胡氏传·叙传授》。
② 胡安国：《春秋胡氏传》附录二。
③ 胡安国：《春秋胡氏传》附录二。
④ 胡安国：《春秋胡氏传》附录二。

独程氏尝为之传，然其说甚略，于意则引而不发，欲使后学慎思明辨，自得于耳目见闻之外者也。故今所传，……而微词多以程氏之说为证云。①

程子说《春秋》，多简略未尽，安国盖欲伸程子说也。

且安国之书，又多常假《春秋》经说以论时事。其《与杨时书》云：

按《春秋》鞌之战，齐师败绩，遣国佐致赂请盟。晋郤克欲以萧同叔子为质，而使齐之封内尽东向亩。国佐震怒，请收合余烬，背城借一。郤克惧，反与之盟而不敢复也。故圣人特书曰"及国佐盟"，以明国佐一怒，折伏郤克，示天下后世忠臣义士以克敌制胜在于曲直，不以强弱分胜负也。金人陵辱朝廷，人心同疾，非止郤克之于齐。四镇、三关倘皆割弃，岂特尽东其亩已乎！而城下结盟，亲王出质，不竞甚矣！……按《春秋》灭梁者，秦也。圣人不书"秦灭"，而书"梁亡"者，不能守在四邻而沟公宫，亡其自致也。今勤王大众不以击敌，而以治城池。金帛用物不以募战士，而以赂敌国。堂堂大宋，万里幅陨，奚至陵借如此其甚哉！②

其《上钦宗皇帝书》云：

《春秋》大居正，凡得正而居者，天下莫不心悦诚服，无所待于号令而归焉者也。自古人君多自旁支入继大统，则不得其正，故鲁僖公不书"即位"；以少先长，则不得其正，故鲁闵公不书"即位"；未尝受誓为世子，则不得其正，故鲁庄公不书"即位"；不承国于君亲，则不得其正，故鲁隐公不书"即位"。夫即位，人君之重事，不以得其正，而《春秋》削之，端本正始之义微矣。陛下圣躬诞降于靖和皇后母仪天下之初载，此一正也；上皇三十四王而陛下为之长，此二正也；建号东宫，备物典策，告于宗庙，系天下之望十有余年，此三正

---

① 胡安国：《春秋胡氏传·叙传授》。
② 胡寅：《先公行状》，《胡氏春秋传》附录三。

也；躬受内禅，自道教一门之外，杀生除拜，军国大事皆得自专，此四正也。……《春秋》大居正，如郑昭公亦正矣，然失国出奔，则直书其名，得国复归，则又绝其位。厉公入栎，遂与其爵而不贬，何也？己虽得正而无君德以居正，或暗而不明，或柔而不断，或疑忌而不宽，则人得取而有之矣。是故大居正者道之常，《春秋》之正例也；或与或夺者道之中，《春秋》之变例也。①

凡此，皆见安国之《春秋传》实有为而作也。后人颇有见及此者，元吴莱曰：

当胡氏传《春秋》时，光尧南渡，父雠未报，国步日蹙。将相大臣去战主和，寝忘东京宫阙、西京陵寝而不有者。是故特假《春秋》之说，进之经筵，且见内夏外夷若是之严，主辱臣死若是之酷，冀一悟主听，则长淮不至于自画，江左不可以偏安。此固非后世学《春秋》之通论也。然而，胡氏传文大概本诸程氏。②

虞集《春秋胡传纂疏》序亦云：

胡文定公之学，实本于程氏。然其生也，当宋人南渡之时，奸佞用事，大义不立，苟存偏安，智勇扼腕，内修之未备，外攘之无策，君臣父子之间，君子思有以正其本焉。胡氏作传之意，大抵本法于此。盖其学问之有源，是以义理贯串，而辞旨无不通，类例无不合。想其发愤忘食，知天下之事必可以有为，圣人之道必可以有立。上以感发人君天职之所当行，下以启天下人心之所久蔽，区区之志，庶几夫子处定、哀之间者乎！东南之人，赖有此书，虽不能尽如其志，诵其言而凛然，犹百十年至其国亡，志士仁人之可书，未必不出于此也。③

故《四部总目》云："顾其书作于南渡之后，故感激时事，往往借《春

① 《历代名臣奏议》，《胡氏春秋传》附录三。
② 吴莱：《春秋通旨》后题，《春秋胡氏传》附录二。
③ 虞集：《春秋胡传纂疏》序，《春秋胡氏传》附录二。

秋》以寓意，不必一一悉合于经旨。"朱子《语类》谓"胡《春秋传》有牵强处，然议论有开合精神"，殆亦谓也。

安国又以《春秋》为"史外传心之要典"，此说实本诸王接、赵匡区别经、史之一贯意见，又有宋人千载之下求圣心于遗经之基本立场。盖安国之学术实有两方面渊源；一则上承二程之统，下启湖湘心性之学；二则祖啖助、赵匡之绪余，而为《春秋》新论。此两种渊源，于其《春秋传》中俱有体现。如孟子、汉人谓《春秋》之大义在诛讨乱臣贼子，而《胡传》序云：

> 周道衰微，乾纲解纽，乱臣贼子接迹当世，人欲肆而天理灭矣。……知孔子者，谓此书之作遏人欲于横流，存天理于既灭，为后世虑至深远也。罪孔子者，谓无其位而托二百四十二年南面之权，使乱臣贼子禁其欲而不得肆，则戚矣。

两宋道学专在心性上用功，安国乃引以论《春秋》之外王事业，以为其旨不过"存天理，灭人欲"而已。可见，安国治《春秋》，毕竟有不同于孙复、刘敞者，盖其尚用宋人义理以解经也。

安国之《春秋传》，后来成为科举考试之定本。考《元史·选举志》，延祐二年，定经义、经疑取士条格，《春秋》用三传及《胡传》。《胡传》之立于学官，盖自此始也。明袭其制，增张洽《春秋集注》，然洽书寖微。永乐中，胡广《春秋大全》出，专主《胡传》，自此《胡传》遂独行矣。对此，《四库提要》云：

> 明初定科举之制，大略承元旧式，宗法程朱。而程子《春秋传》仅成二卷，阙略太甚，朱子亦无成书，以安国之学出程氏，张洽之学出朱氏，故《春秋》定用二家。盖重其渊源，不必定以其书也。后洽传渐不行用，遂独用安国。渐乃弃经不读，惟以安国之传为主，当时所谓经义者，实安国之传义而已，故有明一代《春秋》之学为最弊。……爰逮本朝，敦崇经术，《钦定春秋传说汇纂》于安国旧说始多所驳正，弃瑕取瑜，撷其精粹，已足以综括原书。

又云：

> 考胡安国当高宗之时，以《春秋》进讲，皆准南渡时势以立言，所谓"丧欲速贫，死欲还朽，有为言之"者也。元、明两代，时异势殊，乃以其源出程子，遂用以取士，已非安国作传之初意。元制兼用三传，明制兼用张洽《传》，盖亦阴知胡安国之多僻而补救其偏。①

可见，元、明两朝科考以安国《春秋传》为主，盖重其与二程之渊源，而安国之地位亦日显。元至正二十二年（1362），赠太师，追封为楚国公。明正统二年（1437），从祀孔子庙庭。成化三年（1467），追封为建宁伯。嘉靖九年（1530），改称先儒胡子。然自清康熙以后，科考渐弃《胡传》，而学者对《胡传》之批评亦渐成习尚，遂致《胡传》之废矣。

虽然，皮锡瑞犹能平心论之，其《春秋通论》云：

> 胡安国师程子，其作传大纲本孟子，而微旨多以程子之说为据。……胡氏以惇典、庸礼、命德、讨罪，为天子之事，又云仲尼以为己任，足以发明《春秋》素王之义；空言独能载其理，行事然后见其用，尤足证明《春秋》借事明义之旨；假鲁史以寓王法，即托王于鲁也；拨乱世反之正，亦《公羊》之文也。胡氏尊孟子，故能信《公羊》，惜其传不能笃守《公羊》，故虽窥见微言，未尽原本古义，间涉穿凿，不惬人心，而视前儒以《春秋》为托空言而无用处者，其见为更卓矣。

皮氏之论，盖重《胡传》与《公羊》之渊源也。

二　从朱熹到张洽

朱子为理学之集大成者，且遍解诸经，然独于《春秋》无撰述。对

---

① 《四库存目提要·春秋五传平文》。

此，朱子《答龚惟微书》云：

> 《春秋》之说，向日亦尝有意，而病于经文之大略，诸说之太烦，且其前后抵牾非一，是以不敢妄为必通之计，而姑少缓之，然今老矣，竟亦未敢再读也。[①]

虽然，朱子颇有论《春秋》之说者，对后世影响亦大，南宋以后，遂形成宗朱子一派《春秋》学。

此外，朱子又有《资治通鉴纲目》，凡五十九卷。是书之"纲"仿《春秋》，"目"仿《左传》，盖"大书以提要，分注以备言"也。然朱子生前未能定稿，由其弟子赵师渊续成。朱子说《春秋》，以为"直书其事，善恶自见"，然至其《纲目》，则严分正闰，明辨纲常，颇事褒贬之法。可见，朱子视《春秋》为史，而以经自视其《纲目》也，则其虽不解《春秋》，实以《春秋》自拟矣。[②]

---

① 《朱子文集》卷59。

② 朱子《纲目》以尊王攘夷为大旨，与胡《传》同，其对日、韩、越之影响，似更甚于吾国。日本镰仓末年，后醍醐天皇召玄慧入宫讲《纲目》，宣扬大义名分，而勤王之师由此而起。其后，南北朝分立。时勤王志士北畠亲房撰《神皇正统记》六卷，首明正闰之辨与王霸之别，以后醍醐天皇之南朝为正统，遂开日本尊王思想之先河。小野湖山《咏史诗》咏亲房曰："请看一管《春秋》笔，写出神皇正统书。"至江户时代，幕府独尊朱子学，其时水户学派乃编成《大日本史》，宣扬尊王思想。是书立后醍醐天皇以下四代本纪，而以北朝五帝事为附录，即以南朝为正统；又颇仿《春秋》书法，书"天皇在隐歧"，犹《春秋》书"公在干侯"与《纲目》书"帝在房州"也；又主内外之辨，即以日本为中国，而置隋唐为诸蕃也。至于朝鲜，与中国关系更密切，其推崇朱子《纲目》亦然，如柳义孙《纲目通鉴训义》云："朱文公《纲目》，祖《春秋》之笔，其文则史，而义则经也。……窃谓史籍之行于世者多矣，莫详于《通鉴》，而莫要于《纲目》，实天下万世之高抬贵手也。"（《世宗实录》卷73）不过，朝鲜之尊王，与日本不同，实尊中国而自居藩臣也，故其国史皆书中国年号，王室不立"本纪"，而入"世家"也。越南亦尊《纲目》，其书有陈朝胡宗粟《越史纲目》、后黎朝武琼《大越通鉴》、阮朝潘清简《钦定越史通鉴纲目》等，颇用《春秋》书法。越南亦有莫氏与黎氏之南北分立，莫氏虽强，而史家以正统归于黎氏。后黎朝登柄论其事曰："莫氏，黎朝之叛臣也，至黎帝即位于哀牢，始以正统纪年，以明君臣之分，正大纲也。是时莫氏奄有其国，而不以正统书之者何也？盖莫氏臣也。"（《大越史记·本纪实录》）至于《春秋》之尊王，越人则引以论臣于中国之耻。（参见朱云影《〈春秋〉精神及其对东亚各国的影响》，载《春秋三传论文集》，第55~62页）

张洽（1161～1237），字符德，清江人。宁宗嘉定元年（1208），登进士第。尝为白鹿书院长，官至著作佐郎，谥文宪。洽少颖异，从朱子学。《宋史·道学传》谓洽"自六经传注而下，皆究其指归，至于诸子百家、山经地志、老子浮屠之说，无所不读"。洽自少用力于敬，以"主一"名斋，朱子嘉其笃志，"望以永斯道之传"也。

朱子尝报洽书，自谓"《春秋》某所未学，不敢强为之说"①，则洽之治《春秋》，盖承朱子之志也。其书有《春秋集传》二十六卷②，《春秋集注》十一卷并《纲领》一卷、《春秋历代郡县地理沿革表》二十七卷并《目录》二卷。除《集注》外，《经义考》、《四库提要》均谓佚，然阮元得延祐元年临江路学《集传》刻本十九卷进呈，唯阙十八至二十、二十三至二十六等七卷耳。此外，《宋史·道学传》谓洽尚有《左氏蒙求》。

理宗端平元年（1234），朝廷知洽家居著书，宣命临江军守臣以礼延访，赉纸札誊写以进，即《春秋集传》《集注》与《地理沿革表》三书也。据洽《进书状》云：

> 窃以为《春秋》一书，圣笔作刊，皆因时君之行事，断以是非之公，示之万世，而生人之大伦、致治之大法，所赖以不泯者也。尝从师友传习讲论，凡二百四十二年之行事，与汉唐以来诸儒之议论，莫不考攻核研究，会其异同，而参其中否。积年既久，似有得于毫发之益。过不自度，取其足以发明圣人之意者，附于每事之左，以为之传，名曰《春秋集传》。③

此自言其《春秋集传》之旨也。又曰：

> 既又因此书之粗备，复仿先师文公《语》、《孟》之书，会其精义，诠次其说，以为《集注》。而间有一得之愚，则亦窃自附于诸贤之说之后。虽生平心思萃在此书，然智识昏耗，学殖弗深，岂敢自谓

---

① 朱彝尊：《经义考》卷189引纳兰性德序。
② 据张寿林《续四库提要》，是书已残阙，唯存卷1至卷17，及卷21、卷22，凡十九卷。
③ 朱彝尊：《经义考》卷189引。

尽得圣人笔削之大指！……间当甲申待次、庚寅奉祠以来，仅能整次《集注》之书，粗成编次。①

可见，其《春秋集注》则仿朱子《论孟集注》，且自以为"生平心思萃在此书"，故于诸书中，唯于《集注》多所用力也。又曰：

> 至于《地理》一书，则以封域分合之参差，古今名号之因革，此同彼异，骤改忽更，散在群书，莫能统会，盖自诵习之初已病其然，乃博稽载籍，重加参究，窃规司马迁十表之模范，述为一编，以今之郡县为经，而纬以上下数千年异同之故，庶几案图而考，百世可知。②

则《地理》一书，盖以司马迁十表为依准也。

又据其曾孙庭坚《后序》，三书初付秘阁，其后，《集注》得刊郡庠，至景定元年（1260）毁焉。元成宗大德五年（1301），仅刻成《集注》三卷，而《集传》则文字差讹不可读，《地理》亦未成。仁宗延祐元年（1314），诏兴科举，而《集传》借此而得庭坚校正补刊，始为全书。七年，《集注》得刊成。③

洽之《春秋》学，盖宗朱子也。胡安国有"夏时冠周月"之说，而《朱子语类》深驳之，是以《春秋集注》释"春王正月"云：

> 此所谓春乃建子月，冬至，阳气萌生在三统，曰天统，盖天统以气为主，故月之，建子即以为春。

其说显与胡氏说枘凿不入，盖发挥朱子说也，故陆元辅曰："即'春王正月'解观之，本朱子之说，而以改月改时为正，胜于康侯'夏时冠周月'之义多矣。"④

---

① 朱彝尊：《经义考》卷189引。
② 朱彝尊：《经义考》卷189引。
③ 参见朱彝尊《经义考》卷189引。
④ 朱彝尊：《经义考》卷189引。

洽又论三传得失云：

> 《左氏》释经虽简，而博通诸史，叙事尤详，能令百代之下，颇
> 见本末，其有功于《春秋》为多；《公》、《谷》释经，其义皆
> 密，……深得圣人诛乱臣、讨贼子之意。考其源流，必有端绪，非曲
> 说所能及也。啖、赵谓三传所记，本皆不谬，义则口传，未形竹帛；
> 后代学者妄加附益，转相传授，浸失本真，故事多迁诞，理或舛误。
> 其言信矣！然则学者于三传，忽焉而不习，则无以知经；习焉而不
> 察，择焉而不精，则《春秋》之弘意大旨，简易明白者，汩于僻说，
> 愈晦而不显矣。①

可见，洽以经史区别《公》《谷》与《左氏》，可谓中唐以来《春秋》
学之主流也。

明太祖洪武初，分五经、四书于学官，传注多宗朱子，惟《易》兼用
程、朱说，《春秋》则胡氏《传》与张氏《注》并存，盖《胡传》出于程
子，张《注》则出于朱子也。纳兰性德颇是张《注》，曰："余诵其书，
集诸家之长，而折衷归于至当，无胡氏牵合之弊，允宜颁之学官者也。"②
然至成祖永乐间，胡广等修《春秋大全》，剽袭汪克宽《纂疏》，其说专主
《胡传》，科场用为程序，洽书遂废不行矣。③

三　朱熹对胡安国《春秋传》之批评

朱熹虽于理学为伊川之嫡传，至于《春秋》，则似不甚慊于伊川，故
于宗伊川《春秋传》之胡安国，实颇有批评。其初，胡安国作《春秋传》，
至再传弟子张栻（号南轩），已颇有异议。而朱子编《南轩集》，乃存而不

---

① 张洽：《春秋集注》卷首《纲领》注。
② 朱彝尊：《经义考》卷189引。
③ 张寿林《续四库提要》则以为，"迄永乐中集大全专以胡氏为主，采其与胡氏相发明者，
　而去其与胡氏相剌戾者，至此学者不复知有洽书矣"，又谓其书释"春王正月"，本朱子
　说，以改月改时为正，开卷即与《胡传》枘凿不相入，"宜乎士子之弃之惟恐不远"。

删，可见朱子实以弑说为然也。

1. 一字褒贬与《春秋》书法

后儒谓胡安国尊信《公》《谷》，如梁寅谓其"信《公》、《谷》之过，求褒贬之详，未免蹈先儒之谬，此胡康侯之失也"，何乔新亦论其"所失者，信《公》、《谷》太过，求褒贬太详，多非本旨"。[1] 是以安国主一字褒贬说，盖袭《公》《谷》之例也，故皮锡瑞谓其"一字褒贬本《公》、《谷》，皆不得谓其非"。[2]

隐七年，齐侯使其弟年来聘。安国曰：

> 兄弟，先公之子，不称"公子"，贬也。书"盟"、书"帅师"而称兄弟者，罪其有宠爱之私。书"出奔"、书"归"而称兄弟者，责其薄友恭之义。考于事，而《春秋》之情可见矣。年者，齐僖公母弟也。程氏谓："先儒说母弟者，盖缘礼有立嫡子同母弟之文。其曰'同母'，盖为嫡耳，非以为加亲也。此义不明久矣。"僖公私其同母，宠爱异于他弟，施及其子，犹与嫡等，而襄公绌之，遂成篡弑之祸。故圣人于年来聘，特变文书"弟"，以示贬焉。

案《公》《谷》俱据"年"字以明义，然伊川则颇讥《公羊》亲亲之论，以为"不知人理，近于禽兽"，安国稍袭其说，以为《春秋》书"弟"，盖贬僖公不当宠异母弟也。据此，伊川、安国皆以《春秋》有一字褒贬之法也。

又，桓十有一年，秋，九月，宋人执郑祭仲。安国曰：

> 祭仲，郑相也，见执于宋，使出其君而立不正，罪较然矣。何以不名？命大夫也。命大夫而称字，非贤之也，乃尊王命贵正卿，大祭仲之罪以深责之也。其意若曰：以天子命大夫为诸侯相，而执其政柄，事权重矣，固将下庇其身，而上使其君保安富尊荣之位也。今乃至于见执，废绌其君，而立其非所立者，不亦甚乎？任之重者责之

---

① 朱彝尊：《经义考》卷185引。
② 皮锡瑞：《经学历史》，第179页。

深，祭仲无所逃其罪矣。

案，三传俱据"仲"字以褒贬祭仲也。《公羊》以"仲"为字，故褒祭仲行权；《左氏》《谷梁》则以"仲"为名，故贬祭仲逐君立恶之非也。安国虽以"仲"为字，然不以为贤，反责其为命大夫而罪深恶重也。

又，隐十一年，冬，十有一月，壬辰，公薨。安国曰：

> 盖国史一官之守，《春秋》万世之法，其用固不同矣。不书"弑"，示臣子于君父，有隐避其恶之礼；不书地，示臣子于君父，有不没其实之忠；不书葬，示臣子于君父，有讨贼复雠之义。非圣人莫能修，谓此类也。

《春秋》于臣弑君，有所书，有所不书，笔法谨严，盖以明臣子之责，此圣人所以责臣子也。

又，隐三年，冬，十有二月，齐侯郑伯盟于石门。安国曰：

> 外盟会，常事也，何以书？在春秋之乱世，常事也；于圣人之王法，则非常也。有虞氏未施于民而民信，夏后氏未施敬于民而民敬。殷人作誓而民始畔，周人作会而民始疑。子曰："大道之行与三代之英，丘未之逮也，而有志焉。"诸侯会盟来告，则书而弗削者，其诸以是为非常典而有志于天下为公之世乎？故凡书盟者，恶之也。

此以《春秋》书"盟"，恶诸侯之私也。

又，庄六年，夏，六月，卫侯朔入于卫。安国曰：

> 《春秋》大义在于天下为公，选贤与能，而不拘大人世及之礼，虽以正取国，未之贵也，况杀其兄，又逆王命乎？故卫侯朔书名书入，以着其恶。

此以《春秋》书"入"，明世及之非，着"天下为公"之义也。

其后，郑樵颇不以一字褒贬之法为然。樵曰：

> 诸儒之说《春秋》，有以一字为褒贬者，有以为有贬无褒者，有以为褒贬俱无者。谓《春秋》以一字为褒贬者，意在于推尊圣人。其说出于太史公，曰："夫子修《春秋》，游、夏之徒，不能赞一辞。"故学者因而得是说也。谓《春秋》有贬无褒者，意在于列国之君臣也。其说出于孟子，曰："《春秋》无义战，彼善于此则有之矣。"故学者因而得是说也。谓《春秋》无褒贬者，意在于矫汉儒，其说出于《竹书纪年》所书。①

郑氏此说，盖出于唐刘知几。案，一字褒贬者，本《公》、《谷》旧说，而安国用之；有贬无褒者，孙复之新义也；若褒贬俱无者，则《左氏》家说也。其实，孔子修《春秋》以前，如"郑弃其师""齐人歼于遂"之类，本有一字褒贬之法，故皮氏《春秋通论》曰：

> 泥一字褒贬之说，则是《春秋》二字，皆挟剑戟风霜，圣人之意，不如是之劳顿也；泥于有贬无褒之说，则是《春秋》乃司空城旦之书，圣人不如是之惨刻也；泥于无褒贬之说，则是《春秋》为琐语小说，圣人又未尝无故而作经也。

皮氏此说，可谓平允之说也。否则，徒以《春秋》乃记事之书，无褒贬之义，则诚如安石所论，殆"断烂朝报"耳。

虽然，《春秋》诚有阙文者，如"夏五伯于阳"之类是也，若据以论《春秋》乃"断烂朝报"，则失之矣。然胡氏"矫枉过正，遂举圣经之断阙不全者，皆以为精义所存"②，则不免深文穿凿之弊也。

胡安国治《春秋》，主"一字褒贬"之书法，对此，朱子颇不谓然，以为《春秋》不过直书其事而已。朱子曰：

---

① 皮锡瑞：《春秋通论》引。
② 皮锡瑞：《春秋通论》。

　　问《春秋》。曰："此是圣人据鲁史以书其事，使人自观之以为鉴戒尔。其事则齐桓、晋文有足称，其义则诛乱臣贼子。若欲推求一字之间，以为圣人褒善贬恶专在于是，窃恐不是圣人之意。如书即位者，是鲁君行即位之礼；继故不书即位者，是不行即位之礼。若桓公之书即位，则是桓公自正其即位之礼耳。其他崩、薨、卒、葬，亦无意义。"①

朱子以为，《春秋》书不书鲁君即位，非别有例焉，不过据国史之旧，实因当时国君实行即位礼与否也，至于崩、薨、卒、葬，亦不过直书其事，非如《公》《谷》之务为深刻也。

　　诸如此类说法亦伙，颇见于《朱子语类》卷83：

　　《春秋》之书，且据《左氏》。当时天下大乱，圣人且据实而书之，其是非得失，付诸后世公论，盖有言外之意。若必于一字一辞之间求褒贬所在，窃恐不然。

　　《春秋》只是直载当时之事，要见当时治乱兴衰，非是于一字上定褒贬。……孔子作《春秋》，据他事实写在那里，教人见得当时事是如此，安知用旧史与不用旧史？今硬说那个字是孔子文，那个字是旧史文，如何验得？更圣人所书，好恶自易见。如葵丘之会、召陵之师、践土之盟，自是好，本末自是别。及后来五伯既衰，溴梁之盟，大夫亦出与诸侯之会，这个自是差异不好。今要去一字两字上讨意思，甚至以日月、爵氏、名字上皆寓褒贬。

　　《春秋》所书，如某人为某事，本据鲁史旧文笔削而成。今人看《春秋》，必要谓某字讥某人。如此，则是孔子专任私意，妄为褒贬！孔子但据直书而善恶自着。今若必要如此推说，须是得鲁史旧文，参校笔削异同，然后为可见，而亦岂复可得也？

三传俱以《春秋》乃孔子笔削旧史而成，则旧史与《春秋》之不同者，正

---

① 《朱子语类》卷83。

"圣人之意"所在焉。然朱子以为，鲁史旧文今已不存，实无以与孔子《春秋》相参较，焉能知孔子笔削之法？又焉能据以求"圣人之意"？故今人治《春秋》，唯据《春秋》所载史实，而明其善恶是非而已。

又曰：

> 《春秋》有书"天王"者，有书"王"者，此皆难晓。或以为王不称"天"，贬之。某谓，若书"天王"，其罪自见。宰咺以为冢宰，亦未敢信。其他如莒去疾、莒展舆、齐阳生，恐只据旧史文。若谓添一个字，减一个字，便是褒贬，某不敢信。桓公不书秋冬，史阙文也。或谓贬天王之失刑，不成议论，可谓乱道！夫子平时称颜子"不迁怒，不贰过"，至作《春秋》，却因恶鲁桓而及天子，可谓"桑树着刀，榖树汁出"者！鲁桓之弑，天王之不能讨，罪恶自着，何待于去秋冬而后见乎！又如贬滕称"子"，而滕遂至于终《春秋》称"子"，岂有此理！今朝廷立法，降官者犹经赦叙复，岂有因滕子之朝威，遂并其子孙而降爵乎！

此谓孔子矜慎，不妄作褒贬也，至于其中有不书者，不过"史阙文"而已，非有意褒贬也。朱子又以为，《春秋》之善恶是非，甚是显明，实不待于褒贬也。

又曰：

> 或人论《春秋》，以为多有变例，所以前后所书之法多有不同。曰："此乌可信！圣人作《春秋》，正欲褒善贬恶，示万世不易之法。今乃忽用此说以诛人，未几又用此说以赏人，使天下后世皆求之而莫识其意，是乃后世弄法舞文之吏之所为也，曾谓大中至正之道而如此乎！"

盖朱子以为，即便《春秋》有褒贬，亦未必如《公》《谷》之说也。

朱子不仅反对"一字褒贬"之说，至于三传以条例治《春秋》者，亦颇不谓然。《语类》卷83载其语云：

《春秋》传例多不可信。圣人记事，安有许多义例！如书伐国，恶诸侯之擅兴；书山崩、地震、螽、蝗之类，知灾异有所自致也。

或论及《春秋》之凡例。先生曰："《春秋》之有例固矣，奈何非夫子之为也。昔尝有人言及命格，予曰：'命格，谁之所为乎？'曰：'善谈五行者为之也。'予曰：'然则何贵？设若自天而降，具言其为美为恶，则诚可信矣。今特出于人为，乌可信也？'知此，则知《春秋》之例矣。"

又，《语类》卷 55 云：

当时史书掌于史官，想人不得见，及孔子取而笔削之，而其义大明。孔子亦何尝有意说用某字，使人知劝；用某字，使人知惧；用某字，有甚微词奥义，使人晓不得，足以褒贬荣辱人来？不过如今之史书直书其事，善者恶者了然在目，观之者知所惩劝，故乱臣贼子有所畏惧而不犯耳。近世说《春秋》者太巧，皆失圣人之意。又立为凡例，加某字，其例为如何；去某字，其例为如何，尽是胡说！①

则朱子以《春秋》之例实出于后儒施设，非圣人为之。故孔子作《春秋》，何尝有条例在心？故后儒以条例求经，不过胡说耳。

至于《公》、《谷》之时月日例，更致不满。朱子曰：

或有解《春秋》者，专以日月为褒贬，书时、月则以为贬，书日则以为褒，穿凿得全无义理。②

可见，朱子反对条例治经者，盖以为出于《公》《谷》后学，非孔子自为也。

朱子既反对条例，则主《左氏》立场，而视《春秋》为史也。《语类》卷 83 云：

---

① 《朱子语类》卷 55。
② 《朱子语类》卷 83。

人道《春秋》难晓，据某理会来，无难晓处。只是据他有这个事在，据他载得恁地。但是看今年有甚么事，明年有甚么事，礼乐征伐不知是自天子出？自诸侯出？自大夫出？只是恁地。而今却要去一字半字上理会褒贬，却要去求圣人之意，你如何知得他肚里事！

《春秋》大旨，其可见者：诛乱臣，讨贼子，内中国，外夷狄，贵王贱伯而已。未必如先儒所言，字字有义也。想孔子当时只是要备二三百年之事，故取史文写在这里，何尝云某事用某法？某事用某例邪？

问："《春秋》当如何看？"曰："只如看史样看。"

盖朱子谓《春秋》难晓者，以经文之太略、三传之太烦耳；此又言易晓者，则以《春秋》不过纪事之书，故可据事而明义也。可见，朱子亦"舍传求经"一路耳。

因此，在朱子看来，"《春秋》只据赴告而书之，孔子只因旧史而作《春秋》，非有许多曲折"，"隐桓之世，时既远，史册亦有简略处，夫子但据史册而写出耳"[1]，显然，此种立场与杜预"史承赴告，经承旧史"之说，实一般无二也。

不过，朱子亦有论《春秋》书法之文字，如谓"圣经书法之妙，非他人之所及"[2]，又谓"季札辞国而生乱，孔子因其来聘，贬而书名，所以示法，《春秋》明大义，书法甚严可以鉴矣"[3]。此说似与《语类》文字，颇为不同。

2. 以夏时冠周月

后世帝王莫不改元，遑论王朝之初建，其所始者各各不同，此《春秋》所以正始也。《公羊》又有"三正"之说，盖夏以斗建寅之月为正，即今日夏历之正月也；殷以斗建丑之月为正，乃夏历之十二月也；周以斗建子之月为正，则夏历之十一月也。可见，三代所始之月各不同也，至于

---

① 《朱子语类》卷83。
② 朱熹：《九江彭蠡辨》，《晦庵集》卷72。
③ 朱熹：《温公疑孟下》，《晦庵集》卷73。

时人之纪事，则常用夏正，故《春秋》之书时月，或用周正，或用夏正，则不免有异说也。

观《春秋》之文，当用周正，则改月矣，故"元年春王正月"，实夏之十一月也。桓十四年"春，正月，无冰"、成元年"春，二月，无冰"、襄二十八年"春，无冰"，皆就周正而言；然若以为夏正，则此时天气渐暖，无冰不足怪，何须记载？又，定元年"冬，十月，陨霜杀菽"，若为夏正之月，此时杀菽未足为异，且亦未必有菽也，故显用周正，当夏之八月也。因此，《春秋》记事，盖用周正也。就此而言，历代学者似未有异说，如孔颖达即谓"月改是春移"，则以"春正月"，不独正月为周正之月，春亦为周正之春也。然安国之不同者，则以《春秋》所书时月，盖用夏历也。

隐元年，春，王正月。安国释曰：

> 按《左氏》曰"王周正月"，周人以建子为岁首，则冬十有一月是也。前乎周者，以丑为正，其书始即位曰"惟元祀十有二月"，则知月不易也；后乎周者，以亥为正，其书始建国曰"元年冬十月"，则知时不易也。建子非春亦明矣，乃以夏时冠周月。何哉？圣人语颜回以为邦，则曰"行夏之时"；作《春秋》以经世，则曰"春王正月"，此见诸行事之验也。或曰：非天子不议礼。仲尼有圣德，无其位而改正朔，可乎？曰：有是言也。不曰"《春秋》天子之事"乎？以夏时冠月，垂法后世；以周正纪事，示无其位，不敢自专也，其旨微矣。

案安国之说，"前乎周者"谓殷人以建丑为岁首，然记事时不改月，如太甲即位改元称"惟元祀十有二月"，犹用夏时也；"后乎周者"指秦以建亥为正，其书始建国，称"元年冬十月"，亦用夏时也。据此，周人虽以建子为正月，至其记事，若诸侯即位，当书"元年冬十有一月"，虽用周月，然未改为春时，犹以为冬时也。然观今之《春秋》，皆作"元年春王正月"，此盖孔子之"特笔"，即"以夏时冠周月"也，其意则在表明孔子"无其位不敢自专"之意。

　　盖四时有其固定的物候特征，无论以十二月为正，抑或以十一月为正，其为冬时之季节属性俱是不变，故安国曰："自汉氏改用夏时，过历千载，以至于今，卒不能易，谓为百王不易之大法，指此一事可知矣。"是以孔子作《春秋》，改十一月为正月，又加"春"于其上以系之，乃"假天时以立义"耳。因此，夏之春，当指周之三、四、五月，今以夏之春加于周之正月，是为"以夏时冠周月"也。

　　其后，朱子对安国此说颇有批评，谓"《春秋》是鲁史，合作时王之月"，"夫子，周之臣子，不改周正朔"①，盖以孔子《春秋》用周正也。朱子又曰：

　　　　某亲见文定公家说，文定《春秋》说夫子以夏时冠月，以周正纪事，谓如"公即位"依旧是十一月，只是孔子改正作"春正月"。某便不敢信，恁地时二百四十二年，夫子只证得个"行夏之时"四个字。据今《周礼》，有正月，有正岁，则周实是元改作"春正月"。夫子所谓"行夏之时"，只是为他不顾，欲改从建寅。如孟子说"七、八月之间旱"，这断然是五六月；"十一月徒杠成，十二月舆梁成"，这分明是九月、十月。若真是十一月、十二月时，寒自过了，何用更造桥梁？古人只是寒时造桥度人，若暖时又只时教他自从水里过。②

盖安国以为，周人虽用周正，然纪事犹用夏时，并不改月，至于《春秋》书月，实出于孔子所改。然朱子则以为，《春秋》之改月，本周人所为，而孔子不过因周之史策旧文而已。

　　其后攻安国者，多袭朱子此说。黄仲炎曰："孔子虽因颜渊之问有取于夏时，不应修《春秋》而遽有所改定也。胡安国氏谓《春秋》以夏时冠月，而朱熹氏非之，当矣。孔子之于《春秋》，述旧礼者也，如恶诸侯之强而尊天子、疾大夫之偪而序诸侯、愤吴楚之横而贵中国，此皆巨子所得为者，孔子不敢辞焉。若夫更革当代之王制，如所谓夏时冠周月，窃用天子之赏罚，决非孔子意也。夫孔子修《春秋》，方将以律当世之僭，其可

---

① 朱彝尊：《经义考》卷 185 引。
② 《朱子语类》卷 83。

自为僭哉?"黄震曰:"文定说《春秋》,以春为夏正之春,建寅而非建子可也;以月为周之月,则时与月异,又存疑而未决也。故晦庵先生以为,若如胡氏学,则月与时事常差两月,恐圣人作经,不若是之纷更也。"① 吕大圭曰:"《春秋》所书正月者,盖周之正月也;所谓春者,即周正月之春也。"② 毛奇龄曰:"改正必改月,改月必改时,亦无可拟议者。"③

不过,朱子犹赞同安国以周人未改时之说。其曰:

> 孟子所谓七八月,乃今之五六月,所谓十一月十二月,乃今之九月十月,是周固已改月矣。但天时则不可改,故《书》云:"秋大熟未获。"此即只是今时之秋,盖非酉、戌之月,则未有以见岁之大熟而未获也。以此考之,今《春秋》月数,乃鲁史之旧文;而四时之序,则孔子之微意。伊川所谓"假天时以立义"者,正谓此也。④

盖胡氏以周人既未改时,亦未改月,而朱子则谓周人改月,然未改时也。

其后,王应麟亦引朱子之说云:

> 朱文公谓以《书》考之,凡书月皆不着时,疑古史纪事例如此。至孔子作《春秋》,然后以天时加王月,以明上奉天时,下正王朔之义;而加春于建子之月,则行夏时之意,亦在其中。⑤

盖就《尚书》而言,古人纪事不着时,至孔子作《春秋》,始冠四时于月上也。

元人黄泽颇攻胡氏说,曰:

> 如"元年春王正月",自古未有说用夏正者,程子以后学者始有

---

① 朱彝尊:《经义考》卷 185 引。
② 吕大圭:《春秋或问》卷 1。
③ 毛奇龄:《春秋毛氏传》卷 2。
④ 《朱子文集》卷 3,《答吴晦叔》。
⑤ 王应麟:《困学纪闻》卷 6。

用夏正之说是《春秋》第一义，已不信《左传》矣。时月既不可信，则一部《左传》所载事实，皆可目为虚妄，岂但不可全信而已哉！且三传皆是周正，若用夏时，则三传皆可废，不但《左传》也。①

《春秋》一经，开卷即有同异，如书"元年春王正月"，只不书即位，《公羊》、《谷梁》意见自殊。及至近世，又谓夫子"用夏时冠周月"，其为圣经之害，莫此为甚。②

黄氏以为，"夏时冠周月"之说，盖出于伊川也；谓"其为圣经之害"，则将废三传矣。又曰：

"春秋王正月"，三传及三家之注同是周正建子之月，别无异辞，惟近代二百年间始有夏时之说。胡文定公云"以夏时冠周月"，蔡九峰云"商周不改月"，蔡西山说亦同。尹和靖解"行夏之时，乘殷之辂，服周之冕"云："其大纲见于此，而条目见于《春秋》。"于是三传愈不可信，而夏正之说起矣。晦庵先生曰："某亲见文定家说，文定《春秋》说夫子'以夏时冠周月'，以周正纪事，谓如公即位依旧是十一月，只是孔子改正作春正月，某便不敢信，怎地时二百四十二年夫子只证得个'行夏之时'四个字？"据今周礼有正月有正岁，则周实是元改作春正月，夫子所谓"行夏之时"只是为他不顺，欲改从建寅。如孟子说，七八月之间旱，这断然是五六月。十一月徒杠成、十二月舆梁成，这分明是九月、十月。晦庵之说明白如此，而不能救学者之惑，可胜叹哉！③

《春秋》遵用周正，理明义正，无可疑者。胡文定公始有"夏时冠周月"之说，蔡氏虽自谓晦庵门人，而其《书传》乃直主不改月之说，亦引商、秦为证，是不改月之说开端于文定，而遂成于蔡氏。案胡氏云："以夏时冠月，垂法后世。以周正纪事，示无其位不敢自专。"据此，所谓"以夏时冠周月"，最害大义，于圣经之累不小。据

---

① 赵汸：《春秋师说》卷中，"论汉唐宋诸儒得失"。
② 赵汸：《春秋师说》卷中，"论汉唐宋诸儒得失"。
③ 赵汸：《春秋师说》卷中，"论汉唐宋诸儒得失"。

所引商、秦不改月为证，是周亦未尝改月。据夏时冠周月，是孔子始改时，又云"仲尼无其位而改正朔"，则是正月亦皆孔子所改，其舛误最甚。盖由所见实未明，而欲含糊两端，故虽主周正，而又疑于时之不可改；既主夏时，而亦疑于建子之非春。是以徒费心思，而进退无据，其误在于兼取用夏从周，是欲两可，而不知理实不通。古人注释纵谬，却不至此。①

春王正月，此不过周之时、周之正月，而据文定，则"春"字是夫子特笔，故曰"以夏时冠周月"。又谓"夫子有圣德，无其位而改正朔"，如此，则正月亦是夫子所改。蔡九峰则谓周未尝改月，引《史记》冬十月为证，如此，则时或是夫子所移易。以此说夫子，岂不误哉！泽之愚见，只是依据三传及汉儒之说，定以夫子《春秋》是奉王者正朔，以建子为正，此是尊王第一义，决无改易。其答颜子"行夏之时"，乃是为万世通行之法，非遂以之作《春秋》也。凡王者正朔，所以统一诸侯，用之纪年，用之朝会。若民事，自依夏时。后来汉武帝、魏文帝始定用夏时，是行夫子之言也。②

案，朱子不过稍取胡氏未改时之说，至其弟子蔡沈，乃谓古人亦未改月也，则尽用胡氏说矣。③

至于康熙敕撰之《钦定春秋传说汇纂》，亦不同意胡氏"夏时冠周月"之说，而于其中孔子"为万世制法"之大义，则袭取之矣。其释"春王正月"云：

---

① 赵汸：《春秋师说》卷中，"论汉唐宋诸儒得失"。
② 赵汸：《春秋师说》卷下，"王正月辩"。
③ 案，朱子《与张敬夫书》云："《春秋》正朔事比，以《书》考之，凡书月皆不着时，疑古史记事例只如此，至孔子作《春秋》，然后以天时加王月，以明'上奉天时，下正王朔'之义，而加'春'于建子之月，则行夏时之意，亦在其中。观伊川先生、刘质夫之意，似是如此。"（《朱子文集》卷31）又，其《答韩无咎书》云："《春秋传》乃伊川所自着，其词有曰：'周正月非春也，假天时以立义耳。'若果无改用夏时之意，则此说复何谓乎？况序文所引《论语》之言尤为明白，不可谓初未尝有此意也。"（《朱子文集》卷37）据此，朱子尝赞同安国"夏时冠周月"之说，且以为与伊川同也，故其弟子从胡氏说者，亦有所信据也。

周正改月并改时，……无可疑者。顾时、月俱时王所改，不曰"王春正月"，而加春于王者，盖行夏时之志寓焉矣。正者，王事之始；春者，天道之始。王所为者系之以王，天所为者冠之以春。……欲王者上奉天时，必以得天为正。盖《春秋》为尊王而作，故以王正天下；《春秋》为万世而作，故以天道正王道也。①

据此，孔子作《春秋》，虽用周正，然其"行夏时之志"，亦未尝掩焉。

清万斯同撰《周正辨》四篇，亦攻胡氏之说，曰：

宋自庆历、皇祐以后，真儒继出，经术大明，后学实赖之。而私智自是、违经背传者，亦复不少，其于他经皆然，而《春秋》为尤甚。即"春王正月"一语，圣人曰春，而宋人曰非春也，乃冬也；圣人曰正月，而宋人曰非正月也，乃十一月也。不但不信传，并不信经，此非侮圣人之言乎？而谓汉唐诸儒之解经，有是谬妄乎？此其说总由于程子，而蔡氏（沈）复变之，刘绚、胡安国、陈傅良、项安世、魏了翁皆继程氏而附和者也。叶时、戴溪、陈则通、黄震、家铉翁、陈深、阳恪、程端学、周洪谟，则继蔡氏而附和者也。辨虽详而理不足，吾安敢信之哉！②

可见，是说本于伊川，其后宋人多有附和者，故盛如梓曰："'春王正月'，胡文定谓以夏时冠月，以周正纪事，晦庵以为不如此，然宗之者众。"③ 四库馆臣则曰："自程子泥于'行夏之时'一言，盛名之下，羽翼者众。胡安国遂实以'夏时冠周月'之说。"④

3. 朱子论三传得失

朱子不信条例，更不遑措意于条例之研究，尝曰："《春秋》义例，时

---

① 《钦定春秋传说汇纂》卷1，卷首"通论"。

② 万斯同：《周正辨二》，《群书疑辨》卷五，嘉庆二十一年刻本。

③ 朱彝尊：《经义考》卷185引。

④ 《四库提要·春王正月考》。

亦窥其一二大者，而终不能自信于心，故未尝敢措一辞。"① 可见其治《春秋》之态度也。

基于此种态度，朱子于三传中最重《左氏》。朱子曰：

> 《春秋》之书，且据《左氏》。当时天下大乱，圣人且据实而书之，其是非得失，付诸后世公论，盖有言外之意。②

盖自中唐以来，学者虽多贬《左氏》为史，然于《春秋》，则犹以为经也。今朱子进而夷《春秋》为史，则颇承王安石"断烂朝报"之说，显与当时《春秋》学主流背道而驰也。

《春秋》既为史，而《左传》详于纪事，此朱子所以重《左氏》也，"左氏所传《春秋》事，恐八九分是"。③ 不过，其于《左氏》之义理，则多有讥评。《语类》卷83载云：

> 左氏之病，是以成败论是非，而不本于义理之正。尝谓左氏是个猎头熟事、趋炎附势之人。
>
> 左氏见识甚卑，如言赵盾弑君之事，却云："孔子闻之，曰：'惜哉！越境乃免。'"如此，则专是回避占便宜者得计，圣人岂有是意！圣人"作《春秋》而乱臣贼子惧"，岂反为之解免耶！

朱子又常谓《公》《谷》记事虽不如《左氏》之精详，然说理则长于《左氏》也。《语类》卷83颇载此类说法：

> 左氏是一个审利害之几，善避就底人，所以其书有贬死节等事。其间议论有极不是处，如周、郑交质之类，是何议论！其曰："宋宣公可谓知人矣，立穆公，其子飨之，命以义夫！"只知有利害，不知有义理。此段不如谷梁说"君子大居正"，却是儒者议论。

---

① 《朱子文集·书临漳所刊四经后》。
② 《朱子语类》卷83。
③ 《朱子语类》卷83。

左氏曾见国史，考事颇精，只是不知大义，专去小处理会，往往不曾讲学。公、谷考事甚疏，然义理却精，二人乃是经生，传得许多说话，往往都不曾见国史。

以三传言之，《左氏》是史学，《公》、《谷》是经学。史学者，记得事却详，于道理上便差；经学者，于义理上有功，然记事多误。

《左氏传》是个博记人做，只是以世俗见识断当它事，皆功利之说。公、谷虽陋，亦有是处，但皆得于传闻，多讹谬。

左氏所传《春秋》事，恐八九分是。公、谷专解经，事则多出揣度。

可见，《左氏》与《公》《谷》，实各有短长得失也。

朱子又谓三传俱出于孔子。《语类》卷83载云：

孔子作《春秋》，当时亦须及门人讲说，所以公、谷、左氏得一个源流，只是渐渐讹舛。当初若是全无传授，如何凿空撰得？

问："公、谷传大概皆同？"曰："所以林黄中说，只是一人，只是看他文字疑若非一手者。"或曰："疑当时皆有所传授，其后门人弟子始笔之于书尔。"曰："想得皆是齐鲁间儒，其所著之书，恐有所传授，但皆杂以己意，所以多差舛。其有合道理者，疑是圣人之旧。"

三传同源之说，殆出于林栗。诚若此说，后世三传有不同，则不过"渐渐讹舛"所致耳。不过，朱子又谓"三家皆非亲见孔子"[1]，而以左氏乃楚左史倚相之后，则与此说不同，殆弟子所记有误耳。

然朱子亦有站在《公》《谷》立场者。据《语类》卷83载：

"林黄中谓《左传》'君子曰'是刘歆之辞，胡先生谓《周礼》是刘歆所作，不知是如何？""《左传》'君子曰'最无意思。"

如《左氏》尤有浅陋处，如"君子曰"之类，病处甚多。林黄中

---

① 《朱子语类》卷83。

> 尝疑之，却见得是。

朱子否定《左氏》"君子曰"，以为刘歆之伪，其说与林栗同，亦清代今文家所昌言也。

朱子又曰：

> 左氏必不解是丘明，如圣人所称，然是正直底人。如《左传》之文，自有纵横意思。《史记》却说："左丘失明，厥有国语。"或云："左丘明，左丘其姓也。"《左传》自是左姓人作。又如秦始有腊祭，而左氏谓"虞不腊矣"，是秦时文字分明。

朱子殆同意赵匡"左氏非丘明"之说，又袭伊川"虞不腊矣"之论，则似《左氏》作者与孔子无关，乃战国时文字耳。

至于《公羊》与《谷梁》，亦颇有不同者。《语类》卷83载：

> 《公羊》说得宏大，如"君子大居正"之类。《谷梁》虽精细，但有些邹搜狭窄。
>
> 公羊是个村朴秀才，谷梁又较黠得些。

此盖朱子读《公》《谷》之个人感受耳。朱子又谓"何休注甚谬"，则似未见其详说。

皮锡瑞《春秋通论》云：

> 自啖助斟酌三传，各取其长，云"《左氏》叙事尤备，能令百代之下，颇见本末，因以求意，经文可知。二传传经，密于《左氏》，《谷梁》意深，《公羊》辞辨"。宋人推衍其说，胡安国曰："事莫备于《左氏》，例莫明于《公羊》，义莫精于《谷梁》。"叶梦得曰："《左氏》传事不传义，是以详于史而事未必实；《公羊》、《谷梁》传义不传事，是以详于经而义未必当。"朱子曰："《左氏》是史学，《公》、《谷》是经学。史学者记得事却详，于道理上便差；经学者于

义理上有功，然记事多误。"又曰："《左氏》曾见国史，考事颇精，只是不知大义，专去小处理会，往往不会讲学。《公》、《谷》考事甚疏，然义理却精，二人乃是经生，传得许多说话，往往不会见国史。"吕大圭曰："《左氏》熟于事，《公》、《谷》深于理。盖左氏曾见国史，而公、谷乃经生也。"吴澄曰："载事则《左氏》详于《公》、《谷》，释经则《公》、《谷》精于《左氏》。"锡瑞案，诸说皆有所见，朱子之说尤晰，惟兼采三传，亦必有啖、赵诸人之学识，方能别择。……朱子曰："《左氏》所传《春秋》事，恐八九分。"是亦不尽信《左氏》。

中唐以来，学者多以经、史分别三传，朱子亦然，此其所以必"兼采三传"，而三传得失亦在此也。就此而言，朱子说《春秋》，亦属中唐以来《春秋》学之主流也。至其视《春秋》为史，又不主条例求经，则为异数耳。

4. 朱子批驳胡传

朱熹对《春秋》的态度，颇不同于伊川及其嫡传的胡安国，然其于伊川，犹讳而莫论，而独集矢于胡安国《春秋传》。据《语类》卷83载：

> 某尽信不及。如胡文定《春秋》，某也信不及。知得圣人意里是如此说否？今只眼前朝报差除，尚未知朝廷意思如何，况生乎千百载之下，欲逆推千百载上圣人之心！况自家之心，又未如得圣人，如何知得圣人肚里事？某所以都不敢信诸家解，除非是孔子还魂亲说出，不知如何？

> 胡文定《春秋》非不好，却不合这件事圣人意是如何下字，那件事圣人意又如何下字。要之，圣人只是直笔据见在而书，岂有许多切怛！

自朱子视之，三传既不足以"圣人肚里事"，遑论安国去圣更远，又焉能知之？然三传自以为传《春秋》者，本出于圣人之口授，自能得"圣人之意"也。且理学亦自谓求圣人之道于遗经，较诸汉儒有师传之可据，更为臆说耳，无怪乎清人讥宋学乃"向壁虚造"也。

其于安国《春秋传》之具体解释，亦颇有批评。《语类》卷83载：

> 问："胡文定说'元'字，某不能无疑。元者，始也，正所谓'辞之所谓"太"也'。今胡乃训'元'为'仁'，训'仁'为'心'，得无太支离乎？"曰："杨龟山亦尝以此议之。胡氏说经，大抵有此病。"
>
> 《春秋》今来大纲是从胡文定说，但中间亦自有难稳处。如叔孙婼祈死事，把他做死节，本自无据；后却将"至自晋"一项说，又因《谷梁》"公孙舍"云云。他若是到归来，也须问我屋里人，如何同去弑君？也须诛讨斯得。自死是如何？
>
> 胡文定说《春秋》"公即位"，终是不通。且踰年即位，凶服如何入庙？胡文定却说是冢宰摄行。他事可摄，即位岂可摄？

然安国之解释虽有不当，不过"说得太深"耳。[①] 朱子以为，至其义理大纲，则颇正耳。《语类》卷83载：

> 若胡文定公所解，乃是以义理穿凿，故可观。
>
> 《春秋》制度大纲，《左传》较可据，《公》、《谷》较难凭。胡文定义理正当，然此样处，多是臆度说。
>
> 《胡春秋传》有牵强处，然议论有开合精神。
>
> 问《胡春秋》。曰："亦有过当处。"

盖自朱子视之，安国学术亦理学一路，故其所持义理自无不当，至其据以论《春秋》史事，则颇多牵强穿凿，失之"过当"耳。

胡氏治《春秋》，实多本于伊川，至于朱子，亦以伊川为理学宗主，故其虽不慊于安国者，亦不得不为伊川回护也。如伊川恶桓公弑君，遂以桓公有两年不书秋冬为"天理灭""岁功不能成"，又以《春秋》书"滕

---

① 《朱子语类》卷55。

子"为贬其朝桓公。对此，朱子曰：

> 鲁桓之弑，天王之不能讨，罪恶自着，何待于去"秋"、"冬"而后见乎？又如贬滕称"子"，而滕遂至于终《春秋》称"子"，岂有此理！今朝廷立法，降官者犹经赦叙复，岂有因滕子之朝桓，遂并其子孙而降爵乎！①

又曰：

> 《春秋序》云："虽德非汤武，亦可以法三王之治。"如是，则无本者亦可以措之治乎？语有欠。因云："伊川甚么样子细，尚如此。难！难！"

则朱子以《春秋》难治而为伊川惜也。

至于当时诸家解《春秋》，朱子概有批评。《语类》卷83载其语云：

> 今之治《春秋》者，都只将许多权谋变诈为说，气象局促，不识圣人之意，不论王道之得失，而言伯业之盛衰，失其旨远矣。
>
> 《春秋》本是明道正谊之书，今人只较齐、晋伯业优劣，反成谋利，大义都晦了。今人做义，且做得齐桓、晋文优劣论。
>
> 今之做《春秋》义，都是一般巧说，专是计较利害，将圣人之经做一个权谋机变之书。如此，不是圣经，却成一个百将传。
>
> 《春秋》固是尊诸夏，外夷狄。然圣人当初作经，岂是要率天下诸侯而尊齐晋！自秦桧和戎之后，士人讳言内外，而《春秋》大义晦矣！

其后，皮锡瑞《春秋通论》论朱子之非《胡传》云：

_____

① 《朱子语类》卷83。

　　当时盛行《胡传》，《朱子语录》曰："胡文定《春秋》非不好，却不合。这件事圣人意是如何下字，那件事圣人意又如何下字，要知圣人只是直笔，据见在而书，岂有许多忉怛。"案《胡传》议论苛碎，多出《公》、《谷》之外。朱子惩《胡传》之苛碎，遂并不信《公》、《谷》一字褒贬之义，以为必于一字一辞之间，求褒贬所在。窃恐不然，圣人只是直笔据见在而书，则仍惑于杜预、孔颖达，而与孟子、程子之说不合矣。

皮氏以为，朱子殆惑于杜预、孔颖达之说，遂视《春秋》为史，而与孟子、伊川之说不合。盖站在今文学立场，《胡传》虽有苛碎之弊，然非若朱子说之悖《春秋》也。清刘逢禄撰《春秋论》，以辟钱大昕"善恶自见"说，实批评朱子也。

　　盖朱子本不擅《春秋》，然以其在理学中之地位，其说对后世影响颇不小，故宋明治《春秋》者，颇有出于朱子者。至清今文学大兴，乃有非议朱子者矣。清钟文烝乃斥朱子之非曰：

　　　　夫使《春秋》不过随事直书，别无书法，则一良史优为之矣。何以游、夏不能赞一辞？何以齐、鲁师儒递有授受？何以《孟子》谓之作？谓之乱后之一治？何以《荀子》谓其微？谓其约而不速？岂一切皆不足信邪？[①]

可见，朱子论《春秋》，实持一史家之立场，故其褒《左氏》，不过以其详于纪事耳。然朱子又为理学家，常以"天理"二字臧否史事，故其称许《公》《谷》者，非以其书法，实以其义理之正而合于"天理"故也。

结　语

蒙元以降，科举规定用《四书》取士，用朱子之《章句》与《集

---

① 钟文烝：《春秋经传补注·论经》。

注），独《春秋》以《胡传》为主。盖朱子无《春秋》之颛门著述，且其说与旧之三传及唐宋以来《春秋》学主流亦不合，而《胡传》自南宋以来已颇流行，且胡氏为程颐之私淑弟子，朱子于《胡传》亦有褒辞，因此，《胡传》亦终取得官方正统的地位。虽然，元、明时据朱子《春秋》说以攻驳《胡传》者，实不在少数。

然元、明时攻《胡传》者，多不慊于其"一字褒贬"之书法，又驳其"夏时冠周月"之说，至其尊王攘夷大义之阐发，虽未必尽合经旨，然持论正大，亦多为后儒所许。至满清入主中原，倡言"满汉大同"，而《胡传》此种旨义亦渐乖清廷之意趣矣。

有清一代之科考，大致沿元、明之旧。顺治二年（1645），定试士之例，《四书》主朱子《集注》，《易》主程、朱，《诗》主朱子《集传》，《书》主《蔡传》，《春秋》主《胡传》，《礼记》主陈氏《集说》。可见，《春秋》初尚用《胡传》也。至康熙三十八年（1699），诏儒臣王掞、张廷玉等编纂《春秋传说汇纂》，历二十余年而成。六十年（1721），康熙为此书作序，其中有云：

> 迨宋胡安国进《春秋解义》，明代立于学官，用以贡举取士，于是四传并行。宗其说者，率多穿凿附会，去经义逾远。朕于《春秋》，独服膺朱子之论。朱子曰："《春秋》明道正谊，据实书事，使人观之以为鉴戒。书名书爵，亦无意义。"此言真有得者，而惜乎朱子未有成书也。朕恐世之学者牵于支离之说而莫能悟，特命词臣纂辑是书，以四传为主，其有舛于经者删之；以集说为辅，其有畔于传者勿录。①

可见，康熙对《胡传》之不满，良以朱子态度为取舍也。

据《四库提要》，奉命编撰《汇纂》的王掞等人，对《胡传》多有改动，"指授儒臣，详为考证，凡其中有乖经义者，一一驳正，多所刊除"，至于胡传之外的先儒旧说，"世以不合《胡传》摈弃弗习者，亦一一采录

---

① 《春秋传说汇纂》卷首，四库全书本。

表章，阐明古学"。其后，"《春秋》不用胡传，以《左传》本事为文，参用《公羊》、《谷梁》"。① 至此，元、明以来独尊《胡传》的局面遂告终结。受此官方思想之影响，学者亦踵起效尤，颇论《胡传》之非是，如俞汝言、徐庭垣、焦袁熹、张自超、毛奇龄等，可谓响然而作者也。

---

① 《清史稿·选举志》。

本性与教化

——"习与性成"古典诠释的梳理与省思

许 伟*

摘要：《尚书·太甲上》伊尹谓"兹乃不义，习与性成"，以教化太甲远离不义之事，后世对"习与性成"有丰富的诠释。自汉至唐，对"习与性成"的解释延续了劝人勿为恶的原始意涵，并常与《荀子》的"蓬生麻中"相联系，侧重强调教化的重要性。至宋代，随着性论成为论学主题以及四书地位的上升，"习与性成"被用于《论语》《孟子》相关篇章的解释中，其意涵也从消极的劝人勿为恶，转向积极的学可致圣。元代学者通过对《尚书》相关篇目的研究，提出《汤诰》的"若有恒性"与《太甲》"习与性成"是"千古性学之端"，并强调伊尹五篇的重要性。明清以来，"习与性成"则被用来反思程朱理学的理、气二分架构。当今学界对"习与性成"的研究，侧重于王夫之的诠释与《荀子》的路向。除了纯粹从人性方面进行解读，"习与性成"也被广泛用于卦象诠释和儿童教育等领域。此外，"习与性成"思想与重视讨论习性问题的唯识宗思想之比较也颇值得关注。

关键词：习与性成 尚书 伊尹 习性

"兹乃不义，习与性成"出自《尚书·太甲上》，原是伊尹劝诫太甲之

---

* 许伟，浙江大学人文学院科研助理，主要研究宋明儒学、佛教哲学。

言。通常的解释是，若常行不义之事，所习行之事会与不义之性一同而成。进而可引申为，人不应行不义之事，免成恶性。而纯粹从概念分析来看，历史上对"习与性成"解释的分歧，主要集中在"性成"究竟是真地形成了确定的"性"，还是仅仅是"若性成"——像是形成了"性"，但本身不是性。认为习真能成性者，往往不承认"本性善"（多认为性无善恶、性善恶混、性恶），或根本不讨论"本性"，仅强调政治教化对人的影响。认为习只是"若性成"而非真成性者，往往要区分两种性（本性与习性、天命之性与气质之性等），认为"习与性成"仅仅指习性，而本性为善，但是往往也会强调"习"的重要性。本文欲通过对历代文献中"习与性成"用法的梳理，揭示"习与性成"诠释史的发展脉络，以及与其关涉的"习性"问题的哲学意涵。

一　格言与政治教训

将"习与性成"作为格言或政治教训，是最为通行的用法，历代皆有。

以"习与性成"为格言者，如傅玄《太子少傅箴》："夫金木无常，方圆应形，亦有隐括，习与性成，故近墨者黑。"① 这类用法，近于《荀子·劝学》的"白沙在涅，与之俱黑"，仍是在现实性上进行诠释。

以"习与性成"为政治教训，见于历代奏章、政论文字，材料丰富。如《南齐书》记国子监助教曹思文奏表谓："古之建国君民者，必教学为先，将以节其邪情，而禁其流欲，故能化民裁俗，习与性成也。"② 指出君主要重视百姓"习与性成"的特性，重视是教化与教学，以此反对废除国子监学。这类解释的极致应是明人王应电在《周礼传》用其解释官员的职能："扰万民者，宽柔以教，习与性成也。"③ 即认为圣王考虑到"习与性成"，特设官职以主之，以示后世统治者不可忽略百姓"习与性成"的特

---

①　《全上古秦汉三国六朝文》第4册，河北教育出版社，2009，第477页。下引文皆由笔者改繁为简，改异字为正字，部分标点亦有修改。

②　（梁）萧子颐，《南齐书（第1、2册）》卷9，中华书局，1972，第144页。

③　（明）王应电：《周礼传》卷2上，清文渊阁四库全书本，第1页。

性，要注重教化。

此外，《后汉书·陈寔传》中"梁上君子"的故事也常为后世引述。陈寔谓窃贼曰："夫人不可不自勉。不善之人未必本恶，习以性成，遂至于此。梁上君子者是矣。"① 此处用"习以性成"，而"未必本恶"还是不论性之善恶，只是纯粹强调习性之重要。

总之，"习与性成"的这类用法最为常见，也较为随意，大体上都是悬置"本性"的问题，单方面强调习性对人、民众的重要作用。

但是，宋代之后，作为格言的"习与性成"有了更为丰富的意涵，这与程颐所作的《动箴》相关。程颐曾对应《论语》颜渊的"视、听、言、动"作四箴，其《动箴》："哲人知几，诚之于思。志士厉行，守之于为。顺理则裕，从欲惟危。造次克念，战兢自持。习与性成，圣贤同归。"② 此处"习与性成"从"习恶则恶性成"的消极意义转向"习善则可成圣贤"的正面意义，这种用法可以说是将周敦颐所说的"志伊尹之所志，学颜渊之所学"③ 统合了起来。《动箴》后由朱熹收入《近思录》《论语集注》，影响日隆。明人邵经济《成斋说》中谓："《书》曰：习与性成，圣贤同归。"④ 直接将《动箴》之文放在"《书》曰"之后，可见其影响之大。由于程颐认同本性、习性之二分，且以本性为善，故作为格言的"习与性成"在宋后也往往有了明确的本、习二分的意涵，其所表达的意思也往往要从负面的"勿行恶"转化为"学以行善"。如熊节《性理群书句解》录《动箴》"习与性成"解谓："习谓修于己，性谓得于天，习与性合，则全其本然之善。"⑤ 即强调本、习二分与本性之善。辅广谓："此两句必于动上言之者，动则该夫三者，而君子之学惟行之为贵也。"⑥ 此释特强调了行对于成圣之重要，有将"习"解释为"行"之倾向。胡炳文《四书通》中解《动箴》谓："末曰'圣贤同归'，即是《视箴》之末，所谓克己复礼，久而诚矣。故程子以此为颜子所以进于圣人，后之学圣人者，宜服膺

---

① （南朝宋）范晔：《后汉书》卷92，清文渊阁四库全书本，第18页。
② （宋）程颢、程颐：《二程集》，中华书局，1981，589页。
③ （宋）周敦颐：《通书·志学》，收于《周敦颐集》，中华书局，1990，第22页。
④ （明）邵经济：《泉厓文集》卷3，明嘉靖四十一年刻本，第9页。
⑤ （宋）熊节：《性理群书句解》卷2，清文渊阁四库全书本，第11页。
⑥ （宋）赵顺孙：《四书纂疏》卷6，清文渊阁四库全书本，第43页。

而勿失也……心兮本虚，是寂然不动心之体，人心之动是感而遂通心之用。本乎天性是天命之性，习与性成是气质之性。"① 此具体论及"习与性成"与颜渊之学，从中可窥见"习"与"学"之关系。胡炳文《论语集注》解"性近习远"章又谓："伊尹曰'习与性成'，是专主气质之性而言。习如此，性之成也遂如此，所以言性在习之后。夫子曰'性相近习相远'是兼气质之性而言。性如此，而习则未必皆如此，所以言性在习之先。若论天命之性则纯粹至善一而已矣，不可以相近言；此所谓相近者，兼气质言也。"② 由此作为格言的《动箴》诠释的日益丰富，可以窥见理学的发展状况。

二　习实能成性

以"习与性成"为习能确实成性的诠释，大致可依时间分为三类：宋代之前，论者大多联系《荀子》和"习惯之为常""习惯如自然"，抑或认为能由习成所成之性只是"三品"之性中可改易的"中人之性"；宋代，论者从"性"的角度开始讨论习与性成，因为孟子地位的上升而少有性恶论者，大部分认为性善恶混、性无善恶或根本不论"本性"；明清时代，部分儒者在否定程朱理学理气二分的前提下，认为只有气性，由此"习与性成"只能被解释为习确实能成性。

（一）宋代之前

将"习与性成"明确和《荀子》联系起来的，如皇侃《论语集解义疏》解"七十而从心所欲"谓："年至七十，习与性成，犹蓬生麻中，不扶自直。故虽复放纵心意，而不逾越于法度也。"③ 这也是现存文献用"习与性成"解释《论语》的最早例子。

"习惯之为常"则出于《大戴礼记·保傅》："孔子曰：少成若天性，

---

① （元）胡炳文：《四书通》卷6，清文渊阁四库全书本，第37页。
② 《四书通》卷9，第4页。
③ （梁）皇侃：《论语集解义疏》卷1，知不足斋丛书本，第20页。

习惯之为常。"① 联系伊尹"师保"的身份，以此解释"习与性成"亦属恰当。当然，此句重点尤其强调"少"（少年人）的习与性成。今存南北朝卢辩注即谓："言人性本或有不能，少教成之，若天性自然也。《周书》曰'习之为常，自血气始。'"② 其以或有不善，强调教习（特别是对年幼者而言）之重要。其所引《周书》内容见今《逸周书·常训解第三》："夫习民乃常为，自血气始。"③

葛洪《抱朴子》亦用此义，谓："习与性成，不异自然也。"④ "不异自然"，虽未说"久习即性"，但确有此倾向。"习惯成自然"也成了后世解释"习与性成"的惯用语，如元人朱祖义《尚书句解》中仍谓："循习不改，其与性俱成，所谓习惯成自然。"⑤

《晋书·虞溥传》谓："情定于内而行成于外，积善于心而名显于教。故中人之性随教而移，善积则习与性成。"此解释中提到"中人之性"，虽未具体和《论语》或汉代人性论结合起来，但可以看出其认为对于性可改易的中人而言，其习确实能成性。

《尚书正义》中，孔安国传的解释是"行其不义，将成其性"，孔颖达疏谓："伊尹以王未变，乃告于朝廷群臣曰：此嗣王所行乃是不义之事，习行此事，乃与性成。言为之不已，将以不义为性也。"⑥ 此二解释并没有具体解释"性"，彼时亦无性之二分，故二人所谓"将成""将以不以为性"，很可能就是认为习于不义能够成就不义之性。

总之，宋代之前对"习与性成"的解释不多，"习惯之为常"与"习惯如自然"这类说法也并未涉及抽象不变的性，更多是强调现实、可变的习性。

（二）宋代

宋代，性论成为论学主题，即便是认为习能成性者，也多从"性"的

---

① （清）王聘珍：《大戴礼记解诂》，中华书局，1983，第51页。
② 《大戴礼记解诂》，第51页。卢注首句另有版本作"人性本虽无善"。
③ （晋）孔晁编：《逸周书》卷1，清文渊阁四库全书本，第5页。
④ 杨明照：《抱朴子外篇校笺（上）》卷3，中华书局，1991，第124页。
⑤ （元）朱祖义：《尚书句解》卷4，清文渊阁四库全书本，第11页。
⑥ （唐）孔颖达：《尚书正义》，上海古籍出版社，2007，第312页。

角度进行诠释，他们往往持"性无善恶"论或"性善恶混"论，或直接不论"本性"。

如欧阳修在与反驳李诩《性诠》时指出，如果习性可善，那么本性是否善并不重要，由此其《答李诩第二书》中论"习与性成"谓："孔子之告其弟子者凡数千言，其及于性者一言而已，予故曰非学者之所急而圣人之罕言也。《书》曰'习与性成'，《语》曰'性相近，习相远'者，戒人慎所习而言也。《中庸》曰'天命之谓性，率性之谓道者'，明性无常，必有以率之也。《乐记》亦曰'感物而动，性之欲'者，明物之感人无不至也。然终不言性果善果恶，但戒人慎所习与所感，而勤其所以率之者尔。"① 将习与性成与《论语》联系起来，认为其强调慎其所处，而不是性之善恶问题。其联系《中庸》，也隐含了通过习善来发扬性善之意。

司马光在《法言集注》中注"修其善则为善人，修其恶则为恶人"一句时，先引了"习与性成"的解释，然后自己本于"性善恶混"进行发挥："孟子以为人性善，其不善者外物诱之也；荀子以为人性恶，其善者圣人教之也。是皆得其一偏而遗其本。实夫性者，人之所受于天以生者也，善与恶必兼有之，犹阴之与阳也……必曰圣人无恶，则安用学矣必。"② 其指出了重要问题，如果本性是善而无恶，那么何必学圣人。

王安石亦基于性善恶混论习与性成，如其《再答龚深父论语孟子书》谓："伊尹曰：'兹为不义，习与性成。'出善就恶谓之性亡，不可谓之性成，伊尹之言何谓也……孔子曰：'性相近也，习相远也。'言相近之性以习而相远，则习不可以不慎，非谓天下之性皆相近而已矣。"③ 其区分了"性亡"与"性成"，指出：如果性本善，那么太甲习于恶，伊尹应当说"本性亡失"，而不应该说"性成"。因为说伊尹说"性成"，故必定是确实形成了性。其是以此否定性善论，在性善恶混的基础上说明习能成性。

江公望在《性说》中，明确将"习"解释为"学"，并联系《论语》"学而时习之"章，以性无善恶，强调习之重要："习者，学之谓也。孔子

---

① （宋）欧阳修：《欧阳修集编年笺注》，巴蜀书社，2007，第259页。
② （宋）司马光：《司马温公编年笺注》，巴蜀书社，2009，第360页。此段文字四库本题作"性辩"，本书题作"善恶混辩"。
③ （宋）王安石：《临川先生文集》，中华书局，1959，第765～766页。

曰：'学而时习之。'性如美田，种艺耘籽以时，益以灌溉，苗实丰美。若其不力，稂莠滋遂，及其成也，不若秭稗……《书》曰：'习与性成。'孔子曰：'惟上智与下愚不移。'习至于成，不可移矣。虽曰不可移，又何尝不移哉？若有自性则不移也……性如空焉，无有相貌。"①

陈祥道《论语全解》解"性近习远"章时，亦以"习与性成"为例证，同时引了《荀子》之言，论证习能成性："天命之谓性，人为之谓习。性则善恶混，故相近；习则善恶判，故相远。……人之性、习，岂异是哉？《书》曰：'习与性成。'又曰：'若生子，罔不在厥初生，自贻哲命。'荀卿曰：'于越夷貉之子，生而同声，长而异俗，教使之然也。'"②此是发挥王安石新学之义，在性善恶混的基础上，提出习使善恶判，故而成性。

陈经《尚书详解》谓："太甲之性本来无此，特为习所胜，则性亦与习成。"③其虽以恶习为"本无"，但亦未强调"本善"，仍认为习能胜性，故此他的理解还是习能改变性。

黄伦《尚书精义》引张九成解谓："所谓习者，乃气习之习，是其生也，适禀天地之恶德，受阴阳之乖气，其为不义，亦性情所不能自己者也。使圣人无造化之术，则亦何贵于圣人哉？"④亦不论性，而是通过强调气习如性般难变，以衬托圣人的"造化之术"。

林栗通过对渐卦的解释，同时引用《孟子》《荀子》解释"习与性成"："象曰：'山上有木，渐，君子以居贤德善俗。''山'者，艮也。'木'者，巽也。山上有木，因山以为高，积日累月以至高大，渐之象也。君子观于渐之象，贤德之与，居善俗之与邻熏蒸渐渍，习与性成，道德日隆，学问日益，由渐以成之也。荀卿所谓'蓬生麻中，不扶自直'，孟轲所谓'引而置之庄岳之间数年，虽日挞而求其楚也，不可得矣'，董仲舒所谓'积善在身，犹长日加益，而人不知也'，其皆渐之义乎？"（《周易

① 收于（宋）林駉编《古今源流至论》前集卷4，清文渊阁四库全书本，第19页。
② （宋）陈祥道：《论语全解》卷9，清文渊阁四库全书本，第1页。
③ （宋）陈经：《尚书详解》卷14，清文渊阁四库全书本，第7页。
④ （宋）黄伦：《尚书精义》卷17，清文渊阁四库全书本，第10页。原文可能出自张九成《尚书详说》，然《尚书详说》宋时已佚，故宋人陈振孙疑即其为伪托，见邓瑞全主编《中国伪书综考》，黄山书社，1998，第91页。

经传通解》)①

　　叶适则试图在教化的意义上，统一《论语》《孟子》《荀子》关于习与性成的解释。其《习学记言》解《孟子》"孟子道性善，言必称尧舜"一句谓："余尝疑汤'若有恒性'，伊尹'习与性成'，孔子'性近习远'，乃言性之正，非止善字所能弘通，而后世学者既不亲履孟子之时，莫得其所以言之要，小则无见善之效，大则无作圣之功。则所谓性者，姑以备论习之一焉而已。"②　其论《荀子·性恶》谓："孟子性善，荀卿性恶，皆切物理，皆关世教，未易重轻也。夫知其为善则固损夫恶矣，知其为恶则固进夫善矣。然而知其为恶而后进夫善，以至于圣人，故能起伪以化性，使之终于为善而不为恶，则是圣人者其性亦未尝善欤？伊尹曰'兹乃不义，习与性成'，孔子曰'性相近也，习相远也'、'惟上智与下愚不移'，呜呼，古人固不以善恶论性也。而所以至于圣人者，则必有道矣。"③

（三）明清

　　理学家进行天命之性、气质之性二分的一个重要原因，是为了用气质之性解释恶的根源：恶源自气质，善源自本性。经典依据是《论语》的"性近习远"。由此，"习与性成"主要被用于解释恶。如明人张邦奇解《太甲》谓："《汤诰》曰'若有恒性'，言性之本然者也，《中庸》所谓'率性之谓道'是也。此言'习与性成'，则专指其不善者言之耳……盖既谓之性，则固已堕于气质之中矣。孔子曰'一阴一阳之谓道，继之者善也，成之者性也'，又曰'性相近也，习相远也'，性之说无以逾此矣。"④其以"习与性成"专言不善，是因为认定善为性本有，故不需习为之，以及认为习用来解释恶，而性用来解释善。但是，理学家事实上也在"学"的意义上将"习与性成"的"习"视为善的重要条件。因此，也需要"习"来解释"善"。既然如此，就有许多学者认为本性既然已经是确定不

---

① （宋）林栗：《周易经传集解》卷27，清文渊阁四库全书本，第4页。
② （宋）叶适：《习学记言》，上海古籍出版社，1992，第122～123页。
③ 《习学记言》，第408～409页。
④ （明）张邦奇：《尚书说序》，收于《养心亭集》卷4，《张邦奇集》，明刻本。"盖既谓之性，则固已堕于气质之中矣"的说法，即是朱熹常常强调的，亦是明人用以指出朱熹理气论矛盾的重要论点，详后。

变的，那么就不重要，重要的是可变的习。张邦奇的解释难以体现"习性为善"的积极意义。

在宋儒区分了天命之性和气质之性，并将"习与性成"解释为天命之性后，仍有学者在否认性之二分的基础上，将"习与性成"解释为习可成性，特别是明代的气学家。

王廷相《答薛君采论性书》针对论性"主于伊川"的薛君采，反驳程朱性即理的性论："程子以性为理，余思之累年，不相契入，故尝疑大《易》'穷理尽性'以证其性、理不可为一，《孝经》'毁不灭性'以见古人论性类出于气。固不敢以己私意自别于先儒矣。尝试拟议，言性不得离气，言善恶不得离道，故曰'性与道合则为善，性与道乖则为恶。性出乎气而主乎气，道出于性而约乎性'。此余自以为的然之理也……仲尼曰'成性存存，道义之门'，伊尹曰'兹乃不义，习与性成'，是善恶皆性为之矣。古圣会通之见，自是至理矣。"① 其思想反对理气二分，要求回到"理"作为"事物之条理"的原始本义，认为而论性必指气，气性能同时解释善、恶，故而习与性成必定是因习而变气，变气即成性。

吕柟注"性近习远"章时也指出这个问题："官问：'性相近'，若言'气质之性'，则性便属'性善'之'性'；若单言'气质'，则又不当举性，何以言相近？……先生曰：孔子系《易》言'一阴一阳之谓道，继之者善，成之者性'，是言性则善便在前；孟子道性善，则善便在后，却源流于孔子。世儒谓孟子性善专是言理，孔子'性相近'是兼言气质，却不知理无了气，在那里求理？有理便有气，何须言兼？都失孔、孟论性之旨。"② 问者指出了二分"性"的问题，特别指出了"气质之性"与"气质"的不同。吕柟的回答则直接指出理气不能二分，故宋儒以"性近习远"为孔子兼言理、气的说法③是错误的。

王夫之《尚书引义·太甲二》也对程朱的气质之性提出质疑，并从"天气"的意义上讨论"习与性成"："习与性成者，习成而性与成也。使

---

① （明）王廷相：《王廷相集》，中华书局，1989，第 518～519 页。
② （明）吕柟：《四书因问》卷 4，清文渊阁四库全书本，第 106 页。
③ 此说法本于朱熹《论语集注》"性近习远"章的"此所谓性，兼气质而言也"。见朱熹《四书章句集注》，中华书局，1983，第 175 页。

性而无弗义则不受不义，不受不义则习成而性终不成也。使性而有不义则善与不善性皆实有之，有善与不善而皆性气禀之有，不可谓天命之无。'气'者，天气。'禀'者，禀于天也。故言性者户异其说，今言'习与性成'，可以得所折中矣。"①其指出，如果性无不义，则理应不能成不义之性，《太甲》谓成性，则性彼善恶混，其根源在气禀有善恶。其仍是本于气学的思路，否认气外有理，认为气性即性，故而气禀有善恶即性有善恶，因此"习与性成"必定是真有性成。由此，"习与性成"在王夫之看来也成了折中论性。

但是，王夫之在《读四书大全说》中似乎进行了让步，将程朱理学中建立于最初状态的"天命"与"气禀"②的说法，转向了"先天""后天"，认为天命之性、气质之性（气禀），都应归入其"先天"的范围，在王夫之看来先天气禀亦无不善；而"习与性成"被用于解释"后天"的"气质"（而非"气禀"）。其注《孟子·滕文公上》谓："孔子固曰'习相远也'，人之无感而思不善者，亦必非其所未习者也。而习者亦以外物为习也。习于外而生于中，故曰'习与性成'。此后天之性所以有不善。故言'气禀'，不如言后天之得也""后天之性亦何得有不善？习与性成之谓也。先天之性，天成之；后天之性，习成之也。乃习之所以能成乎不善者，物也。夫物亦何不善之有哉？取物而后受其蔽，此程子之所以归咎

---

① （明）王夫之：《尚书引义》，中华书局，1962，第54～55页。

② "气禀"在朱熹较为详密的理气解说中，确实是一个"先天"概念。特别是依据自冯友兰始被学界认同的"朱熹的'理在气先'是逻辑在先而非时间在先"的说法，"理"与气禀应当是同时而仅仅是逻辑在后的。事实上，"禀"字已经隐含着其只是一个瞬时的理论预设的意义。而如果理是先天的，与理"同时"的"气"也应当是先天之气。事实上，朱熹"气质之性，便只是天地之性"（《语类》卷4）、"但论气质之性，则此全体堕在气质中耳，非别有一性"（《答严时亨一》，《文集》卷61）等语，已经说明了这个问题：其所谈论的"气质之性"，主要是讨论人物初生之时的结构，彼时只有一个性，自理言是天命之性，自气言是气质之性。至于王夫之的处理，事实上是回到张载、程颐处的界定：天命之性是天生之性，气质之性是后天气质。张载谓"性而后有气质之性"，这个"而后"有时间的意涵。或者说，在朱熹"'气质之性'是堕入'气质'的'天命之性'"这一说法中，实际上有"天命之性"、"气质之性"（气禀）、"气质"三个概念（如吕柟弟子的区分）。前两个为同体异名，是先天概念；"气质"则为后天概念，也是张载、程颐所论的气质之性，朱熹则直接以之为气质。朱熹设立的这一瞬间的气质之性是沟通天命与气质的关键，也是产生理气论矛盾的根源。

于气禀也。虽然，气禀亦何不善之有哉？然而不善之所从来，必有所自起，则在气禀与物相授受之交也。气禀能往，往非不善也。物能来，来非不善也。而一往一来之闲，有其地焉，有其时焉，化之相与往来者，不能恒当其时与地，于是而有不当之物。物不当而往来者，发不及收，则不善生矣"①。

明人亦有开始自训诂讨论"性"字，以解"习与性成"者。顾梦麟《四书说约》注"性近习远"章，就引用了魏校对"性"字会意、假借二义的区分："魏庄渠曰：窃尝考古圣贤论性有二。其一以性与情对言，此是性之本义，直指此理而言……古性、情字皆从'心'从'生'，言人生而具此理，于以名之曰'性'，其动则为'情'也。此于六书属会意，正是性之所以得名。其一以性与习对言者，但取'生'字为义。盖曰'天所生为性，人所为曰习'尔。'性'从'生'，故借生字为义，程子所谓'生之谓性止训所禀受'者是也。此于六书自属假借。六书之法，假借一类甚多，后儒不明，训释六经，多为所梗，费了多少分疏。《论语》曰'性相近也，习相远也'，此正与伊尹'习与性成'、《家语》'少成若天性，习惯如自然'其义皆同，皆假借字也，但取天生之义者也。《中庸》言'天命之谓性'矣，而又曰'自诚明谓之性，自明诚谓之教'；孟子道性善矣，而又曰'尧舜性之，汤武反之'。可见二'性'字元不同。"② 其在训诂的意义上区分了"习与性成"的"性"与"性善"的"性"，将习与性成归于"生之谓性"意义上的"天生"。

王樵在《尚书日记》中亦接受魏校以会意、假借区分两种"性"字的说法："'孟子道性善'，成汤之论性也。夫子谓'相近'，伊尹之意也。知两'性'字不同，可以论性矣。"③

清代学者颜元则进一步对理、气二分发动攻击，其在集中攻击程朱性理义的《存性编》中谓："太甲颠覆典刑，如程朱作阿衡，必将曰'此气质之恶'，而伊尹则曰'兹乃不义，习与性成'。大约孔孟而前责之习，使人去其所本无；程朱以后责之气，使人憎其所本有。是以人多以气质自

---

① （明）王夫之：《读四书大全说》，中华书局，1975，第 570～571 页。原文小注删去。
② （明）顾梦麟：《四书说约》卷 12，明崇祯十三年织帘居刻本，第 5～6 页。
③ （明）王樵：《尚书日记》卷 7，清钦定四库全书本，第 54～55 页。

诱，竟有'山河易改，本性难移之'谚矣，其误世岂浅哉。"① 其谓程朱将恶推于气质之性，但人之气质亦属自身，故而是令人憎其自身。此或亦指出了程朱理气论的一个重要问题：气属于"人之自身"，故气禀引起的恶是否也应属于"人之自身"？如果是，依据《孟子》的说法，是否恶也像仁义礼智一样非外烁而是固有的？对于讨论先天气禀有不齐的朱子学而言，这个问题似乎是肯定的。在此意义上，鲜论"气"的心学虽然同样面对着恶的来源问题，但确实比朱子学更接近《孟子》。

三 习所成者并非本性

认同程朱理学者，多半依据理气二分，区分天命之性（本性/本然之性）、气质之性（习性），由此将"习与性成"解释成习所成者仅是习性而非本性。本性为善，习性有善有恶。如果强调习性为恶，则用于解释恶的根源；如果习性为善，则可以强调"学习"之重要性。但是，由于本性被作为解释善的依据，故而若习性之善亦作为善之依据，则容易走上"本性并不重要"的思路，这也是程朱理学容易出现的问题。

苏轼虽在性论方面多有摇摆，然《东坡书传》注《太甲》谓："性无不善者，今王习为不义，则性沦于习，皆成于恶也。"②

林之奇《尚书全解》谓："此乃习于不义之事，且将失其所固有之性，而沦于恶习且将与性俱成于恶矣。"③ 虽未明言性善，但"固有之性"与"沦于恶习"亦是说"习"非固有之性。

南宋初期，以性善论解"习与性成"者甚多。吕祖谦《书说》注《太甲》谓："欢惜以为非其本然，乃习与性成耳。"④ 解《无逸》："'祖甲'即太甲也。'不义惟王，旧为小人'者，其始不义，习与性成，是所谓'不义惟王'也。"⑤ 以"习"为非"本然"。黄度《尚书说》谓"不

---

① （清）颜元：《颜元集》，中华书局，1987，第 7 页。
② （宋）苏轼：《东坡书传》，《三苏全书》第 2 册，语文出版社，2001，第 25 页。
③ （宋）林之奇：《尚书全解》卷 16，清文渊阁四库全书本，第 17 页。
④ （宋）吕祖谦：《书说》，《吕祖谦全集》第 3 册，浙江古籍出版社，2008，第 135 页。
⑤ 《书说》，第 327 页。

义之习将与性俱成。性无有不善，习或移之狃习"，其注《泰誓下》则谓"纣多怒而喜杀，党邪而疾正，习与性成，迷而不反"①。

史浩《尚书讲义》谓："孟子曰：'惟大人为能格君心之非。'……伊尹事君如良医……故当未变之时，求其不义，而攻其性习，将使嗣王摆去旧染，脱然如洗心换骨，舍愚而即贤，由狂而作圣，乃可谓之变也。凡人之生，性无不善，上智下愚卒至背驰，非性本然，以习而相远也。尧舜之圣性也，桀纣之恶习也，习之既久，安得不与性成？人能及其未远而变焉。此所谓不远复而善补过也。"② 将性善论联系于《论语》。

而彻底奠定了理学对"习与性成"解释的是朱熹。朱熹将"习与性成"与《论语》"学而时习""性近习远""上智下愚"三章联系起来，奠定了"习与性成"的四书依据。

当将"习与性成"解释为善习可成善性（乃至在程颐"习与性成，贤圣同归"的解释下将其视为"学以致圣"的基础）时，其和《论语》开篇强调"学习"的"学而时习之"一章就可以对应起来。

朱熹在《论语集注》中将"学而"篇视为"入道之门、积德之基、学者之先务"，而起第一章首句"学而时习之"，朱熹注曰："人性皆善，而学有先后，后觉者必效先觉者之所为。"③ 对于"习"，朱熹先依字解为"鸟数飞也"，又引程子"重习"之解，似未涉及"习与性成"。但是，此处的先觉、后觉正是论及伊尹之事，伊尹之觉太甲正是一个例证，朱熹注《孟子·万章上》"天之生此民也，使先知觉后知，使先觉觉后觉"谓"此伊尹之言也"④。可见，朱熹对"学而时习之"的解释，并未遗忘伊尹。可以说，其正是在正面的意义上将"习"转成"学"，故而"习与性成"的"习"，不再言说"不义"，而是转向"学而时习之"。同时，朱熹注《论语·颜渊》"视听言动"一章，又引程颐四箴，谓："此章问答，乃传授心法切要之言……程子之箴，发明亲切，学者尤宜深玩。"⑤ 盖"习

---

① （宋）黄度：《尚书说》卷3，清文渊阁四库全书本，第11页。
② （宋）史浩：《尚书讲义》卷8，清文渊阁四库全书本，第6页。
③ 《四书章句集注》，第47页。
④ 《四书章句集注》，第315页。
⑤ 《四书章句集注》，第133页。

与性成，贤圣同归"，正是描述儒家功夫始终：始于"学而时习之/习与性成"，终于成德、成圣。而"先觉觉后觉"，朱熹引程子解谓："及彼之觉，亦非分我所有以予之也，皆彼自有此理，我但能觉知而已。"① 是在性善论的，谓伊尹启觉太甲的本善之性。

朱熹《论孟精义》释"学而时习之"更是明确联系了"习与性成"："孔子，习周公者也。颜渊，习孔子者也。人君习尧舜，是亦尧舜而已矣。子曰：'性相近也，习相远也。'伊尹曰：'习与性成。'学者之习将以反其性也，习之而串，则与性一矣。"② 在此亦联系了"性近习远"章。

而"性近习远""上智下愚"两章，历来被视为"性与天道不可得而闻"的《论语》中少有的言性的章节，"性近习远"也被视为天命之性、气质之性划分的经典依据。

《朱子语类》"性相近章"谓："问此章。曰：此所谓'性'，亦指气质之性而言。'性习远近'与'上智下愚'本是一章。'子曰'二字，衍文也。盖'习与性成'而至于相远，则固有不移之理。然人性本善，虽至恶之人，一日而能从善，则为一日之善人，夫岂有终不可移之理？当从伊川之说，所谓虽强戾如商辛之人，亦有可移之理是也。（谟）"③ 这段论述收入《论语集注》，只是朱熹把"子曰"为衍文的观点改为"或曰"④。朱熹不惜"改经"，将二章合一，正是为了强调性质二分，以解释恶之来源；同时，强调气质之可改变，由此论证学以致圣的可能性。后人对这种说法亦有所讨论，如辅广谓："此必一时之言，但录之者以其两意，故着二'子曰'字以分其章。然两章既相承，则亦不害其为一时之言也。"⑤

这种解释面对的问题是：如果本性善，何待学而后善？如果强调学而变化气质后气质之性才善，那么悬摄的天命之性的意义何在？或者说，理、天命之性用于解释善，气、气质之性用于解释恶，造成了善、恶根源不同，而不同于后世王守仁明言的恶为"善者失其体"（"善是恶的缺

---

① 《四书章句集注》，第 316 页。
② （宋）朱熹：《论孟精义》，收于朱杰人等编《朱子全书》第 7 册，上海古籍出版社，2010，第 25 页。
③ （宋）黎靖德编《朱子语类》，中华书局，1986，第 1178 页。
④ 《四书章句集注》，第 177 页。
⑤ 《四书纂疏》卷 9，第 5~6 页。

乏")的一贯。不过,如果强调理、气的统一性,那么反倒是少论气的心学回避了这一困难。

在此意义上,理学很容易从孟向荀,或从理向气,这两个气象集中表现在朱熹对"习与性成"与张载"知礼成性"关系的解释上:"问横渠'知礼成性'之说。曰:横渠说成性,谓是浑成底性。知礼成性,如习与性成之意同。又问'不以礼性之'。曰:如'尧舜性之'相似,但他言语艰意是如此。(夔孙)"① 朱熹此论,或来自《论孟精义》中解"上智下愚"章所引的张载之语:"横渠曰'上知下愚,习与性成,相远既甚而不可变'者也。"② 本来张载的"知礼成性"在现实上强调"礼"对"性"之成,就已经极具《荀子》意味,朱熹在此将"习与性成"与之联系起来,就无怪乎明代气学家会进一步从气性角度反对朱熹对性的二分。

不过,蔡沉《书集传》谓"伊尹指太甲所为乃不义之事,习恶而性成者也",却并未具体就本性、习性进行解释。但下句释中,其谓伊尹要"兴发其善心"③,可知其也应是继承朱熹的观点的,或许其是以"性善"为基本常识,故不多费词。

后以性善论解"习与性成"者渐多。如胡士行《尚书详解》谓:"性无不善,为习所移。"④ 袁燮《絜斋家塾书钞》:"习与性成,人之所习,最不可不谨。盖习之既熟,却与性一般,此岂不利害。太甲之'欲败度、纵败礼',非性也,习也。人性本善,欲与纵,岂人之性也哉?但太甲习得熟了,欲变而不能,则与性无异。"⑤ 金履祥《书经注》谓:"太甲颠覆,非必禀赋之不善也。其为不义习而熟之,则若性自然矣。此不可不虑也。"⑥ 马明衡《尚书疑义》:"所谓习与性成者,匪性本如是也,由习而化焉。狎于不顺之人所以习也。"⑦

而对于宋前将"习与性成"模糊地解释为"习惯如自然"的解释,宋

① 《朱子语类》,第1910页。

② 《论孟精义》,第567页。

③ (宋)蔡沉:《书集传》,中华书局,2017,第84页。

④ (宋)胡士行:《尚书详解》卷4,清文渊阁四库全书本,第14页。

⑤ (宋)袁燮:《絜斋家塾书钞》卷5,清文渊阁四库全书本,第20页。

⑥ (宋)金履祥:《书经注》卷4,清光绪五年十万卷楼丛书本,第21页。

⑦ (明)马明衡:《尚书疑义》卷3,清文渊阁四库全书本,第11页。

代的性善论者也进行了进一步阐发。如陈淳《动箴解》中解"习与性成"谓："习惯如自然，则莫非天理之流行而仁熟矣。"① 将"习惯"在正面意义上解释为符合天理者。再如夏僎《尚书详解》谓："兹乃恣行不义之事，循习不改，且与性俱成。盖性者，天性之自然，不待求而得之也。不义之事，以人所自作，非出天性。今太甲为不义循习之久，亦若出于天性之自然。如所谓'习惯若自然'者，即习与性成也。所习如此，则安于不不义，不可以言语动矣。"② 其区分"天性"与"自作"，强调"若"而非"即"，否认习惯即自然天性。

此外，卫湜《礼记集说》解关于少年之学的"良冶之子，必学为裘"一段时，引述了吕大临的注释："蓝田吕氏曰：《书》曰'兹乃不义，习与性成'，则不义非性矣。然以不义成性，则习有以移之，故习不可不慎也。"此亦为本善习恶，以不义为非性，进而强调习之重要性。又引了永嘉戴氏联系《论语》解"习与性成"："永嘉戴氏曰：夫子曰'性相近也，习相远也'，夫三子言性止曰性而已，独夫子性习兼言之，此其所以善论性也。夫人性不甚相近，善恶之分全系乎习。习与性成，久而自然。人知其为性，不知其为习也。"③ 以"性近习远"为"性习兼言之"。

四 "习与性成"与经学诠释

（一）"习与性成"与《尚书》

"习与性成"虽然出自《尚书》，却是到了宋代之后，由于获得了强烈的性学意涵，才逐渐被与《尚书》其他篇目关联起来，进行义理训释，亦即以经学的方式讨论性学。

宋人真德秀在《西山读书记》"天命之性"条中已将《汤诰》与《太甲》联系起来，其释《汤诰》"若有恒性"时联系"习与性成"谓："又

---

① （宋）陈淳：《北溪大全集》卷20，清文渊阁四库全书本，第7页。
② （宋）夏僎：《尚书详解》卷12，清文渊阁四库全书本，第10页。
③ （宋）卫湜：《礼记集说》卷4，清通志堂经解本，第13页。

伊尹①曰：'兹乃不义，习与性成。'是又兼习而言，与汤言'降衷'之性亦互相发也。"②元人王天与《尚书纂传》解《汤诰》时即引此言，谓："真氏曰：六经言性，始见于此。伊尹谓：'兹乃不义，习与性成。'"③《纂传》解《太甲》又谓："《尚书》四言性，《汤诰》《西伯戡黎》言性之本，此篇及《召诰》止是气质之性。"④进一步做了判释。

元人陈栎在疏解蔡沉《书集传》的《尚书集传纂疏》中将《汤诰》的"若有恒性"与《太甲》的"习与性成"视为理学家区分天命之性、气质之性的依据，并提出了"千古性学之端"的说法，甚有影响："又案：千古性学，开端于'若有恒性'之一言，其次则'习与性成'之言也。'恒性'，以天地之性言。'与性成'，以气质之性言。孟子性善之论，本'恒性'而言也；孔子性近习远之论，自'习与性成'而发也。若有恒性，本有善而无恶，惟习于恶而后性流于恶。其既流也，性若成矣。然能谨所习而习于善，则善反之，而天地之性存焉。此太甲所以终允德也。天地之性、气质之性，虽至横渠张氏始剖判言之，已肇端于汤、尹言性之初矣。"⑤《汤诰》的"若有恒性"被解释为"天命之性"，《太甲》的"习与性成"被解释为"气质之性"，如此张载所判出的二种性，就被奠基于《尚书》。

元人方回在《天竺僧道成性存字说》一文中依据程朱道统论，进一步论述完整的性学谱系："千古气性不分，至二先生（笔者按：张载、程颐）一旦而决。伏羲六奇画乾，六偶画坤，天地之性具兹二卦。尧、舜、禹执中之传，曰'人心惟危，道心惟微'。'人心'，气质之性也。'道心'，天地之性也。有心之名而未有性之名。商汤曰'若有恒性'，为第一，性字之始。伊尹曰'习与性成'，为第二。周召康公曰'俾尔弥尔性'为第三。

---

① "尹"，底本作"川"，据后文王天与《尚书纂传》引文改。

② （宋）真德秀：《西山读书记》卷1，清文渊阁四库全书本，第2~3页。

③ （元）王天与：《尚书纂传》卷10，清文渊阁四库全书本，第2页。明人张邦奇《尚书序说》注"降衷"一句谓"新安陈氏曰：六经言性，始于此中"，错将其言归于元人陈栎。发生这种误解，或许正是因为在当时人的印象中，元人更关注此问题，而陈栎又是其中的代表人物。

④ 《尚书纂传》卷12上，第5页。

⑤ （元）陈栎：《尚书集传纂疏》卷3，清文渊阁四库全书本，第23~24页。

至孔子言性，始大备。……至子思言性，又大备。……至孟子而后，言性愈益大备。……告子不识性，公都子不识性，杨朱、墨翟不识性，荀卿不识性，扬雄不识性，指气质。董仲舒性者，生之质，涉乎气。退之，五常是矣，而三品之分涉乎气。佛曰'作用是性'……涉乎气。天绍绝学，周、二程、张、邵言性始精，而陈了翁、胡康侯、胡五峰、郭白云诸人又小差。朱文公、张宣公继作，其言性一毫无遗憾矣，勉斋黄氏释之详矣。所以答李贯之、李公晦者至矣。"① 其也像王天与一样提到了《召诰》。

元人王义山《稼存类稿》中则指出韩愈《原道》道统论中没有伊尹的问题，以及《尚书》中"伊尹五篇"（《伊训》《太甲上》《太甲中》《太甲下》《咸有一德》）对理学的重要意义："以《书》考之，伊尹之先觉不特觉当时之人，且觉天下后世。自孔孟后以至近世大儒，其格言大训多出于伊尹五篇之书。人但知'性相近也，习相远也'，性习之说自夫子。始不思'兹乃不义，习与性成'，则性习之说伊尹曾说。"② 其用了诸多"人但知……始不思……伊尹曾说"。

明人亦有不少接受上述说法。如孔贞时谓："言性莫先于成汤、伊尹。汤之《诰》曰'厥有恒性'，而尹之言曰'习与性成'。曰'恒'则不落才情，而曰'习'则又未始离才情矣。"③ 王樵《尚书日记》谓："《书》中言性自成汤始，再见于伊尹。"④

刘三吾《书传会选》则在解《召诰》时亦在性善论的意义上用到"习与性成"："王之初服有若生子，无不在初生之时，初生为善，则习与性成，而自贻其哲命矣。"⑤

事实上，在朱熹的《中庸章句序》中被解释道统相传依据的十六字心传，本来就出自《尚书》，元代学者将"习与性成"与道统论结合起来，试图建立"性学"谱系，将商汤、伊尹置入道统，可以看作进一步为性理之学寻找经学依据。

---

① （元）方回：《桐江续集》卷30，清文渊阁四库全书本，第21~22页。
② （元）王义山：《稼存类稿》卷18，清文渊阁四库全书本，第3页。
③ （明）孔贞时：《在鲁斋文集》卷3，明崇祯四年刻本，第51~52页。
④ 《尚书日记》，第53页。
⑤ （明）刘三吾：《书传会选》卷5，清文渊阁四库全书本，第5页。

（二）"习与性成"与《周易》

"习与性成"一语也常被用于《周易》的解释中，盖"习与性成"有积累而成的意涵，《周易》亦描述事物之发展变化，此为"习与性成"和《周易》联系之关键。除了前文提到的林栗以"习与性成"解"渐卦"，亦多有以之解其他卦者。试举几例：

俞琰《周易集说》以"习与性成"解坤卦"六二，直方大，不习，无不利"之"习"："'习'与《书》太甲篇'习与性成'之'习'同。'不习'，谓六二中正，不与初六不中不正之朋相习为不善也。择善而得所从则不疑，其所行故无不利。"① 谓正者不与不正者相习，可谓得《太甲》之意。罗汝芳亦有此解，还进行了引申："罗子曰：伊尹曰'习与性成'，然则习之所系大矣哉。《易》曰'不习无不利'，孟曰'习矣不察'，可见不习之利、不察之习出之于天也。孔子'习相远'与此'习'字不可不慎之于人矣。"② 其在孟子"习焉而不察"亦即《中庸》"日用而不知"的意义上，指出了"习"有指示本性（出于天）的可能。

赵汝楳《周易辑闻》以"习与性成"解大畜卦"六四，童牛之牿，元吉"："童牛，犊也。九在初，其刚尚微，为初阳之象……牛角善触，其养之必以牢圈。童牛角方茁栗，本无待于牿。而已牿之者，畜之于豫也。乾之刚勇于进，必及其位，方在下力犹未强之时，从而畜之，则易为功犹加牿于童牛也。若待其角壮力悍，始施畜止之方，则有拂其性而不得遂。纵使得吉，吉亦不大。不若乘其童犊而豫畜之，则习与性成，无力制强絷之劳，元吉也。"③ "习与性成"劝人莫习不义，以免逐渐成恶，则"习与性成"确实亦可谓是"初恶之桔"。此亦可见"习与性成"被用于解释恶而非善。

黄宗炎《周易象辞》则以"习与性成"解蒙卦，特别是将"习"与卦辞的"初筮告，再三渎，渎则不告"联系起来："赤子之良知良能，不待勉强，已是爱亲敬兄，但在扩而充之，使不日就于旁落即得矣，岂圣人

---

① （宋）俞琰：《周易集说》卷1，清文渊阁四库全书本，第6~7页。
② （明）罗汝芳：《近溪罗先生一贯编·书诗礼春秋》，明万历长松馆刻本，第3~4页。
③ （宋）赵汝楳：《周易辑闻》卷3，清文渊阁四库全书本，第28~29页。

之知能、师保之学问有所增益于童蒙之外哉……然而为教必当谨之于始，苟稍失之迟缓，则习与性成而不可挽矣。童蒙之初，得天者全，原不参以欺伪，其诚敬之心如对越乎鬼神必于此时早为之模范，闲其邪而匡之正，则初筮之告也。其本端矣，使稍迟于训诲，轶于防护，再习之而变其初，三习之而更甚于再矣。如水之出山渐远，而他流再合之，且三合之，则悉非初性，但见其汪洋奔放而名为渎矣。"① 此解可谓综合《礼》与理学家的四书两个解释"习与性成"的传统：《礼》的传统中，"习与性成"正是讲童蒙之事；理学家的四书的传统中，则强调习恶可能会淹没本来善性。其以"性善"解"初筮告"，以"习与性成"解"再三渎，渎则不告"，可谓通达。

结语：中国思想史中的习性问题

综上，历代注疏中"习与性成"诠释的发展，大致有三条线索。

第一，"习与性成"作为格言或政治教训，强调教化或习惯的重要性，由此指出要慎其所习。这种解释产生的时间最早，也更符合《太甲》的原意。但由于是格言和政治教训，往往并不做出具体的注释和解读。此线索后来往往要进行更深入的理论分析，如程颐的《动箴》本身是格言，但在后代诠释中日益丰富。

第二，将《尚书》与其他儒家经典联系在一起，特别是与《论语》的"学而时习之"（强调"习与性成"的"学"义）、"性相近也，习相远也"（强调"性""习"不同）、"上智与下愚不移"（强调习能成性或习所成之性最终可以改易）三章联系起来。进而又有联系《孟子》与《荀子》以作申论的两个不同路向。联系《荀子》的解释出现较早，多为从现实论政治者，如前文所言特别是联系"蓬生麻中"一语。联系《孟子》自宋代理学家始，强调太甲"本性善而习性恶"，故而要慎其所习。或者说：如果着眼于统治者单向教化民众，以及强调民众可能会习恶而性恶，则更接近《荀子》；如果着眼于儒者个人的自我修养、学以致圣，强调儒者应当如伊

---

① （明）黄宗炎：《周易象辞》卷3，清文渊阁四库全书本，第20页。

尹一般劝诫统治者，则更接近《孟子》。此线索的两个不同路向，其实也是基于对"习与性成"正反两方面的解读：《太甲》原文是负面地言说统治者的"不义"会导致恶性，即行恶即成恶性；而如果正面言说"行善即成善性"，进而强调"学以致圣"，便打开了更宽阔的讨论空间。如果进一步将言说对象从"统治者"太甲转向"一切人"，又有了教化民众和儒者修养自身的含义。

第三，在经学的意义上，讨论《太甲》的"习与性成"与《尚书》其他篇目（特别是《汤诰》和《召诰》）的关系，以及用于解《周易》。此线索往往是立足于对儒家"性学"的讨论。因为《尚书》所记录事件的年代上为儒家经典最早，故而在其中寻找"性学之源"，为后世的儒家论性（特别是理学家）寻找依据，也成了这种解释的核心任务。也就是说，在理学兴起后，"习与性成"的讨论往往要和其他儒家经典论性的内容相结合。

《尚书》的"习与性成"，一方面一直有格言、教训这种较为具体的使用方式，另一方面在宋代后广泛应用于其他儒家经典的解释，体现了儒家思想立足经典而达于日用的特征。

从哲学角度看，"习与性成"的核心是本性与习性的关系问题。学界对于中国哲学中"本性"问题的研究已经取得丰富成果，但对习性问题及其相关"气""习"等概念的研究，尚略显不足。近年来学界讨论甚烈的气论、身体观等问题，也可看作在此方向的努力。

此外，除了出自儒家经典《尚书》的"习与性成"之外，从中国哲学史的角度看，唯识宗思想也值得关注。事实上，唐代的唯识宗思想，是中国思想史上对"习性"问题讨论得最为深入的思想。如前所论，唐代论"习与性成"之儒者甚少，然南北朝以来肇端于玄学"有无之辨"的佛性论讨论中，本性、习性的相关讨论几乎是核心问题。而唯识宗虽极端保持了印度特色，亦实际上卷入汉传佛教的佛性论讨论中。窥基所立二佛性说，谓"理佛性"为真如法性，"行佛性"为"本有无漏种子"，谓众生皆有理佛性，行佛性或有或无，无则不能成佛。而"种子"虽是印度概念，含义中唯识宗亦将其解为"习气之异名"。亦即唯识宗有这样三个概念：皆有之"性"（真如），"本有之习气"（本有无漏种子）、"一般习气"

（有漏种子，其集合体即阿赖耶识），其中本有无漏种子"依附但不属于"阿赖耶识。其恰恰对应于明人指责的朱熹的"天命之性""气质之性"和"气质"，"气质之性"本身也是性而非气质。而"本有无漏种子"这一"有为无漏"的概念，也恰似王夫之指出的"天气"。而从历史事实看，学界所关注讨论"习与性成"的王夫之，也恰恰是历史上唯一关注过唯识宗思想的儒者，其有《相宗络索》《三藏法师八识规矩论赞》[①] 二书。近代，熊十力、牟宗三师弟，也正是基于唯识宗佛性论与朱熹性论的相似性与内在问题，而共同批判二者。熊十力作《新唯识论》，初是针对玄奘所传的唯识今学而发，谓玄奘唯识学是错解的佛学；后牟宗三以伊川朱子系为别子为宗，并将唯识宗与伊川朱子系一同批判[②]，谓唯识学是不究竟的佛学。考王夫之《相宗络索》，其解已不同于玄奘唯识学，而近乎汉地的如来藏思想，而熊十力自称学宗二王（王阳明、王夫之），良有以也。

总之，过去儒佛关系研究，重点在于佛教心性论对儒家性理学之影响（即"性"的领域），而少有论儒佛之气习思想者。此或是由于汉传佛教除唯识宗外之宗派少有论气习者，而唯识宗早衰。但是，气学再兴的明代也出现了重注唯识的风气，这确实是值得注意的思想史事件。"习与性成""气论"与唯识宗思想，可能是研究中国哲学史中习性问题的三个路径。

---

① 王夫之《八识规矩颂赞》今佚，《相宗络索》舛误颇多，今《船山全书》本《相宗络索》附王恩样校记，基本将问题指出。《八识规矩颂》相传是玄奘所作，然从文献考证、语言风格、思想理论等角度看，很可能是伪托。明末，中国思想界有重注唯识典籍之风气，《八识规矩论》由此登场。但是，由于唯识宗注疏早佚（如窥基《成唯识论述记》元已佚失），故而明代唯识注疏多混杂汉地禅学、阳明心学，今之唯识学者并不重视。但这些著作却可作为思想史材料，因为明末重新重视唯识学，本身就是一个值得注意思想史事件。而近代熊十力所作《新唯识论》，希望直接推翻玄奘唯识学，其思想多与明人相合。如王夫之谓阿赖耶识"本是真如之智"（《船山全书》单行本第 12 册，岳麓书社，2011，第 516 页），此纯为汉地真心论的解读，明僧人亦多作此解，《新唯识论》亦同之。

② 如牟宗三谓："唯识宗只讲阿赖耶缘起，智、如为二，亦透不至此。在宋明儒中，朱子学是唯识宗之形态。"参见氏著《心体与性体（下）》，吉林出版集团有限责任公司，2003，第 104 页。

儒家与儒教

论周公对《黄帝四经》政治思想的影响

杨兆贵[*]

摘要：学者研究周公多偏重在他制礼作乐、政治社会思想、治政措施上，极少研究他对黄老政治思想的影响。黄老学善于吸收众家之长，应该吸收周公的治政理念及其镇抚殷遗之术。本文主要论述周公对《黄帝四经》的政治思想产生的影响：他的"明德慎罚"说为《黄帝四经》德刑说吸收；他提出效法殷先王的统治措施，把殷先王当成政治的典范；他深谙夏商历史，总结历史经验，重视天道；他封君建国所推行的措施，举行的礼仪、历法等或一仍殷旧等。这些措施取得显著的成效。他的这些思想、措施对《黄帝四经》政治思想产生影响。当然，《黄帝四经》写成、盛行于战国，有些观念是周公时期所没有的。《黄帝四经》在形成过程中，应吸收周公的政治思想。

关键词：周公　黄老学　《黄帝四经》　政治思想

古往今来，有系统的思想理论由产生到成熟必然有一发展过程，有的经过一段长时间的实践、积淀与消融，随着时、势变化，借鉴其他学说，取长补短，不断改善，逐渐理论化系统化，并可能提升到形上方面，最后

---

* 杨兆贵，博士，澳门大学教育学院副教授，主要从事周公思想、《鹖冠子》及先秦汉代经、子研究。

形成一套兼形上、形下而有的完整理论。从中国思想史看，儒学如此①，道家亦然，其中黄老学有一套形上形下的理论，对中国历史产生重要的影响。一种思想理论对其他学派的思想学说、对思想外缘的政治、经济、社会、学术、艺术、历史等方面在不同层面产生或大或小的影响。同时，政治人物、政治事件也会对思想理论、学派学说、经济、社会、学术等方面产生影响。这些影响是相互的，有正面的，也有负面的②。在整个人文社会网络中，各个因素都相互影响。

就政治人物言，周公是周初极重要的人物，他在政治、社会、伦理、军事等方面有他的思想。学界近来对周公思想的研究越来越多越深入，如探讨他的史鉴思想、德论、心性论等③。周公作为中华文化的奠基人、先秦思想的起源者，制定宗法，确立社会伦理、个人道德与天下观念，尚礼治、德治、文治等④。他的言行对后世的学术思想、政治、制度等方面产生重要影响——不仅对儒家有影响，对其他学派包括黄老学也产生影响。

黄老学善于取长补短，吸收不同学派理论，尤其是在政治思想方面，它应不会忽略历史上极重要的人物。学者探讨黄老学思想渊源时，忽视了重要的历史人物周公⑤。笔者认为，周公的部分思想应该是黄老政治思想的来源之一，黄老学加以吸收融会。学界在这方面的研究几乎空白⑥。本文拟就此论述周公言行、施政对黄老政治思想的影响，为黄老政治思想来

---

① 钱穆：《中国学术通义》，《钱宾四先生全集》第 25 册，台北联经出版社，1998，第 83 页。

② 陈启云：《从〈庄子〉书中有关儒家的材料看儒学的发展》，《中国文化与中国哲学 1987》，三联书店，1988，第 98 页。

③ 吕庙军：《周公研究》，人民出版社，2012，第 98～198 页。杨兆贵：《周公心性论甄微》，《南都学坛》2016 年第 1 期，第 26 页。

④ 钱穆：《周公与中国文化》，《中国学术思想史论丛（一）》，台北东大图书，1976，第 83～98 页。

⑤ 刘蔚华、苗润田《黄老思想源流》（《文史哲》1986 年第 1 期）认为黄老学源于春秋与黄帝有关的传说。白奚《先秦黄老之学源流述要》（《中州学刊》2003 年第 1 期）认为黄老学与范蠡有关。他和许抗生在《略说黄老学派的产生和演变》（《文史哲》1979 年第 3 期）都认为黄老学源于老子。另有学者注意到《老子》思想受《尚书》影响，如孙以楷、解光宇《老子与〈尚书〉》（《复旦学报》1996 年第 6 期），尹振环《〈老子〉作为〈尚书〉的继续》（《中国文化研究》1997 年秋之卷），张华《老子与〈尚书〉关系研究》（《渤海大学学报》2011 年第 3 期）。

⑥ 杨兆贵《周公治殷措施与〈康诰〉篇研究综述》（《澳门文献信息学刊》2015 年第 2 期）收集的资料，发现学者没有发表过这方面的论文。

源提供一新看法。《黄帝四经》是黄老学的重要著作①，黄老学派内部又有思想分歧（详下文）。《黄帝四经》是黄学的代表作。本文拟专门论述周公对此书的影响。

一　黄老学与《黄帝四经》政治思想概说

在说明《黄帝四经》政治思想概说前，先说明道家、黄学、黄学与老学的关系。

一般来说，"道家"是表达学术宗旨的流派、团体，包括黄老学，而黄老学不能完全概括道家②。黄老学是黄学与老学的合称。它们是先秦道家中的两个流派。据研究，黄学与老学③在师承关系上很难说孰先孰后，两者"道"论基本相同，但是把"道"应用于人生、社会、政治等方面，两者则有所不同：《老子》强调贵柔守雌，柔弱可胜刚强；《黄帝四经》则倡导辨雌雄之节。《老子》讲道不讲法，强调无为而无不为；《黄帝四经》则说"道生法"，强调"不争亦无以成功"，重视法。《老子》重自然，主张无知无欲；《黄帝四经》则承认人的作用，认为人能顺应自然规律以改造自然。《黄帝四经》重视"审名"，《老子》则无④。

黄、老之学既有异同，然而后世连称黄老，究其原因，一是《史记》中黄、老不分，混为一谈，后世加以采用；二是以"老"代"黄"，且"黄"书早已散佚，以致历代相沿，未生疑义⑤。

周公与《黄帝四经》政治思想的关系比较密切，下文先简论《黄帝

① 学者对帛书《老子》乙本卷前佚书有不同称谓，唐兰（《〈黄帝四经〉初探》（《文物》1974 年第 10 期）称为《黄帝四经》。裘锡圭（《文史丛稿》，上海远东出版社，1996，第89 页）认为最好称为"马王堆《老子》乙本卷前佚书"或"《经法》等四篇"。由于学界基本上都接受《黄帝四经》此称法，故本文也称《黄帝四经》。
② 李锐《道家与黄老辩义》，《中国哲学史》2012 年第 1 期，第 52～59 页。
③ 老学指《老子》。《老子》有郭店本、帛书甲乙本、北大汉简本、通行本等，可见《老子》一书非一时一人所著，而是一个学派思想的总汇。这也符合先秦古书体例。又，从思想来分析，《老子》含有春秋及战国思想，详钱穆《庄老通辨》，台北：东大图书公司，1991，第 21～112 页；杨兆贵《老学早于孔子说商榷》，《管子学刊》2015 年第 3 期。
④ 余明光：《黄帝四经与黄老思想》，黑龙江人民出版社，1989，第 139～150 页。
⑤ 余明光：《黄帝四经与黄老思想》，第 152 页。

四经》政治思想概要。司马谈《论六家要旨》论的道家是针对战国至汉初盛行的黄老学说而言的。由于《黄帝四经》出土，学者根据司马谈的内容，认为他对道家的评论内容其实就是谈《黄帝四经》①。因此，我们通过司马谈的评论，可以《黄帝掌握四经》政治思想的概要。司马谈讲得很简要：

> 道家使人精神专一，动合无形，赡足万物。其为术也，因阴阳之大顺，采儒、墨之善，撮名、法之要，与时迁移，应物变化，立俗施事，无所不宜，指约而易操，事少而功多。②
>
> 道家无为，又曰无不为，其实易行，其辞难知。其术以虚无为本，以因循为用。无成势，无常形，故能究万物之情。不为物先，不为物后，故能为万物主。有法无法，因时为业；有度无度，因物与合。故曰："圣人不朽，时变是守。虚者道之常也，因者君之纲也。"群臣并至，使各自明也……凡人所生者神也，所托者形也。神大用则竭，形大劳则敝，形神离则死。死者不可复生，离者不可复反，故圣人重之。由是观之，神者生之本也，形者生之具也。不先定其神形，而曰"我有以治天下"，何由哉？③

司马谈此文主要就"务为治者""其为术"言，即侧重政治思想。他认为道家（《黄帝四经》）兼儒、墨、名、法、阴阳各家之长，它的思想主要有以下几点。

一是"虚""动合无形"。"无形"指客观规律、法则。"动合无形"指人君的一切活动（修身、行为、施政等）要符合客观规律（包括自然规律）。人君应以自然法为社会秩序的根本，并以此治国④。人君不必增损私意，却可"赡足万物"。这方面涉及君主施政效法天道论、三才观与政治

---

① 余明光：《黄帝四经与黄老思想》，第 205～215 页。
② 韩兆琦：《史记笺证》，江西出版集团，2004，第 6337 页。
③ 韩兆琦《史记笺证》，第 6338 页。
④ R. P. Peerenboom，"Natural law in the Huang‒Lao Boshu"，*Philosophy East & West*，1990：40（3），pp. 174‒181。

的关系①。

二是"因"——"应物变化，立俗施事，无所不宜""俗之所欲，因而立之；俗之所否，因而去之"。有道人君完全遵循客观规律，可随着外在条件（时代、客观事物等）之变而变——"以因循为用"：人君在行动上要顺应客观形势。人君能顺应外在环境之变而变，"能究万物之情"，掌握万物的本质规律，顺应万物的变化，而以"因"为主。因此说："因者君之纲"，强调人君以"因"为施政之纲领。"因"是道家思想的重要内容之一。黄老学强调在政治运作上，要求人君无为、臣下有为，人君掌握赏、罚二柄，而"群臣并至，使各自明也"，使群臣在各自的职任中表现其才能，君主循名责实。这就产生君逸臣劳论、功德赏罚论②。

三是养神保形。以上两点的目的是使人君养神全生："凡人所生者神也，所托者形也。神大用则竭，形大劳则敝，形神离则死。……神者生之本也，形者生之具也。"人君明白政治运作的目标之一是使自己保形养神，不使自己的形神劳损。因此，黄老学提出人君保形养神论③。

可见，司马谈对《黄帝四经》政治思想的评论，认为人君最重要的是遵循自然规律，掌握客观形势以顺应变化，以"因"为用，确保人君保形养神。这是《黄帝四经》政治思想的要点。

总而言之，《黄帝四经》政治思想具有这几个特点：人君施政效法天道，重视三才观，强调以"因"为用，主张人君德刑并重，举贤用能，顺应民心、尊重民智，以使君逸臣劳、人君养神保形。

二 周公对《黄帝四经》政治思想的影响

《黄帝四经》政治思想的大概如上所述，它受周公的影响。学者多认为道家与姜太公有密切的关系，而周公则与儒学的关系密切。班固的看法

① 有关先秦天道论、三才观，参杨兆贵《〈鹖冠子〉新论》，澳门大学出版中心，2012，第176~177、211~215 页；杨兆贵《鹖冠子其人与其思想新探》，《管子学刊》2008 年第 3 期，第 44~47 页。
② 杨兆贵：《〈鹖冠子〉新论》，第 30~35 页。
③ 杨兆贵：《〈鹖冠子〉新论》，第 177~179 页。

可视为代表。《汉志》"道家"类记有"《太公》二百三十七篇"①，把太公列入道家。《史记·齐太公世家》记太公封于齐后，"太公至国，修政，因其俗，简其礼。"②《鲁周公世家》也记太公说"吾简其君臣礼，从其俗为也。"③ 可见，"因俗""从俗"是太公在齐国施政的一个重要举措，也是道家政治学说的一项重要内容。姜太公治齐施政重视"因"，这是班固认为他是道家的原因之一。可见，班固认为"因"是道家思想的重要内容。

事实上，周公言行对《黄帝四经》政治思想产生重要的影响。下文从几方面论述。

（一）周公"明德慎罚"说对《黄帝四经》德刑并用说的影响

1. 周公"明德慎罚"解

"明德慎罚"是周公政治思想的重要内容。它出自《周书·康诰》篇。该篇记周公对康叔说："惟乃丕显考文王，克明德慎罚，不敢侮鳏寡，庸庸只只威威显民。"④ 关于"明德慎罚"一语，历来学者的解释不同：春秋申公巫臣就人君不犯淫言，解为崇德去罚⑤。《尚书大传》引子夏之言，认为慎罚是人君判罚前要心平气和，反复思量⑥。伪《孔传》认为重用有德者和实施刑罚同样重要⑦。孔颖达训"明德"为有德之士⑧。王先谦、孙星衍解"慎罚"为"缓刑"⑨。现代学者基本上认为"明德"是要求人君提高道德修养，"敬德"是为了保民⑩。以上看法与"明德慎罚"原意有所差别。

学者探讨"明德"之"德"时，囿于道德说。其实，"德"的内涵

---

① 王先谦：《汉书补注》，上海古籍出版社，2008，第2967页。
② 韩兆琦：《史记笺证》，第2200页。
③ 韩兆琦：《史记笺证》，第2287页。
④ 刘起釪：《尚书校释译论》，中华书局，2005，第1299页。
⑤ 杨伯峻：《春秋左传注》，中华书局，1981，第803页。
⑥ 王先谦：《尚书孔传参正》，中华书局，2011，第648页。
⑦ 王先谦：《尚书孔传参正》，第647页。
⑧ 孔颖达：《尚书正义》，北京大学出版社，1999，第360页。
⑨ 王先谦：《尚书孔传参正》，第648页。
⑩ 宋玉波：《西周初期的"维新"政治思想》，《广西社会科学》2001年第5期。

在先秦时期有一个发展过程，它在商代指循、得到、行为措施、规范、成法等，在西周指天命——王——民的关系、德行、思惠等，春秋时期指贤能、道德规则、外在准则、礼文礼意、文教、国运、良好的外交关系等①。

周公提出"明德慎罚"，把"德"与"罚"对举。德是施恩惠给别人，使人柔服。"明德"是周公怀柔民众的统治措施，而非指他的德行、道德修养。罚与德相对，指强制性的惩治措施、手段。周公在《康诰》里提出使用刑罚的原则和实施准则：慎用刑罚，反对专任刑罚；对罪犯要分清故意犯罪与过失犯罪、惯犯与偶犯情节，前者从重，后者从轻；取消连坐，罪止一身；主张刑罚适中，刑当其罪等。

周公德罚说，分指恩惠与惩治，仍为春秋人所袭用，他们常常以德、刑对举，如苍葛说："德以柔中国，刑以威四夷。"② 随武子说："叛而伐之，服而舍之，德、刑成矣。伐叛，刑也；柔服，德也；二者立矣。"③德、刑是春秋时期政治原则的两方面，学者称为"刑、德两元主义"④。

周公重视"德"，也重视"明"。《周书》载周公好用"明"字，如"明畏""明德""明罚""明服""明享""明保""明光"等。金文也有不少用"明"的，如"明则""明心""明刑"。清华简《皇门》也用"明刑"。"明"在秦汉文献中带有宗教意味，可能反映上古光明崇拜的遗痕。周公重视天命、"明德"，"明德"来自"天德"，"天德"的含义是天德下降于人或人得之于天德，是宗教性和政治性词语⑤。可见，周公把"明德"由宗教性词语转化为政治性词语，并赋予新意。

另外，"慎罚"的"罚"应包括"刑"。《康诰》说"义刑义杀"，意即合理的刑罚和死刑⑥。《无逸》"乃变乱先王之正刑，至于小大"，伪孔

① 晁福林：《先秦时期"德"观念的起源及其发展》，《中国社会科学》2005 年第 4 期，第 192～204 页；杨兆贵：《归属于周公的"德"说内涵新探——以《尚书·周书》为研究中心》，《首届新语文学与早期中国研究国际研讨会论文集》，澳门大学，2016，第 243～253 页。

② 杨伯峻：《春秋左传注》，第 434 页。

③ 杨伯峻：《春秋左传注》，第 722 页。

④ 〔日〕小仓芳彦：《中国古代政治思想研究》，青木书店，1970，第 64 页。

⑤ 郑开：《德礼之间——前诸子时期的思想史》，三联书店，2009，第 281 页。

⑥ 屈万里《尚书今注今译》，台北商务印书馆，1986，第 101 页。

传解"刑"为"法"。① 刘起釪认为罚、刑之意相同。② 总之，周公"明德慎罚"的意思是：既实施恩惠给百姓，又根据制刑原则、施刑准则而谨慎推行刑罚。这两种统治术多应用在治殷的措施上。

2.《黄帝四经》德刑并用解

《黄帝四经》政治论主张德刑并用、文武兼重。它主张从阴阳关系来处理两者关系，认为两者相辅相成。《十六经·观》说："正之以刑与德。春夏为德，秋冬为刑。先德后刑以养生……刑德皇皇，日月相望，以明其当……君臣上下，交得其志。天因而成之。夫并时以养民功，先德后刑，顺于天。"③《姓争》篇也有一段几乎相同的话："凡谌之极，在刑与德。刑德皇皇，日月相望，以明其当……天德皇皇，非刑不行，穆穆天刑，非德必倾。刑德相养，逆顺乃成。刑晦而德明，刑阴而德阳，刑微而德章。"④《黄帝四经》把德与刑放在一起，说明德和刑都是统治手段。德是与惩罚意义相对的"奖赏"，也是《韩非子·二柄》所说的庆赏。该篇指出："何谓刑德？曰：杀戮之谓刑，庆赏之谓德。为人臣者畏诛罚而利庆赏，故人主自用其刑德，则群臣畏其威而归其利矣。"⑤ 韩非子受黄老学影响，此庆赏之"德"是黄老学中的一个重要概念，它是操之于人主的一个重要驭下之术。黄老学主张德先刑后、德主刑辅。

黄老学除了主张德刑并重，还强调文、武兼重。《君正》界定"文""武"的内涵："因天之生也以养生，谓之文，因天之杀也以伐死，谓之武。文武并用，则天下从矣。"⑥ 所谓"文"是指给百姓得以养生送死、休养生息，指人君推行惠民的政策；"武"是指以武力强制、镇压、攻伐，指人君以正义力量，透过武力消除不义的政权。人君要两者兼用，既用武力消灭不义政权，扩大版图，又推行惠民安民政策，使民心归服，如此就能步步一统天下。因此说："审于行文武之道，则天下宾矣。"⑦ 文、武是

---

① 孔颖达：《尚书正义》，第 436 页。
② 刘起釪：《尚书校释译论》，第 1303 页。
③ 余明光：《黄帝四经与黄老思想》，第 284 页。
④ 余明光：《黄帝四经与黄老思想》，第 300 页。
⑤ 王先慎：《韩非子集解》，中华书局，2003，第 39 页。
⑥ 余明光：《黄帝四经与黄老思想》，第 250 页。
⑦ 余明光：《黄帝四经与黄老思想》，第 251 页。

人君统一天下的两种手段。

德、刑与文、武的关系，文是德的体现，武是刑的表征，所以文与武的关系是由德与刑的关系所支配的。依上文所述，文是惠民政策、怀柔措施，武是对内镇压反叛、对外消灭不义政权的武力形式。文、武是治国、得天下的两大手段。

3. 周公"明德慎罚"说对《黄帝四经》德刑并用说的影响

据上所论，周公"明德慎罚"的"德"与《黄帝四经》德刑说的"德"，内涵相同，都指人君所采取的怀柔的恩赏措施。周公德罚说对《黄帝四经》德刑说有直接影响。

另外，从德的内涵发展可见周公"德"义对《黄帝四经》的影响。周公所说的"德"的内涵，包括元德，君德（敬天合天、明德慎罚、人君的德行），民德，祖德，礼制等，人的心意、思想等①。概言之，德主要有政治、宗教、社会和个人修养内涵。周公要落实这几种"德"，为的是要巩固由天（命）所授的王权（巩固所"得"），故而提出"明德慎罚"，希望得到周人、殷人的支持，来保住天命。② 《黄帝四经》成书于战国时期，"德"的观念自然受到战国思潮的影响，除了继承、发展周公的明德慎罚说，还兼形上形下义。形上义指"德"是从本体"道"而落实到万物的那一层。这是先秦道家对德的一个基本共识。

周公提出"慎罚"说，是就使用刑罚的原则和实施准则而言。罚与刑意同。《尔雅·释诂》："刑，法也"，则刑与法也意同。先秦黄老学重视刑名，刑名学的具体内容之一是重视法。《黄帝四经》强调法从本体道而生。《经法》说："道生法。法者，引得失以绳，而明曲直者也。"③ 法具有形上且神圣之义，超越时代、政治而具独立性、超越性："法度者正之至也。"④ 有了法，是非黑白就可判定。"是非有分，以法断之。虚静谨听，以法为符"，⑤ 要做到事事符合法、公正无私。人君及执法者很重要，因

---

① 杨兆贵：《归属于周公的"德"说内涵新探——以〈尚书·周书〉为研究中心》，第 253～266 页。
② 刘起釪：《古史续辨》，中国社会科学出版社，1991 年，第 358～369 页。
③ 余明光：《黄帝四经与黄老思想》，第 240 页。
④ 余明光：《黄帝四经与黄老思想》，第 251 页。
⑤ 余明光：《黄帝四经与黄老思想》，第 277 页。

此，《经法》强调人君"生法度者，不可乱也"，[①]"见知不惑"，[②] 只有公正地用法，不掺杂私欲，才能有效治理国家："精公无私而赏罚信，所以治也。"可见，《黄帝四经》对法的看法继承周公的慎罚观。

（二）周公治国措施对《黄帝四经》政治思想的影响

本节主要讨论周公一些治国措施强调"因"，这对《黄帝四经》政治思想强调"因"产生影响。兹论述如下。

1. 周公强调学习殷代先王的统治经验，研究殷法旧典，批判接受殷代传统

卫地是殷纣故都，殷顽民多居于此。顽民难治，可想而知。周公封其弟康叔于此，临前之际，殷殷告诫。他除了提出"明德慎罚"外，还要求康叔学习殷代的统治经验："今民将在！祗遹乃文考，绍闻衣德言。往敷求于殷先哲王，用保乂民；汝丕远惟商耇成人，宅心知训；别求闻由古先哲王，用康保民。宏于天若德，裕乃身不废在王命。"[③] 周公要求康叔到卫地，要重用殷商老人，听取他们治国之见，寻求古圣王的遗闻旧政，以掌握先王保治百姓之方，这样，既使卫民安居乐业，又不废堕王命。

周公把殷先哲王当成治政的典范："爽惟民迪吉康，我时其惟殷先哲王德用康乂民作求。矧今民罔迪，不适不迪，则罔政在厥邦。"[④] 无论人民的境况是否改善，都必须学习、掌握殷先王善于治民的方法，并且要成功运用。殷先王——尤其是成汤是他学习的榜样，如《多方》篇记周公称赞成汤"慎厥丽乃劝，厥民刑用劝"。[⑤] 称赞汤慎于用刑，百姓知感而勉于从善。又如《立政》记周公称赞汤选用三大臣、俊德之士："乃用三有宅，克即宅……克用三宅三俊。其在商邑，用协于厥邑；其在四方，用丕式见德。"[⑥] 称赞成汤能择用好三大臣，选用的都是俊德之士，这样可以"垂拱

---

① 余明光：《黄帝四经与黄老思想》，第 251 页。
② 余明光：《黄帝四经与黄老思想》，第 277 页。
③ 刘起釪：《尚书校释译论》，第 1309 页。
④ 刘起釪：《尚书校释译论》，第 1348 页。
⑤ 刘起釪：《尚书校释译论》，第 1626 页。
⑥ 刘起釪：《尚书校释译论》，第 1666 页。

而治"：人君只总领在上，明于用人，一切政务由群臣分掌，人君不侵越臣职。这也是儒、道的理想政治①。

周公了解历史，重视传统（包括殷周传统）。《酒诰》篇说："聪听祖考之彝训。越小大德。"② 他要康叔紧记祖辈的教训，发扬大大小小的传统美德。周公重视周族传统，对殷人的传统则采取批判态度。周人取殷人之天命而代之，对殷人一些政治传统既因循遵从，又能因时制宜，推行相应的政策，以治好殷民。如殷政有一个明显特点，是重刑罚。《礼记·表记》说"殷人尊神，率民以事神。先鬼而后礼，先罚而后赏。"说明殷人重刑罚。周公在《康诰》篇强调"汝陈时臬司师，兹殷罚有伦""汝陈时臬事，罚蔽殷彝，用其义刑义杀"③，要求处理案件时，除了根据殷人的常法，还要采用合理的刑杀法则。周公这样重视殷法，目的是正确把握殷人刑法的重点，吸长补短，把殷法化为周法。这是他的过人之处。

2. 周公一些治国措施"因"殷之旧

（1）周公封国措施"因"殷之旧

周公克殷东征之后，推行封建，把殷民整个宗族分别迁移到不同的侯国。殷民的宗族组织、社会秩序没有被瓦解，反而被保留下来。《左传·定公四年》记子鱼说明周公封建的情况：

> 昔武王克商，成王定之，选建明德，以蕃屏周。故周公相王室，以尹天下，于周为睦。分鲁公以大路、大旂，夏后氏之璜，封父之繁弱，殷民六族，条氏、徐氏、萧氏、索氏、长勺氏、尾勺氏，使帅其宗氏，辑其分族，将其类丑，以法则周公。用即命于周。是使之职事于鲁，以昭周公之明德。分之土田陪敦、祝、宗、卜、史，备物、典策，官司、彝器；因商奄之民，命以《伯禽》而封于少皞之虚。分康叔以大路、少帛、綪茷、旃旌、大吕，殷民七族，陶氏、施氏、繁氏、锜氏、樊氏、饥氏、终葵氏；封畛土略，自武父以南及圃田之北

---

① 〔英〕安乐哲：（Roger T. Ames）：《主术——中国古代政治艺术之研究》，滕复译，北京大学出版社，1995，第 32～49 页。

② 刘起釪：《尚书校释译论》，第 1388 页。

③ 刘起釪：《尚书校释译论》，第 1327、1333 页。

竟，取于有阎之土以共王职；取于相土之东都以会王之东搜。聃季授
土，陶叔授民，命以《康诰》而封于殷虚。皆启以商政，疆以周索。
分唐叔以大路、密须之鼓、阙巩、沽洗，怀姓九宗，职官五正。命以
《唐诰》而封于夏虚，启以夏政，疆以戎索。三者皆叔也，而有令德，
故昭之以分物。①

周公封建鲁、卫、唐三国，赐给封君的有土地、职官、降民（殷六
族、殷七族——他们多是有技术的氏族、专门手工者、怀姓九宗等）、车
旗、宗彝（备物、典策）、戎器（弓、甲）、玉器（璜）。这三批殷民都是
整个宗族一起迁徙过去的。白川静指出，这些殷民仍保持原有的氏族形
态、秩序，周公又宣布实施"启以商政，疆以周索"的统治方针②。许倬
云的看法基本相同，并认为当时周人在各国内部以周与殷遗及东方旧族结
合为基本原则施政，另以"夏政""商政""戎索"来迁就当地文化③。晁
岳佩提出"启以商政，疆以周索""启以夏政，疆以戎索"之见，认为
"疆以周索"是指在土地经营管理方面，采用周人农业生产方式，不是改
变殷人久已习惯的生产方式，而是顺应他们的生产经营方式。"启以夏政"
是为了适应周初戎狄部族的生活习惯，维持其正常秩序。"周索"和"戎
索"是两种不同的土地法则，即农业和畜牧业两种生产方式。唐叔推行
"戎索"是尊重原住居民的游牧生活习惯④。笔者赞成此见。

周公封建侯国而"因"殷人之旧的，除了保留殷宗氏分族组织，还允
许他们有自己的信仰，如鲁国有亳社。春秋鲁定公六年，阳虎专政鲁国，
"盟国人于亳社"，⑤ 目的是争取殷人支持。可见自西周初年迄春秋末叶几
百年，鲁国殷人的宗族组织、信仰仍然保留下来。

齐国被认为是很成功运用"因"的侯国。《史记·齐太公世家》载：
"太公至国，修政，因其俗，简其礼，通商工之业，便鱼盐之利，而人民

① 杨伯峻：《春秋左传注》，第 1536～1540 页。
② 〔日〕白川静：《西周史略》，袁林译，三秦出版社，1992，第 44～45 页。
③ 许倬云：《西周史》，三联书店，1994，第 127～128 页。
④ 晁岳佩：《周索、戎索与周初分封》，《山东师范大学学报》2002 年第 6 期，第 88～92 页。
⑤ 杨伯峻：《春秋左传注》，第 1559 页。

多归齐。"① 谓"因其俗",指沿用原住居民的风俗习惯;"简其礼"指仍然保留原住居民的礼仪制度,而不强制推行周礼。东土多旧族,齐国"因"其习俗,袭子姓的命名习惯,又尽力组织混合的统治势力②。显然,太公所修之政,是以顺应原住居民的风俗习惯为原则,这与鲁、卫"启以商政"、晋国"启以夏政",在原则上完全一致。

周公深明推行"因"术而使侯国能尽快在当地立足,并能取得较明显的治绩。《说苑·敬慎篇》记周公告诫伯禽到鲁国施政的一段话,深有后世道家意味:"禄位尊盛而守以卑者贵,人众兵强而守以畏者胜,聪明叡智而守以愚者益……皆谦德也",③ 并引《易·象传》"天道毁满而益谦,地道变满而流谦,鬼神害满而福谦,人道恶满而好谦"云云。《象传》是战国作品④,周公这段话是后人引战国《象传》之言来说明周公重视谦德。谦德为儒、道所重,则儒、道某些说法有共同来源,可见一斑。周公思想对道家有影响,亦可为一佐证。

(2)周公其他治殷措施

除了上文所举周公治国比较重要的措施因循殷商之旧外,周公在其他治国方面也因循殷商之旧,以取得成功。

周公任用一些殷贵族在周朝任职,《康诰》"侯、甸、男、邦、采、卫、百工、播民,和见士于周。周公咸勤"⑤,播民指迁到洛邑的殷遗民,他们全在周王朝服事。《召诰》:"越七日甲子,周公乃朝用书命庶殷侯、甸、男邦伯。厥既命殷庶,庶殷丕作。"⑥ 周公任用殷朝的侯、甸、男诸国君主,他们在周朝当诸侯,政治地位应该一如其旧,没有改变。有些殷遗被任命助祭,仍能穿戴殷族的礼服。《诗·文王》:"殷士肤敏,裸将于京。厥作裸将,常服黼冔。王之荩臣,无念尔祖?"《礼记·王制》篇"殷人冔

---

① 韩兆琦:《史记笺证》,第 2200 页。
② 许倬云:《西周史》,第 136~137 页。
③ 向宗鲁:《说苑校证》,中华书局,1987,第 240 页。
④ 钱穆:《易经研究》,《中国学术思想史论丛(一)》,台北:东大图书,1976,第 184~189 页。
⑤ 刘起釪:《尚书校释译论》,第 1292 页。
⑥ 刘起釪:《尚书校释译论》,第 1433 页。

而祭"。所谓"㣊"，杨善群说是殷贵族所戴的礼帽①。"苊"，清华简《皇门》篇有"遗父兄众朕苊臣"句，《逸周书·皇门解》孔晁注："进也。"②殷人被进用为周臣而参加助祭时，仍能穿戴本族礼服。可见周人对殷贵族习俗的尊重。

周朝仍袭用一些殷礼。《洛诰》"（成）王宾，杀禋、咸格。"③ 罗振玉说这六个字仍用殷语，王国维解杀为杀牲，禋为禋祀，并说"禋之言，烟也。殷祀人鬼亦用此礼"，引逸《武成》云："燎于周庙"，指出周初仍用殷禋祀之礼④。

另外，周初历法也有因袭殷法。《康诰》记周公告诉康叔："要囚，服念五六日，至于旬时，丕蔽要囚。"⑤ 旬时是殷代历法，殷人一月分三旬，周初则一月四分法。本文是周公告诫康叔承用殷制，当用殷制⑥。周公在历法上也因循殷制。历法在上古政治、宗教、经济、社会等方面扮演重要角色⑦。

以上可见周公治国治殷的一些措施重视"因"，以取得显著成效。

3. 周公治殷措施与《黄帝四经》"因"术的关系

《黄帝四经》重视"因"。"因"是黄老学政治学说的核心之一。司马谈《论六家要旨》已强调"因者君之纲"，指出黄老学思想以"因循"为用。"因"就是根据客观事物的变化而变化，因此，讲"因"也重视"时"。《黄帝四经》重视"因"，在参考先圣如周公因循治政取得成效后，进而提出三"因"——"因天""因地""因民"。下简论之。

《称》提出"因天"云："圣人不为始，不专己，不预谋，不为得，不辞福，因天之则。失其天者死，欺其主者死，翟其上者危。"⑧ 圣人（明君）谋事行事，不先动，不偏执，要等待适当的天时，若天时未到就不预

---

① 杨善群：《西周对待殷民的政策缕析》，《人文杂志》1984年第5期，第77页。
② 黄怀信、张懋镕、田旭东：《逸周书汇校集注》，上海古籍出版社，2007，第559页。
③ 刘起釪：《尚书校释译论》，第1497页。
④ 刘起釪：《尚书校释译论》，第1499页。
⑤ 刘起釪：《尚书校释译论》，第1327页。
⑥ 刘起釪：《尚书校释译论》，第1331页。
⑦ 宋会群：《中国术数文化史》，河南大学出版社，1999，第157页。
⑧ 余明光：《黄帝四经与黄老思想》，第321页。

先谋划，天时到了就不能失去，如此，才不会错过福祥。明君要因顺上天之道，否则政权就灭亡。可见，人君既要重视天道，又要抓住时机。《称》又说："毋先天成，毋非时而荣。先天成则毁，非时而荣则不果。"① 这里本来是说植物不能违背自然生长规律而提前成熟，而到开花时就能茂盛，意即"时"的重要性。它引申到人事，指人君要把握好时机，不要提前，也不要错过，如此，时机一成熟，就能成功，否则成败。《观》云："为人主者，时窒三乐，毋乱民功，毋逆天时。然则五谷溜熟，民〔乃〕蕃滋。君臣上下，交得其志。天因而成之。"② 明君若根据四时不同而分开农、战，农忙时不用兵，如此，农业生产增加，百姓生活富足，君臣上下和谐，得到上天保佑。

《四度》直接提出"天时"两字："因天时，伐天悔，谓之武。武刃而以文随其后，则有成功矣，用二文一武者王。"③ 这里强调明君要顺应天道，就能诛伐必然要灭亡的国家。武力成功后，明君再以文德安抚，就能一统天下。可见，"时"在用兵中起着重要的作用。《兵容》也重视"天时""时"在作战中起着重要的作用："圣人之功，时为之庸，因时秉〔宜〕，〔兵〕必有成功。圣人不达刑，不襦传。因天时，与之皆断；当断不断，反受其乱。"④ 明君（圣人）只要善于把握"时"，因顺天时、把握时机，就能作战成功；否则反取其祸。

《称》提出"因地""因民"的看法，说："因地以为资，因民以为师。弗因无神也。"⑤ 人君行事，除了要因顺自然天道，也要因任地宜以为资财，因顺民心以为师旅，如此才能成功。相反，人君若好大喜功，借助民力，而违反天道，则国家岌岌可危。《兵容》说："茀茀阳阳，因民之力，逆天之极，又重有功，其国家以危，社稷以匡，事无成功，庆且不飧其功。此天之道也。"⑥

可见，《黄帝四经》认为明君把"因"应用在政治、军事、农耕等方

---

① 余明光：《黄帝四经与黄老思想》，第 326 页。
② 余明光：《黄帝四经与黄老思想》，第 284 页。
③ 余明光：《黄帝四经与黄老思想》，第 261 页。
④ 余明光：《黄帝四经与黄老思想》，第 305 页。
⑤ 余明光：《黄帝四经与黄老思想》，第 326 页。
⑥ 余明光：《黄帝四经与黄老思想》，第 305 页。

面，都能收到良好效果。很明显，"因"是黄老学政术的核心概念之一，陈丽桂说："一切表面上消极无为的黄老之术所以含蕴无比的韧度，以成就'无不为'的积极事功，关键也就在这个'因'字之上。"①

周公的治殷措施强调"因"对《黄帝四经》"因"说很有影响。周公治殷措施主要是在政治方面，内容包括封君建国，要求诸侯学习、遵从殷先王治殷之道（治政和刑罚之术），保存、尊重殷宗族的礼俗、宗教、组织等。这和《黄帝四经》认为人君安排好人事，因循故事成法、因法守职的看法是相同的②。当然，周公的"因"主要运用在治国治殷的一些措施上，他的其他措施不都以"因"为主。《黄帝四经》的"因"内涵比较广泛，是对周公因应之术的推衍、提升，它还包括要求明君效法阴阳、遵行四时运行的自然规律，把社会、政治等关系归于"因"的范畴内。《黄帝四经》强调因应之术以"虚无"为本，则其背后有"道"为之支撑。周公强调"明德慎罚"，他所说的"德"与天、天命有内在联系，但此"天命"和黄老学的"道"的内涵不同，天命近于上帝之命，道则是本体、自然律等。《黄帝四经》有一套道论（含宇宙形成说），并以此宇宙形成说来阐述其政治理论。这点也是周公所没有的。

总　结

孔子说："周因于殷礼，所损益，可知也。"（《论语·为政》）孔子从整个商周礼乐文化的发展指出周礼对殷礼的继承、取舍。事实上，从周公的治国治殷措施上也可见周公对殷人的"因"治之术。周公实施"因"应之术，可能因为周人刚代殷而有天下，殷周彼此的实力尚有差距，周人不可能完成以武力统治殷人；也因为周公深谙夏商历史，总结历史经验，强调以德施政，主张天命靡常，周人取代殷人，是天命所移，也是周人（尤其是周文王）修德所致。因此，周公治国治殷措施中有采取怀柔之术的，要团结友邦，减少叛乱，并批判地继承商代文化。周公提出"明德慎罚"，实行一些治殷措施，取得显著的成效。他的这些思想、措施，对《黄帝四

---

① 陈丽桂：《战国时期的黄老思想》，台北联经出版事业公司，1991，第106页。
② 张维华：《西汉初年黄老政治思想》，《中国社会科学》1981年第5期，第6~8页。

经》产生影响。当然,《黄帝四经》盛行于战国,具有战国道家思想的特点,如重视天道、强调阴阳的作用等,这些观念是周公时所没有的。《黄帝四经》在形成过程中,善于吸收百家之长,作为历史大人物周公,其思想、治政等,应该被《黄帝四经》重视、吸收。周公对《黄帝四经》政治思想的影响显而易见。

吕坤启蒙儒学散论

陈寒鸣[*]

摘要：晚明思想家吕坤倡实学，反理学，又批判王权专制主义，对当世昏朽的政治多有揭露，力主追求真我，思想自由。他彰显民众、尤其是普通劳动者的地位和作用，并基于儒家"万物一体""民胞物与"的仁学传统而对民生疾苦十分关注，更提出以民为政治目的和政治主体的思想。他的启蒙儒学在中国儒学史以至整个思想文化史上有着十分重要的地位。

关键词：晚明　吕坤　倡实学　反理学　重民　启蒙儒学

侯外庐先生曾经通过对具体史料的剖析，揭示了明代中叶以来社会经济发展的矛盾状况："一方面，十六七世纪的土地虽然向国有方面集中，但另一方面，私人对土地的经营也在发展着。一方面，官有手工业虽然大量被皇族'监督'着，形成官僚机关的层层中饱，产生了财政困难的严重局面，但另一方面，城市私有手工业的发展却对国民经济起了日益重大的作用。同时，城市商业与对外商业的发展，更推动了私有制的发展。"他据此而作出这样的基本估价：明清之际，中国的"历史面临着变革的关头"，"历史进入了新旧因素的矛盾大大发展的局面，活的东西要冲破死的，而死的东西束缚着活的"（《中国早期启蒙思想史》第21页）。在对社会经济、政治发展作出鞭辟入理的分析的基础上，侯先生进而研究明清之

---

*　陈寒鸣，天津市工会管理干部学院教授。

际的学术思想，指出：进步思想家们的思想尽管存在"旧的和新的既和平共处，而又不共戴天"的矛盾，但启蒙思想的时代精神是与资本主义萌芽因素的发展相平行的，他们的进步思想不仅仅是"反理学运动的量变，而是按他们自己的方式表现出对资本主义世界的绝对要求"。而他们矛盾的思想体系，对封建社会与封建思想体系叛变的不彻底性，则"正反映着资本主义萌芽阶段的矛盾"，说明了新生的东西在旧社会母胎中还很微弱，如同中国社会正处于方生未死、新旧纠葛的矛盾困惑中，晚明清初"中国学者们的思想，在中世纪长期的冬眠中，既有适应历史发展的进步的因素，又有受传统的思想所束缚的因素"（《中国早期启蒙思想史》第30～32页）。这些思想因素虽然还不够强大，却已透射出预示近代社会即将来临的曙光，具有早期启蒙性质。据此来看晚明思想文化界，最引人注目的无疑是启蒙儒学思潮，而吕坤就是这思潮的代表人物之一。

吕坤（1536～1618），初字顺叔，后改字叔简，自号新吾，晚号独抱居士、了醒亭居士，河南宁陵人。他一生经历了嘉靖、隆庆、万历三朝，大致分为早年从学（从嘉靖十五年十日十日出生到万历元年）、中年仕宦（从万历二年春入京应殿试赐进士出身并出任山西潞安府襄垣县到万历二十五年四月以病乞休归里①）、致仕乡居（从万历二十五年五月到万历四十六年六月初八②）三个时期。吕坤学识渊博，汪永瑞《吕沙随先生祠记》称："吕先生之学，以自得为宗，而于古六艺之旨，博综贯串，驰骋上下，皆有以穷其旨趣而通其大意。至于天地鬼神阴阳之变，山川风土之宜，兵谋权术、浮屠老子之所记载，靡不抉择而取衷焉。盖合内外之道也。"其著述颇丰，主要有《呻吟语》《去伪斋文集》《四礼疑》《〈阴符经〉注》《家乐解》《实政录》等等，今人王国轩、王秀梅整理而成《吕坤全集》。古人评曰："理学之儒，萃于中州，自宋迄明，贤哲代起。明神宗朝，有

① 吕坤曾分别在山西、陕西、山东等地及朝廷任官二十余年，历仕知县、吏部主事、右参政、提刑按察使、提督、巡抚、右佥都御史、刑部左右侍郎等职。
② 据《宁陵县志》卷二十一《吕沙随先生祠》，吕坤致仕还乡后，"课子弟门人以孝友朴质，崇俭汰奢靡"；"间出，一仆俛柴车，时步田间树下，象田父野人，劳勤苦人，不知为司寇公也。家居二十余年，足未尝一及公庭，口未尝一及身家事。独利病兴革，有关桑梓，不惮为百姓请命，言之台司守令，侃侃谆谆，必得当而后止"。"虽日怀社稷苍生之忧，满朝推戴，但不肯枉道求合"。即便置诸今日，亦堪称退休官员的表率。

大儒曰新吾吕先生，其学不立门户，以明体达用为本。立朝有风节，居官有实政，在乡党有惠泽教化。著书累百万言，笃实切近，举心身性命家国天下融洽而贯通之，凿凿可见诸施行，盖醇乎醇者也。"① "先生有忧世之实心，有济世之实才，有救世之实用，谓尧、舜事功，孔、孟学术，是君子终身急务。入耳出口以为学，非学也。垩白黝青以为政，非政也。《呻吟》一编，其实实下手处。《实政》一编，其实实推行处。《文集》十卷，大而章疏，细而诗词，无一言不根乎理道。富哉言乎，可谓有实际者矣。"② 今人称吕坤为"明中叶反理学的先驱者之一"③，赞其"对专制主义的批判闪烁着民主精神，有先声作用"④，如此等等。

一

作为一位儒者，吕坤重学，但更为重视的是"知学"，曰："事事有实际，言言有妙境，物物有至理，人人有处法，所贵乎学者，学此而已。无地而不学，无时而不学，无念而不学，不会其全，不诣其极不止，此之谓学者。今之学者果如是乎？留心于浩瀚博杂之书，役志于靡丽刻削之辞，耽心于凿真乱俗之技，争胜于烦劳苛琐之仪，可哀矣。而醉梦者又贸贸昏昏，若痴若病，华衣甘食而一无所用心，不尤可哀哉！是故学者贵好学，尤贵知学。"⑤ 在他看来，孔子素位，非政不谋，儒者著书立言便谈帝王之略，入太学即言修齐治平，为此就要在平时讲求真实有用之学，"若是平日如醉梦，一不讲求，到手如痴呆，胡乱了事，如此作人，只是一块顽肉，成甚学者！即有聪明才辨之士，不过学眼前见识，作口头说话，妆点支吾，亦足塞责。如此作人，只是一场傀儡，有甚实用？"⑥

吕坤当然很重视心性道德修养，如谓"吾儒学问，只讲'心'之一

---

① 程祖洛：《吕子遗书序》，《吕坤全集》"附录二"，下册，第 1691 页，中华书局，2008。
② 杨国桢：《吕子遗书序》，下册，第 1693 页。
③ 侯外庐、邱汉生、张岂之主编《宋明理学史》，下卷，第 516 页，人民出版社，1987。
④ 王国轩、王秀梅：《吕坤全集·前言》。
⑤ 《呻吟语》卷二"内篇·问学"，《吕坤全集》，中册，第 712～713 页。
⑥ 《呻吟语》卷二"内篇·问学"，《吕坤全集》，中册，第 707 页。

字"，故"吾辈今日学问，只有事心一着最为第一"①。又说："圣学全在性天处见本体，涵养上用工夫，不睹不闻中戒慎恐惧，行住坐卧、起居食息，通乎梦寐，念念不忘，这是不违仁于终身，所以根此仁义礼智于心也。仁义礼智根于心，发出来般般色色，自是良知，傥涵养不到，发有未良，省察得出，依旧涵养。省察在既发之后，克治在涵养之中，养到极纯粹处，便是未发之中。到此地位，咳唾笑骂皆是性真敷布，发酒疯，撒寐语，皆是天理流行。所谓'从心所欲，不逾矩'者也。"②要求学者"每日点检，要见这念头自德性上发出，自气质上发出，自习识上发出。如此省察，久久自识得本来面目，初学最要知此"③。类此话语，在他的论著中难以尽举。但吕坤更强调实用之学。他既认为"圣学专责人事，专言人理"④，则自然以"世道、人心、民生、国计"为"四君子四大责任""士君子四大功业"⑤。他指出：

> 自古圣贤孜孜汲汲，惕励忧勤，只是以济世安民为己任，以检身约己为先图，自有知以至于盖棺，尚有未毕之性分，不了之心缘。不惟孔、孟，虽佛、老、墨翟、申、韩皆有一种毙而后已念头，是以生不为世间赘疣之物，死不为幽冥浮荡之鬼。乃西晋王衍辈一出，以身为懒散之物，百不经心，放荡于礼法之外，一无所忌。以浮谈玄语为得圣之清，以理废教为得道之本，以浪游于山水之间为高人，以衔杯于槽麴之林为达士。人废职业，家尚虚无，不止亡晋，又开天下后世登临题咏之祸，长惰慢放肆之风，以至于今。追原乱本，盖开衅于庄、列，而基恶于巢、由，有世道之责者，宜知所戒矣。⑥

他主张遇事处处都要讲个"实用"："天下万事万物，皆要求个实用。实用者，与吾身心关损益者也。凡一切不急之物，仲耳目之玩好，皆非实用

---

① 《去伪斋集》卷五《与讲学诸友》，《吕坤全集》上册，第225页。
② 《去伪斋集》卷四《答孙冢宰兰亭论格物第二书》，《吕坤全集》上册，第185页。
③ 《呻吟语》卷一"内篇·存心"，《吕坤全集》，中册，第623页。
④ 《呻吟语》卷四"圣贤"，《吕坤全集》，中册，第779页。
⑤ 《呻吟语》卷三"内篇·应务"，《吕坤全集》，中册，第758页。
⑥ 《呻吟语》卷四"外篇·品藻"，《吕坤全集》，中册，第799页。

也。愚者甚至丧其实用以求无用。悲夫！是故明君治天下，必先尽革靡文而严诛淫巧。"① 主张实心、实见、实理、实才，说："士君子立身要实见得，不傍人口吻，不蹑人脚跟。实见得后，便他把捉得定，成败利钝，付之天人……"② "士君子高谈阔论，语细探玄，皆非实际，紧要在适用济事。故今之称拙钝者曰不中用，称昏庸者曰不济事。此虽谚语口头，余尝愧之。同志者盍亦是务乎？"③ 吕坤指出："人生七尺之躯，皆有安天下万物的性分，皆有使天下万物各得其所的责任，皆有能使天下万物各得其所的本事。圣贤又留下使天下万物各得其所的学术，日日做天下万物各得其所的事业，自有天下万物各得其所的功效。只是吾人少了这使天下万物各得其所的心肠。有了这副心肠，参赞位育不是难事，弥纶辅相不是虚言。"④ 他认为只有确实能建立事功见到实效的学问，才堪称真学问："儒者惟有建业立功是难事，自古儒者成名多是讲学著述。人未尝尽试所言，恐试后，纵不邪气，其实成个事功，不狼狈以败者，定不多人。"⑤

　　基于这种认识，吕坤对晚明学界空疏风习多有指摘。他以古今对比的方法批评道："古之圣贤会天地万物为一身，不曾谢却天地万物，摘出此身，作自家另行修治。而今学者起念便觉天地万物不亲不故，与我无干；不痛不痒，与我罔觉。及其聚会讲求，不过理会古人多年卷宗，拈起磨勘，深文细索，无了无休。此人即置之庙堂，只可作一迂腐之儒，坐镇雅俗，了得自家耳。"⑥ 在《实政录》中，吕坤责斥当世士大夫们"矻矻终日，诵读惓惓，只为身家"，"把圣贤垂世立教之意辜负尽了"。他在《呻吟语》卷五"外篇·治道"中又痛言："把天地间真实道理作虚套子干，把世间虚套子作实事干。吁！所从来久矣。非霹雳手段，变此锢习不得。"吕坤致函姜养冲，直言学者不必"以用世为讳"："孔子曰：'学之不讲，是吾忧也。'弟以为，吾人讲学，须知所学何事。自十五时使入太学，所

---

① 《呻吟语》卷五"外篇·治道"，《吕坤全集》，中册，第814页。
② 《去伪斋集》卷四《答给谏马见素》，《吕坤全集》，上册，第181页。
③ 《呻吟语》卷四"外篇·品藻"，《吕坤全集》，中册，第806页。
④ 《实政录》卷一《明职·弟子之职一》，《吕坤全集》，中册，第918页。
⑤ 《呻吟语》卷四"外篇·品藻"，《吕坤全集》，中册，第810页。
⑥ 《去伪斋集》卷五《答顾泾阳》，《吕坤全集》，上册，第210页。

讲者圣经一章耳。盖儒者教门以天下国家为一身，其格致诚正也，欲端一身以为国家天下，非莘野潘石专言耕钓，阿衡尚父方讲治平，作两截学问耳。诸子问为政，颜渊问为邦，何尝以用世为讳哉？幸无曰：我今沉沦，便以经济为讳。目前是何景象？殷浩以苍生自负，房绾以经武知名，一出犹作败局。有如缓急之际，艰难如足食足兵，重大如安边治河，种种不可悉数。当事者问我，委曰'不知'，柄人者用人，委曰'不能'，可乎？夫任聪明不可以当盘错，旋安排不可以应仓皇，此周、孔所以必寝食俱忘，夜以继日，且思且学者也。……近日学问，不归陆则归朱，不攻陆则攻朱。假设推尊两家，是于陈卷中多漆故纸；驳正两家，是于聚讼中起灭官词。不如斩断一握千头万绪，专探六部四书五经，更有余闲，讲求胡注《资治通鉴》或《纪事本末》，考镜已往，有借将来。若舍光明正大之途，凿窃冥昏灭之窍；索金珠碧玉之异，厌菽粟布帛之常；贵清奇古怪之人，薄笃实蕴借之士；济一水附和之偏，恶五味相成之美，此高明者之大戒，吾丈必不然。"①

在自撰的墓志铭中，吕坤自述平生信守的基本原则："非日用不谈……非切民生国计不讲。"吕坤是一个具有实干精神的政治家。他反对散漫虚浮的心性空谈，对"纯知识"的严肃学问也不以为然，《呻吟语·谈道》云：

> 假若了悟性命，洞达天人，也只于性理书上添了"某氏曰"一段言语，讲学衙门中多了一宗卷案。后世穷理之人信彼驳此，服此辟彼，百世后汗牛充栋，都是这桩说话，不知于国家之存亡、万姓之生死、身心之邪正现在得济否？

吕坤实干精神的表现，最可贵的还不在于能深入社会基层，把自己的政治理想付诸实践，而在于他对可操作性技术手段和实务细节的重视。《实政录》一书中有"民务"三卷，其中的首卷论述小民生计的操持，如积贮仓谷、存恤茕独、收养孤老、赈济饥荒、振举医学、节约驿递、清编火夫等

---

① 《去伪斋集》卷五《答姜养冲》，《全集》上册，第218页。

等，巨细无遗，规矩谨严；他将之视为"养民之道"。在吏治的改革和整顿方面，他创制了《明职》《报政实单》等表格，用于官员的职务说明和政绩考核，如《报政实单》要求各级官员如实填写到任以来所行事和政绩，并在此基础上写出自我评价，这类似于今日公务员的"述职报告"。在任山西按察使期间，他制定了《按察事宜》，对自己的职权范围和工作要点做了详细分解，还撰写了《安民实务》等手册性质的教科书，对各级官员的行政工作进行具体指导。

尤其值得一提的是，吕坤在广泛参考历代及各地经验教训的基础上，将乡约和保甲制融为一体，创制了以"德业相劝""过失相规""礼俗相交""患难相恤"为目标的治、教、养相结合的地方乡甲约制度，对乡约的功能、机构、运作方式等作了详细规定，这与大体同时代的王阳明的《南赣乡约》一样，不仅以大众化语言为基层社会各层次人员制定了道德和行为规范，而且还设计了简单易行的基层社会自治程序。而同宋代《蓝田吕氏乡约》和并世阳明的《南赣乡约》等相比，吕坤的《乡甲约》把乡约、保甲都纳入一个组织综合治理，不仅设计严密，而且真正实行过，在当地共建了 120 个约，"以一里为率，各立约正一人，约副一人，选公道正直者充之，以统一约之人。约讲一人，约史一人，选善书能劝者充之，以办一约之事。十家内选九家所推者一人为甲长"，"每约百家选保正一人，百五十家量加选保正副各一人。保正副，须选家道殷实、力量强壮、行止服人者为之"。"选约正正约副约讲约史，须百家个个情愿者，选甲长须九家个个推服"；"甲长不服人，许九家同秉于约正副。如不称，九家另举一人更之，不许轮流攀当。约正副不服人，许九十八家同秉于官"。各约外面还有一个监督管理机制，官府通过它监管各约，施行赏罚。这对其后中国农村底层的社会治理起了示范作用。清代学者汤斌在《洛学编·吕新吾先生传》中说："余居近先生之里，见其邑之城郭、井野、里甲、赋役之法，与夫冠昏、丧祭、宴飨、丰约之仪，皆先生手定，数十年无敢改易者。儿童妇女至今犹称吕夫子也。其《实政录》所载，如乡约、保甲、义仓、社学、编审、丈量、养老、字幼种种，具有成规，周详通变而无烦琐难行之患。"传统士大夫中像吕坤这样既能在道德修为上楷模众人，又能在社会实务上规矩后世的，可谓凤毛麟角。

二

　　作为晚明启蒙儒学思潮的重要代表人物之一，吕坤在政治上廉洁为民，"耿介刚正，光明磊落，在在不避权豪"①，如据《宁陵县志》卷九《人物志》记，他在山西任职五六年，"爱士民如子弟，视贪官如仇雠"；"正己率属，身体力行，不受馈赠，不取赎羡，不妄荐以官，不枉劾以职。官吏肃清，兴文饰武，民安物阜，边境晏如"。而且，他敢于直斥当世帝王的贪婪，并指出贪婪必生人心而遭亡国灭身之祸，上疏言曰：

　　　　自古帝王之求富者亦多矣，史册所载，开卷可知。陛下试观其时，治乎乱乎？其君安乎危乎？夫天下之财止有此数，君欲富则天下必贫，天下贫则君岂独富？故曰同民之欲者，民共乐之；专民之欲者，民共夺之。天下民穷材尽，未有甚于此时者矣。陛下织造烧造日增，采取收取益广，敛万姓之怨于一宫，结九重之雠于四海，臣窃痛之。使万里江山千年如故，即干清宫一无所有，谁忍使陛下独贫？今禁城之内不乐有君，天下之民不乐而生，怨谤之声、愁叹之语，甚不堪闻？陛下闻之必有食不下咽、寝不帖席者矣。臣观今日之势，如坐漏船，水未湿身；如卧积薪，火未及体。望陛下之速登涯而急起卧也。不然，积于千日，决于一旦，陛下虽有万箱锦绣，千笥金珠，岂能独亨哉？前代覆车，后人永鉴。盖人心得则天下吾家，人心失则何处非仇？②

　　他又对其时吏治腐败和官场昏暗予以揭露和批判，如指出贪婪天子治下的官场主要由"慢而自是者，教而不率者，浮而不注意者，惰而不奋力者，相应以虚文而实之不务者，才短而智虑不足者，庸软而为左右所用者，识昏而为左右所蔽者，喜事而扰民者，侈大而耗财者，钻制而走邪径者，谄媚以悦上给邻者，多私而庇护僚属者，倾险以害人者，贪无忌者，酷刑不

---

① 《万历邸钞》，第一册，第791页，台湾，国立中央图书馆影印版，1968。
② 《去伪斋集》卷一，《吕坤全集》，上册，第18页。

当其罪者，徇请托、滥优免、厚作兴、广馈送、喜建造而不恤百姓之生死者、耽诗文、喜应接、广嗜好而民务一不介怀者"① 构成，这自然使得"虚文日盛而实政亡，厚道日隆而公法废，人事日精而民务疏，颓靡日甚而振举难，懵昧常多而精明少，为家念重而为国轻"②。在这种吏治状况下，"灭纪法以树私交，怠职业而相玩愒，工机械而丑诚直，尚訾訿而无公论，苟目前而忘远虑，重宠利而轻民社，急虚文而弃实务，贪酷在在而荐剡谀悦为圣贤，冻馁家家而旗鼓供张塞道路"③；"贿赂公行，贪残横肆"，"民心如实炮，捻一点而烈焰震天；国势如溃瓜，手一动而流液满地矣"④。这显然是病革临绝的末世景象。因此，"而今不要掀揭天地，惊骇世俗，也须拆洗干坤，一新光景！"⑤ 由此可见作为早期启蒙儒者的吕坤的政治自觉。而吕坤所以要自号"新吾"，或许正是基于这种政治自觉，以曲折的方式表明其与他已洞悉其弊的政治体制的决裂。

吕坤虽然没有明确否定专制君主政体，但对王权专制政治下仕宦心态进行了批判性分析。他指出专制政体下，"鲜衣美食，浮谈怪说，玩日褐时，而以农工为村鄙"⑥ 的士，一旦入仕为宦，自私便成为其心态最基本也是最大的特征："事有便于官吏之私者，百世常行，天下通行，或日盛月新，至弥漫而不可救；若不便于己私，虽天下国家以为极便，屡加申饬，每不能行，即暂行亦不能久。"⑦ 正是基于这自私心态，"近日居官，动说旧规，彼相沿以来，不便于己者悉去之，便于己者悉存之，如此，旧规百世不变"⑧，而任何有利于国计民生的改革必会遭到强烈反对，故而新吾疾呼："只将这念头移在百姓身上，有利于民者悉修举之，有害于民者悉扫除之，岂不是居官真正道理？噫！利于民生者皆不便于己，便于己者岂能不害于民？从古以来，民生不遂，事故日多，其繇可知已。"⑨ 吕坤又

① 《去伪斋集》卷五《寄巡抚李养愚》，《吕坤全集》，上册，第 207 页。
② 《实政录》卷六《风宪约》，《吕坤全集》，下册，第 1089 页。
③ 《去伪斋集》卷五《又答孙月峰》，《吕坤全集》，上册，第 213 页。
④ 《去伪斋集》卷五《答孙月峰》，《吕坤全集》，上册，第 215 页。
⑤ 《呻吟语》卷五"外篇·治道"，《吕坤全集》，中册，第 821 页。
⑥ 《呻吟语》卷四"外篇·世运"，《吕坤全集》，中册，第 775 页。
⑦ 《呻吟语》卷五"外篇·治道"，《吕坤全集》，中册，第 833 页。
⑧ 《呻吟语》卷五"外篇·治道"，《吕坤全集》，中册，第 862 页。
⑨ 《呻吟语》卷五"外篇·治道"，《吕坤全集》，中册，第 862 页。

作《公署箴》，曰：

> 天厚我生，于我何私！斯世斯民，悉以付之。世道人心，狂澜颓厦，付我挽回，付我支架。民生憔悴，愁苦困穷，付我生养，付我辑宁。济世安民，本我性分，况受君托，俾之克尽。养以俸薪，荣以爵位，岂以文章，令我富贵？我自点检，称塞几何，食浮于功，一饭为多。如何入官，此心遂纵，志得意骄，惟知尊重。族旗鼓吹，数里扬尘，奔走百司，饥困千人。筵设庭陈，绮靡丰洁，但恨弗精，宁怜膏血。心不念民，口不谈政，养交市恩，论资计俸。饥者汝饥，寒者汝寒，尔自尔民，我自我官。职业伊何？簿书有吏。人品伊何，此心难昧。以官岂不显？家岂不赢？国民两负，肥得此躬。以智以力，犹足自全，天鉴有赫，子孙可怜。我言惟激，我心更切，殷勤吾党，慎无乐尊。①

这里所刻画的那种未做官前，拍马迎合以求官，做了小官又靠溜须拍马以求升迁；得势前，忍气吞声，得势后便"志得意骄"，为所欲为的状况，在晚明仕宦阶层是比较普遍的。他说："夫纳贿者，非金珠币帛之谓也。我喜谀，则人以称颂为贿；我恶谤，则人以弥缝为贿；我有所喜，则人以荐引为贿；我有所恶，则人以排挤为贿；我有所欲行，则人以将顺为贿；我有所好尚，则人以趋向为贿。此之为贪，甚于金帛。"② 而"做上官底只是要尊重，迎送欲远，称呼欲尊，拜跪欲恭，供具欲丽，酒席欲丰，骏从欲都，伺候欲谨。行部所至，万人负累，千家愁苦，即使于地方有益，苍生所损已多。及问其职业，举是誉文滥套，纵虎狼之吏胥骚扰传邮，重琐尾之文移督绳郡县，括奇异之货币交结要津，习圆软之容辞纲罗声誉。至生民疾苦，若聋瞽然。岂不骤贵躐迁，然而显负君恩，阴触天怒，吾党耻之"③，诸如此类，限于篇幅，不作多述。总之，吕坤在揭露晚明吏治腐败和官场昏暗时，实际上对王权专制政治下仕宦心态也进行了批判性分析。

① 《去伪斋集》卷七，《吕坤全集》，上册，第 405～406 页。
② 《去伪斋集》卷四《与相国沈龙江座师》，《吕坤全集》，上册，第 151 页。
③ 《呻吟语》卷五"外篇·治道"，《吕坤全集》，中册，第 863 页。

这种揭露和批判以及由此引发出的居官为政当以"有利于民者悉修举之，有害于民者悉扫除之"为"真正道理"等主张，不仅在思想史上有价值意义，而且今人亦能从中受到启迪。

"以理抗势"，是吕坤提出的重要政治主张。这是对先秦儒家"以德抗位"精神的继承和发展。孔子已注意到道与王、道统与政统的矛盾，故提出"以道事君"（《论语·先进》）的原则；孟子则进一步提出"以德抗位"的观点，认为"天下有达尊三：爵一，齿一，德一"（《孟子·公孙丑下》），"爵""齿""德"作为不同类型的价值标准适用于不同领域，"朝廷莫如爵，乡党莫如齿，辅世长民莫如德"（同上）。就是说，政权系统里，以权力大小和爵位高低为标准；日常社会生活中，以辈分年纪为尊；而在治国理民的政治原则上，则应以德为本。他还认为，"德"与"爵"相比更为重要："将大有为之君，必有所不召之臣。欲有谋焉则就之。其尊德乐道不如是，不足与有为。"（同上）他把权势地位称为"人爵"，而把仁义道德视作"天爵"，说："古之人修其天爵，而人爵从之；今之人修其天爵而要人爵，既得人爵而弃其天爵，则惑之甚者也，亦终必亡而已矣。"（《孟子·告子下》）所以，作为"天爵"的"道"高于作为"人爵"的"势"，而当二者发生矛盾时，儒者当"以德抗位""以道抗势"；或者必须对这二者作出选择时，儒者理应先"道"而后"势"，甚至舍"势"从"道"。吕坤继承、发扬孔孟的这种思想传统，基于"天地间惟道贵，天地间人惟得道者贵。"① 的认识而明确提出：

> 公卿争议于朝，曰天子有命，则屏然不敢屈直矣。师儒相辩于学，曰孔子有言，则寂然不敢异同矣。故天地间，惟理与势为最尊，虽然，理又尊之尊也。庙堂之上言理，则天子不得以势相夺，即相夺焉，而理则常伸于天下万世。故势者，帝王之权也；理者，圣人之权也。帝王无圣人之理，则其权有时而屈。然则理也者，又势之所恃以为存亡者也。以莫大之权无僭窃之禁，此儒者之所不辞而敢于任斯道之南面也。②

---

① 《呻吟语》卷五"外篇·品藻"，《吕坤全集》，中册，第794页。
② 《呻吟语》卷一"内篇·谈道"，《吕坤全集》，中册，第645~646页。

他显然是以"理"尊于"势",认为天子之"势"亦须从"理",儒者自然更须从"道"而不可屈"势"从"君"。在他看来,"士之所以可尊可贵者,以有道也"①,故"以理矫君"乃儒者之责,君子之事君,务引其君以当道,志于仁而已,而"君不我用,在国何为?"儒者自应"以理去国"②。并且,吕坤进而认为:"夫道,人人能言之,人人得言之矣。"③ 故而不仅儒者要"以理抗势",就是"匹夫匹妇"亦应如是:"匹夫匹妇未可轻,而下士寒儒其自视亦不可渺然小也。故论势分,只抱关之吏亦有所下以伸其尊;论性分,则尧舜与途人可揖让于一堂。论心谈道,孰贵孰贱?孰尊孰卑?故天地间惟道贵,天地间人惟得道者贵。"④ 因此,真理面前人人平等,以"势"压"理"绝难服人:"匹夫有不可夺之志,虽天子亦无可奈何。天子但能令人死,有视死如饴者,而天子之权穷矣。然而竟令之死,是天子自取过也。不若容而遂之,以成盛德。是以圣人体群情,不敢吏人之志,以伤天下之心,以成己之恶。"⑤ 这使得吕坤的启蒙儒学思想体现出民主精神特质。

尽管吕坤也有"公论出于学校"⑥ 的积极主张,但他主要是通过继承发展先秦儒家传统而提出其"以理抗势"说的,此说的精神核心"是以学术批导政治,以伦理转化政治、干预政治",它"在政治上是进步的、可贵的,但又是软弱的、不现实的。只有否定封建体制,建立并发展'以势抗势'、'分权制衡'的民主政治体制,才是解决中国政治出路的所在"⑦,不过,我们不必苛责先贤。我们不能要求生活在晚明时期的吕坤设计出"'以势抗势'、'分权制衡'的民主政治体制",而应看到作为处于中国前近代社会晚期,并且思想文化又出现了向近代转化性发展迹象之时代的早期启蒙思想家,他不仅提出"以理抗势"说,而且身体力行,刚正不阿,

① 《呻吟语》卷一"内篇·存心",《吕坤全集》,中册,第628页。
② 《去伪斋集》卷五《答冢宰孙立亭》,《吕坤全集》,上册,第222页。
③ 《去伪斋集》卷三《易广序》,《吕坤全集》,上册,第82页。
④ 《呻吟语》卷五"外篇·品藻",《吕坤全集》,中册,第794页。
⑤ 《呻吟语》卷五"外篇·治道",《吕坤全集》,中册,第850页。
⑥ 《去伪斋集》卷五《答通学诸友论优免》,《吕坤全集》,上册,第249页
⑦ 马涛:《吕坤评传》,第68页,南京大学出版社,2000。

每遇国家大议，必持正论，不为首鼠①，并且敢于"犯颜直谏"，"强君矫君"。万历二十二年（1594），前礼部尚书董份、前祭酒范应期家居，专横跋扈，多有不法行为。清介耿直、嫉恶如仇的右副都御史王汝训奉旨巡按浙江，查实后遂与以强直著称的浙江巡按御史彭应参一道合力对当地豪右恶霸加以打击，对董、范二人及其家族多有裁抑。范应期父子畏罪自缢而亡，董份竟嗾使范妇吴氏上京诬告，并"遍嘱当路者"，致使"神宗怒，逮应参，罢巡抚王汝训"（谈迁：《国榷》卷七十六）。吕坤时任刑部左侍郎，深知王、彭之屈，遂不惧天子震怒而上疏为彭、王二位辩诬，略云："当范氏初奏时，皇上赫然大怒，系逮御史，天威严重，谁不怵焉夺气？（但）御史奉天子明命，代守一方，扶弱锄强，乃其职分。《大明律》一部见在，皇上试一检之，御史有何座条当坐？夫御史，天子之重臣；巡按，一方之重寄。祖宗二百年所以豪强不肆，良善得生，俾社稷安于磐石者，此一官之力也。今以自尽人命扭解之，因禁之，妇女挫辱于庭，仆隶凌辱其侧，并跪杂鞫，天下之御史已伤心丧气，朝廷之纪纲已摧毁无余矣，而又欲加无罪之罪，如天日难欺何？如公论难泯何！"（《神庙留中奏疏汇要》"刑部"卷四）此疏虽然留中不发，但是，新吾坚信"为人辩冤白谤，是第一天理"②。他不惧圣怒而敢于为冤者申辩、为弱者抗争的精神已永存史册（《宁陵县志》即称他"坚守一说，屹屹不为所动"）。又据《宁陵县志》卷九《人物志》记，万历二十五年（1597）四月，时任刑部右侍郎的吕坤，上《忧危疏》，纵论时务，直陈安危，猛烈抨击万历帝朱翊钧的昏庸与贪婪，招致雷霆震怒。奸臣乘机诬劾，"中以奇祸，举朝为危"，而吕坤不辩一言，"引疾乞休，疏凡五上"，中旨许之，从此结束了他二十余年的仕宦生涯。总之，吕坤的铮铮风骨，难能可贵，时至今日仍令人钦佩。

三

吕坤自撰《墓志铭》，谓其"恨旧染之予污也，自号新吾"。他在

---

① 黄宗羲《明儒学案》卷五十四《诸儒学案下二》称吕坤："每遇国家大议，先生持正，不为首鼠，是以小人不悦。"
② 《呻吟语》卷一"内篇·存心"，《吕坤全集》，中册，第624页。

《新吾箴》中对其自号"新吾"释云："有天地时便有吾，则吾者，旧吾也。自吾生，而旧者新矣。身新而洁，心居新身而未变，是吾新乃吾旧也。情窦开而吾身与吾心俱染矣，日开则日染矣。至染日积，忘其为染，遂若本来时。嗟嗟！兹不知其为何如人？以为旧邪，非吾旧时旧矣；以为新邪，非吾新时新矣。余将去新后之旧，还旧时之新，乃自号曰新吾。新吾！新吾！汝不能洗旧日之旧，即他日还，亦无颜面见昔日之旧矣。"① 其所以自号"新吾"，非如有些学者所说"蕴含有复归纯净天理的修养深意"②，乃是要追求真我。《呻吟语》卷一记：

> 人问：君是道学否？曰：我不是道学。是仙学否？曰：我不是仙学。是释学否？曰：我不是释学。是老、庄、申、韩学否？曰：我不是老、庄、申、韩学。毕竟是谁家门户？曰：我只是我。③

这"我只是我"，便是吕坤中年以后逐渐摆脱理学束缚④而自号新吾的宣言。这个"只是我"的"我"，绝无假伪，是纯真之我："士君子只求四真，真心、真口、真耳、真眼。真心无妄念，真口无杂语，真耳无邪闻，真眼无错识。"⑤ 正因如此，他才会又自称"抱独居士"，反对随波逐流，强调学者必须保持独立人格，坚持自己的主张："此心果有不可昧之真知，不可强之定见，虽断舌可也，决不可从人然诺。"⑥ 他依此而在学术思想上倡扬独立自得的精神，并据之而提出一系列有别于正宗儒学传统的新观念。

吕坤不迷信儒经，更反对盲从后儒传注，指出：

> 言语者，圣人之糟粕也。圣人不可言之妙，非言语所能形容。

---

① 《去伪斋集》卷七，《吕坤全集》，上册，第 402 页。
② 马涛：《吕坤评传》，第 1 页，南京大学出版社，2000。
③ 《吕坤全集》，中册，第 664 页。
④ 吕坤自谓："仆少年自《省心纪》入，苦自束缚，而中年以后，渐自解脱。"（《去伪斋集》卷四《答礼部康庄衢》，《吕坤全集》，上册，第 171 页）
⑤ 《呻吟语》卷二"内篇·修身"，《吕坤全集》，中册，第 694 页。
⑥ 《呻吟语》卷一"内篇·存心"，《吕坤全集》，中册，第 616 页。

汉、宋以来解经诸儒，泥文拘字，破碎牵合，失圣人天然自得之趣，晦天下本然自在之道，不近人情，不合物理，使后世学者无所适从。且其负一世之高名，系千古之重望，遂成百世不刊之典。后学者岂无千虑一得，发前圣之心传而救先儒之小失？然一下笔开喙，腐儒俗士不辨是非，噬指而惊，掩口而笑，且曰："兹先哲之明训也，安得妄议？"噫！此诚拟好古之义也。泥传离经，勉从强信，是先儒阿意曲从之子也。昔朱子将终，尚改《诚意》注说，使朱子先一年而卒，则《诚意》章必非精到之语；使天假朱子数年，所改宁止《诚意》章哉！"①

他信奉"道"，以为"先圣之言煨于秦火，杂于百家，莠苗朱紫，使后学尊信之而不敢异同，吾师道"②，而其所谓"道者，天下公共之理，人人都有分底。道不自私，圣人不私道，而儒者每私之，曰"圣人之道"，言必循经，事必稽古，曰"卫道"。嗟夫！此千古之大防也，谁敢决之？然道无津涯，非圣人之言所能限；事有时势，非圣人之制所能尽。后世苟有明者出，发圣人所未发，而默契圣人欲言之心；为圣人所未为，而吻合圣人必为之事，此固圣人之深幸而拘儒之所大骇也。呜呼！此可与通者道，汉、唐以来鲜若人矣。"③"道非圣人所得专也，圣人亦未尝专道。亘古分，盈六合，瓦烁厕腧间，何莫非道？……万物皆有象以显道，不必《图》；万物皆可指以尽道，不必卦与爻也。"④ 这就一举打破"圣人"即真理的迷信，把"道"由"圣人"的专断下落而为"人人都有分底""天下公共之理"，这在当时无疑有着振聋发聩的启蒙作用。吕坤强调"悟者吾心也，能见吾心便是真悟"，认为"要体认，不须读尽古今书，只一部《千字文》，终身受用不尽。要不体认，即《三坟》以来卷卷精熟，也只是个博学之士，资谈口，侈文笔，长盛气，助骄心耳。故君子贵体认"⑤。他据此

---

① 《呻吟语》卷六"外篇·词章"，《吕坤全集》，中册，第 896 页。
② 《呻吟语》卷一"内篇·谈道"，《吕坤全集》，中册，第 643 页。
③ 《呻吟语》卷一"内篇·谈道"，《吕坤全集》，中册，第 642 页。
④ 《去伪斋集》卷三《易广序》，《吕坤全集》，上册，第 82 页
⑤ 《呻吟语》卷二"内篇·问学"，《吕坤全集》，中册，第 708 页。

而提出一种独特的"体道"方法："默契之妙，越过《六经》千圣，直与天谈，又不须与天交一语，只对越仰观，两心一个耳。"① 这显然是对儒经和圣贤的超越。因此，在治学方面，吕坤主张"学者只看得世上万事万物种种是道，此心才觉畅然"②，"休蹑着人家脚跟走，此是自得学问"③；而在做人上，他主张，"不为三氏奴婢，便是三间翁主。三氏者何？一曰气质氏，生来气禀在身，举动皆其作使，如勇者多暴戾，懦者多退怯是已。二曰习俗氏，世态既成，贤者不能自勉，只得与世浮沉，与世依违，明知之而不能独立。三曰物欲氏，满世皆可滞之物，每日皆殉欲之事，沉痼流连，至死不能跳脱。魁然七尺之躯，奔走三家之门，不在此则在彼。降志辱身，心安意肯，迷恋不能自知，即知亦不愧愦，大丈夫立身天地之间，与两仪参，为万物灵，不能挺身自竖而倚门傍户于三家，轰轰烈烈，以富贵利达自雄，亦可怜矣。予即非忠臧义获，亦豪奴悍婢也，咆哮踯躅，不能解黏去缚，安得挺然脱然独自当家为两间一主人翁乎！可叹可恨"④。

对于"近日学问，不归陆则归朱，不攻陆则攻朱。假设推尊两家，是于陈卷中多漆故纸；驳正两家，是于聚讼中起灭官词"⑤ 的风习，吕坤极为不满。他虽盛赞王阳明的事功，但对其学多有批评，尤责阳明后学"刻意讲学，尚是傍人脚跟走，无一副自家天趣，替宋儒添卷宗"⑥。他看似持守程朱理学立场，但绝非"为程朱卫道"⑦ 者，而是批评宋儒"议论如茧丝牛毛，绳墨如躔橇缘榷"⑧，告诫学者要入道"且休著宋儒横其胸中"⑨，"宋儒聚讼纷纭语且莫理会，只理会自家，何等简捷！"⑩ 他反对"开口便讲学脉，便说本体"⑪ 的理学玄谈，当门人数次请问"无极""太极"以

① 《呻吟语》卷二"内篇·问学"，《吕坤全集》，中册，第708页。
② 《呻吟语》卷一"内篇·谈道"，《吕坤全集》，中册，第642页。
③ 《呻吟语》卷二"内篇·问学"，《吕坤全集》，中册，第717页。
④ 《呻吟语》卷二"内篇·修身"，《吕坤全集》，中册，第700页。
⑤ 《去伪斋集》卷五《答姜养冲》，《吕坤全集》，上册，第218页。
⑥ 《去伪斋集》卷四《答大宗伯孙月峰》，《吕坤全集》，上册，第153页。
⑦ 马涛：《吕坤评传》，第299页，南京大学出版社，2000。
⑧ 《去伪斋集》卷四《答大宗伯孙月峰》，《吕坤全集》，上册，第153页。
⑨ 《呻吟语》卷四"外篇·品藻"，《吕坤全集》，中册，第788页。
⑩ 《呻吟语》卷二"内篇·修身"，《吕坤全集》，中册，第700页。
⑪ 《呻吟语》卷一"内篇·谈道"，《吕坤全集》，中册，第639页。

及 "理" "气" "性命" 等问题时，他说："此等语，予亦能勒先儒之成说及一己之谬见以相发明，然非汝今日急务，假若了悟性命，洞达天人，也只于性理书上添了'某氏曰'一段言语，讲学衙门中多了一宗案卷。后世穷理之人信彼驳此，服此辟彼，百世后汗牛充栋，都是这桩话说，不知于国家之存亡、万姓之生死、身心之邪正，见在得济否？"① 吕坤更批评程朱理学家 "求以明道而穿凿附会之谈，失平正通达之旨"②，"寻出甚高难行之事，玄冥隐僻之言，怪异新奇偏曲幻妄以求胜，不知圣人只是个庸常"③。就其思想危害性而言，甚于异端："人皆知异端之害道，而不知儒者之言亦害道也。见理不明，似是而非，或骋浮词以乱真，或执偏见以夺正，或狃目前而昧万世之常经，或徇小道而溃天下之大防，而其闻望又足以行其学术，为天下后世人心害良亦不细。是故有异端之端，有吾儒之异端。异端之异端，真非也，其害小；吾儒之异端，似是也，其害大。有卫道之心者，如之何而不辩哉？"④

当然，吕坤也通过讨论一些理学问题，并在这种讨论中使用一些理学概念或命题来阐述他自己的观点。如其在人性论上使用 "义理之性"（即 "天地之性"）和 "气质之性" 的概念，认为前者是绝对的至善，后者则有善有恶，这与朱熹的观点并没有多大区别，但他又认为 "气质之性" 也是人性的有机组成部分："义理之性有善无恶，气质之性有善有恶。气质亦天命于人而与生俱生者，不谓之性可乎？"⑤ 同样，"道心" 和 "人心" 也是须臾不两离的：

> 性字从生、从心。道心是天生之心，人心亦天生之心。此二心者，与生俱生，与形俱形。道心不是先，人心不是后；道心不是内，人心不是外。……道心者，义理之性；人心者，气质之性。人心、道心不是两个，故曰 "天理人欲，同行异情"。不惟是也，物欲与气质

---

① 《呻吟语》卷一 "内篇·谈道"，《吕坤全集》，中册，第 644 页。
② 《呻吟语》卷一 "内篇·谈道"，《吕坤全集》，中册，第 643 页。
③ 《呻吟语》卷一 "内篇·谈道"，《吕坤全集》，中册，第 641 页。
④ 《呻吟语》卷一 "内篇·谈道"，《吕坤全集》，中册，第 645 页。
⑤ 《呻吟语》卷一 "内篇·性命"，《吕坤全集》，中册，第 611 页。

也不是两个，物欲者，气质之物欲也。①

在他这种人性论中，"义理之性"虽然仍居于宇宙至善、人生根本的尊位，实际上已经被解除了武装，再也不能随时随而又巨细无遗地对人的"情""欲"实施威权性支配了。并且，由于义理之性与气质之性一体不分，都属于人之自然，则人之"情""欲"也就是天理，或者说是有待于雕琢、修正的天理，而不是作为天理之遮蔽物的、有待摒除的负面对象物。这样，天理不再是高高在上的绝对者，而只是成为宇宙之自然的"事理"。吕坤依据这种人性论，反复申论"人心""人欲"的正当性和重要性，并对理学家"存理去欲"的说教予以批判，如谓：

> 天理人欲，同行异情；道心人心，本同一贯。离人心何以见道？无人心何以为道？后来如佛、老，每离人心觅道心，故绝情去智，出世离伦。圣人不外人情求天理，故以人治人，因物付物。一之云者，合人心、道心而同之也。元气赖谷气以存，无谷气则无元气，毋令伤食而已。火传薪而有，无薪则无火，毋令生烟而已。理乘气为有无，气散则理还太虚，毋令害道而已。耳、目、口、鼻之欲，皆人心也，皆气也。圣人亦人耳，诈能灭人心而去之乎？同人心之欲恶，缘人情为礼法，故圣人不远人以为道，不已甚以矫俗，知人心不可无，务道心合而为一，合而为道耳。②

他又说："耳目口鼻四肢有何罪过？尧舜周孔之身都是有底；声色货利可爱可欲有何罪过？尧舜周孔之世都是有底。"③ 吕氏这些观点同王廷相、罗钦顺、王夫之、戴震等所主张的"理者，存乎欲者也"（戴震：《孟子字义疏证》卷上）、"人欲之各得，即天理之大同"（王夫之：《读四书大全说》卷四）的思想一样，具有迈向近代的早期启蒙性意义，而与程朱理学有着本质区别。

---

① 《去伪斋集》卷六《论性》，《吕坤全集》，上册，第 266 ~ 267 页。
② 《去伪斋集》卷六《虞书十六字解》，《吕坤全集》，上册，第 282 页。
③ 《呻吟语》卷一"内篇·谈道"，《吕坤全集》，中册，第 656 页。

因为欲望不再是完全一己性的负面的东西，所以，它作为问题就只能是相互之间的协调问题——它本身的存在不再是问题，则所谓对它的矫正就不是"灵魂深处爆发革命"式的克除，而是对相互纠缠的个体之私的调整。于是，政治便不再仅仅是立足于个体的道德修养问题，而且是一个关于社会治理的技术操作问题。因此，吕坤一方面指出：

> "公"、"私"两字是宇宙的人鬼关，若自朝堂以至闾里，只把持得"公"字定，便自天清地宁、政清讼息。只一个"私"字，扰扰的不成世界。①

认为"只大公了，便是包含天下气象"②。另一方面又强调人的基本欲望理应得到满足，这便是体现为"天理之公"的物理人情。他说："世间万物皆有所欲，其欲亦是天理人情。天下万世公共之心，每怜万物有多少不得其欲处。有余者盈溢于所欲之外而死，不足者奔走于所欲之内而死，二者均伤生之道也。常思天地生许多人物，自足以养之。然不得其欲者，正缘不均故耳。"③ 他把"均"作为调节现实生活中不同群体利益关系，从而使社会达致和谐的基本原则："为人上者，只是使所治之民个个要聊生，人人要安分，物物要得所，事事要协宜。"④ "圣人在上，能使天下万物各止其当然之所，而无陵夺假借之患，夫是之谓各安其分而天地位焉。能使天地万物各遂其同然之情而无抑郁倔强之态，夫是之谓各得其愿而万物育焉。"⑤ 尽管正如沟口雄三所指出的，这是以传统的万物一体思想为背景的⑥，但吕坤这种以为万物并育不害，各得其欲，同保其生，便是天理之公的思想，毕竟把"那种舍弃个体之私的公，即皇帝一己之私所带来的并不存在的强加于天下人的所谓天下之公，在原理上被否定了。'公'以天下的个体之私为媒体，成为统一在更高层次上的'公'。个体之私与公并

---

① 《呻吟语》卷三"内篇·应务"，《吕坤全集》，中册，第 749 页。
② 《呻吟语》卷五"外篇·治道"，《吕坤全集》，中册，第 823 页。
③ 《呻吟语》卷五"外篇·治道"，《吕坤全集》，中册，第 839 页。
④ 《呻吟语》卷五"外篇·治道"，《吕坤全集》，中册，第 817 页。
⑤ 《呻吟语》卷五"外篇·治道"，《吕坤全集》，中册，第 819 页。
⑥ 沟口雄三：《中国前近代思想之曲折与展开》，上海人民出版社，第 16 页。

非是对立的，个体之私贯通于'公'"①。这样，天理之公，不再凭着
"一"之理的绝对者的地位而被虔敬地体悟，而是作为个别的多样性关系
的条理，在现实的层面上为人们所认识。而且，总之，吕坤以"世间万物
皆有所欲，其欲亦是天理人情。天下万世公共之心，每怜万物有多少不得
其欲处。有余者，盈溢于所欲之外而死；不足者，奔走于所欲之内而死。
二者均，俱生之道也。常思天地生许多人物，自足以养之，然而不得其欲
者，正缘不均之故耳。此无天地不是处，宇宙内自有任其责者。是以圣王
治天下不说就说平，其治平之术只是絜矩，絜矩之方只是个同好恶"②。他
的启蒙儒学思想虽未彻底否定专制政治下的等级制度，也不可能有消灭阶
级的主张，但其中确实蕴含着"公正""平等"之义③，如其曰："'公正'
二子是撑持世界底，没了这二字，便塌了天。"④ 云："'平'之一字极有
意味，所以至治之世只说个天下平。"⑤ 谓："天下所望于圣人，只是个
"安"字；圣人所以安天下，只是个"平"字。平则安，不平则不安
矣。"⑥ 这在客观上左袒了普通民众，尤其是处于社会底层的劳动者，在中
国儒学史以至整个思想文化史上有着十分重要的意义。

四

吕坤的启蒙儒学思想，以重民为基本宗旨。他之重民，当然是由孔孟
以来的儒学传统而来的。他认为，"'尧、舜事功，孔、孟学术'，此八字是
君子终身急务。或问：尧、舜事功，孔、孟学术，何处下手？曰：以天地
万物为一体，此是孔、孟学术；使天下万物各得其所，此是尧、舜事功：
总来是一个念头"⑦。故自谓其"讲学只主六字，曰：天地万物一体。或

---

① 沟口雄三：《中国前近代思想之曲折与展开》，上海人民出版社，第 17 页。
② 《呻吟语》卷五"外篇·治道"，《吕坤全集》，中册，第 839 页。
③ 吕坤在《呻吟语》卷五"外篇·治道"中说："法至于平，尽矣，君子又加之以恕。乃
　知平者，圣人之公也；恕者，圣人之仁也。彼不平者加之以深，不恕者加之以刻，其伤
　天地之和多矣。"（《吕坤全集》，中册，第 827 页）
④ 《呻吟语》卷五"外篇·治道"，《吕坤全集》，中册，第 866 页。
⑤ 《呻吟语》卷五"外篇·治道"，《吕坤全集》，中册，第 846 页。
⑥ 《呻吟语》卷五"外篇·治道"，《吕坤全集》，中册，第 824 页。
⑦ 《呻吟语》卷二"内篇·问学"，《吕坤全集》，中册，第 707 页。

曰：公亦另立门户邪？曰：否！只是孔门一个‘仁’字”①。吕坤深悉民间
疾苦，真诚同情处于社会底层的普通民众。他对创造财富的劳动者竟冻馁
而亡感到十分痛心："天下之财，生者一人，食者九人；兴者四人，害者
六人。其冻馁而死者，生之人十九，食之人十一。其饱暖而乐者，害之人
十九，兴之人十一。呜呼！可为伤心矣。三代之政行，宁有此哉！"②斥责
豪强地主重利盘剥，致使雇佃者终年劳苦仍不免冻馁："梁宋间，百亩之
田不亲力作，必有庸佃。庸佃者，主家之手足也。夜警资其救护，兴修赖
其筋力，杂忙赖其使令。若不存恤，何以安生？近见佃户缺食，便向主家
称贷，轻则加三，重则加五，谷花始收，当场扣取，勤动一年，依然冻
馁。有仁心者，肯如是乎？"③深刻认识到当些社会矛盾和危机的根源就在
于富人对穷人的残酷掠夺和剥削。他又反映河工、驿夫之劳苦道："在工
诸役，夜卧沮洳风雪之河干，昼劙带水连冰之埏底；除夕元旦，依然在
工；官不归私衙，民不离信地，逮春末夏初，寒湿之所渐染，饥劳之所损
伤，死于工所者，奚翅万人。无主者，掩骼埋胔，几于无地；有家者，舆
尸负骨，哭声震天。其扶病还家，拥肿瘠羸，三五相将，倚树侧卧田间而
死者，不可胜计。"④"百姓之差，驿递为重，而驿递之差，轿扛为重。招
募贫民，一日才行银二分耳，一身衣食，八口供养取给焉。驿递官常例，
造册工食，循环使费取给焉。甚者站银开领，后时差冗，典衣赔雇，腹饥
担重，力尽途长，肩凝堑靛之伤，项结覆盆之瘿，如此民艰，仁人陨
泪。"⑤如此等等，在他的论著中所在多有。吕坤还揭示贫苦劳动者是因饥
寒所迫而不得不为"盗"，奋起抗争的。他抨击专制君主为一己之私而残
贼百姓，"使一人肆于民上而剥天下以自奉"⑥；认为："养道，民生先务、
有司首政也。故孔子答子贡之问政，曰‘足食’。答冉有之在卫，曰‘富
之’。王道有次第，舍养而求治，治胡以成？求教，教胡以行？无垣产有

---

① 《呻吟语》卷二"内篇·问学"，《吕坤全集》，中册，第717页。
② 《呻吟语》卷五"外篇·治道"，《吕坤全集》，中册，第840页。
③ 《实政录》卷二"民务·小民生计"，《吕坤全集》，中册，第947~948页。
④ 《去伪斋集》卷五《与总河漕嗣山论河》，《吕坤全集》，上册，第235页。
⑤ 《去伪斋集》卷一《摘陈边计民艰疏)，《吕坤全集》，上册，第23页。
⑥ 《呻吟语》卷五"外篇·治道"，《吕坤全集》，中册，第845~846页。

恒心，士且不敢人人望，况小民乎？"①"足民，王政之大本。百姓足，万政举；百姓不足，万政废。"②他在《呻吟语》卷五"外篇·治道"中说："余每食虽无肉味，而蔬食菜羹尝足。因叹曰：嗟夫！使天下皆如此，而后盗可诛也。枵腹菜色，盗亦死，不盗亦死，夫守廉而俟死，此士君子之所难也。奈何以不能士君子之行而遂诛之乎？此富民为王道之首务也。"在《盗对》中又再次代贫苦民众发出"始予为饥寒所驱，盗亦死，不盗亦死"的呼声。他以"天生百姓，非以养缙绅；朝廷设官，凡以安百姓"③，为官者要"以伊尹之志为己任，以社稷苍生为己责"：

> 社稷之命脉系苍生，苍生之命脉寄衣冠之士。而今斯世斯民是何景象？此仁人君子之所掩泣谭，义士忠臣之所扼腕愤者也。……伊、周事业，惟吾辈能之；而俾天下苍生各得其所者，伊、周事业也。今之缙绅满中外矣，谈及世道，辄诿之曰"吾君"。嗟嗟！吾君之所不掣肘而听令便宜，及三令五申责成吾辈者岂少哉？第观四海之政，除两藩诸垱，谁何不得且徐徐外，然事权在大吏郡邑者不多也。然而苍生嗷嗷未得安抚者，宁独饥寒哉？睹此民情，宁不痛痒？而今世界，打成一片牢不可破之熟套，总之不念民生，奔走世态。轿上人一副心肠，可以盟天地质鬼神乎？高者诗酒自娱，簿书是勤，苍生自是蔡人，不仇雠视之鱼肉脧之足矣。朝廷建官，岂为是哉？④

他对当时官场"不念民生，奔走世态"，"打成一片牢不可破之熟套"的腐败现象深恶痛绝，竭力主张要把为民谋利，解决民众生存问题作为首要急务。他说："为人上者，只是使所治之民个个要聊生，人人要安分，物物要得所，事事要协宜，这是本然职分。遂了这个心，才得畅然一霎欢，安然一觉睡。稍有一民一物一事不妥贴，此心如何放得下？何者？为一郡邑长，一君邑皆待命于我者也。为一国君，一国皆待命于我者也。为

---

① 《实政录》卷二"民务·小民生计"，《吕坤全集》，中册，第944页。
② 《呻吟语》卷五"外篇·治道"，《吕坤全集》，中册，第827页。
③ 《去伪斋集》卷一《摘陈边计民生艰疏)，《吕坤全集》，上册，第25页。
④ 《去伪斋集》卷五《贺侍御候碧塘》，《吕坤全集》，上册，第208～209页。

天下主，天下皆待命于我者也。无以答其望，何以称其职？何以居此位？夙夜汲汲图维之不暇，而暇于安富尊荣之奉，身家妻子之谋，一不遂心而淫怒是逞邪？夫付之以生民之寄，宁为盈一己之欲哉？试一反思，便当愧汗。"[1] 而他把自己所主张的完全付诸其为政实践之中，如"知襄垣县，躬亲讲劝，专务德化，政暇即单骑巡行阡陌，督耕课农，树艺桑麻，疏渠凿井，视县事若家事，视民产若己产。卒作兴事，不惮劳瘁"（李颙：《四书反省录》卷五），这使他受到民众们的衷心爱戴。总之，吕坤基于其"以天地万物为一体"的仁爱情怀而追求均平理想在他所理想的社会里，万事万物各得其所，人民群众各得其分；没有冤抑愤懑，一切都是公平美满的。

如果止于上述这些，尽管已很可贵，却还只是表明吕坤从情感、思想到为政实践，都体现出真正儒者的仁爱情怀。而更为重要并特别值得人们关注的，乃是其对民的价值意义的彰显。他这方面的思想体现了十六至十七世纪的时代精神，而成为其启蒙儒学思想最具特色之处。

在人类社会历史上，"无论不从事生产的社会上层发生什么变化，没有一个生产者阶级，社会就不能生存。因此，这个阶级在任何情况下都是必要的，虽然会有一天它将不再是一个阶级，而是包括整个社会"（恩格斯：《必要的和多余的阶级（1881 年 8 月 1 - 2 日）》，《马克思恩格斯全集》第十九卷，第 315 页）。"全人类的首要生产力就是工人，劳动者"（列宁：《关于用自由平等口号欺骗人民（1919 年 5 月 19 日），《列宁选集》第三卷第 843 页》。"任何一个民族，如果停止劳动，不用说一年，就是几个星期，也要灭亡。这是每一个小孩都知道的"（马克思：《致路·库格曼（1868 年 7 月 11 日）》，《马克思恩格斯选集》第四卷，第 368 页）。吕坤当然不可能有历史唯物主义者那种把人民群众视为创造历史真正动力的自觉意识，但他诘问统治阶层道：

> 吃这一箸饭是何人种获底？穿这一匹帛是何人织染底？大厦高堂如何该我住居？安车驷马如何该我乘坐？获饱暖之休，思作者之劳；

---

[1] 《呻吟语》卷五"外篇·治道"，《吕坤全集》，中册，第 817 页。

享尊荣之乐，思供者之苦。此士大夫日夜不可忘情者也。不然，其负斯世斯民多矣。①

清醒认识到农夫织妇是天下物质财富的创造者，故而指出："取天下，守天下，只在一种人上加意念，一个字上做工夫。一种人是那个？曰'民'。一个字是甚么？曰'安'。"② 但是，主要由士大夫构成的统治阶层又有几人能懂得这"每一个小孩都知道的"常识性道理？"生小弄文墨，不识耒与耜。谓此耒耜人，赖我文墨士。国家富贵之，托以保赤子。此道久衰微，言之令人訾。尽地几物力，弥宇繁生齿。均之犹不足，专也孰堪此？所望于苍穹，溥天同一视。不生富贵人，贫贱安得死？禄食已自丰，列鼎拖金紫。况复恣陵夺，虎虎而封豕。我亦轩冕徒，久浚民膏脂。福泽还世间，长啸归无始。"③ 这实际指责"'文墨之士'的'士大夫'是剥削贫苦人民的罪人！"④ 基于这样的认知，吕坤真切地说："'民胞物与'，子厚胸中合下有这般著痛著痒心，方说出此等语，不然只是做戏的一般，虽是学哭学笑，有甚悲喜？故天下事只是要心真。二帝三王亲亲仁民爱物，不是向人学得来，亦不是见得道理当如此。曰亲，曰仁，曰爱，看是何等心肠？只是这点念头恳切殷浓，至诚恻怛，譬之慈母爱子，由不得自家，所以有许多生息爱养之政。"⑤ 这样的思想，无疑比那些正宗儒者泛论"仁爱"空谈"民本"要深刻而又富含现实理性。

"高资者最愚蠢，卑贱者最聪明"（中共中央文献研究室编《毛泽东年谱》第3册，第352页）。作为物质财富创造者的普通人民群众，才是"道"的真正载体，故其在闻见之知上远高于统治者。吕坤指出："愈上则愈聋瞽，其壅蔽者众也。愈下则愈聪明，其见闻者真也。故论见闻，则君之知不如相，相之知不如监司，监司之知不如守令，守令之知不如民。论壅蔽，则守令蔽监司，监司蔽相，相蔽君。惜哉！愈下之真情不能使愈上

① 《呻吟语》卷三"内篇·应务"，《吕坤全集》，中册，第748页。
② 《呻吟语》卷五"外篇·治道"，《吕坤全集》，中册，第855页。
③ 《去伪斋集》卷十《反挽歌七首·三》，《吕坤全集》，上册，第593页。
④ 马涛：《吕坤评传》，南京大学出版社，第75页，2000。
⑤ 《呻吟语》卷五"外篇·治道"，《吕坤全集》，中册，第817页。

者闻之也。"① 层层向上，直至君主，闻见越来越壅塞，真知越来越少；与之形成对照，"愈下则愈聪明，其见闻者真也"。他的这种思想否定了传统儒学所谓"民者，瞑也"（《春秋繁露·深察名号》）的陈腐之见，至今仍有重要的价值意义②。

吕坤不仅肯认普通民众的人格尊严，指出"市井负贩之徒，可以等王公者，惟其为人耳，是以圣人不轻匹夫"③，而且还从本体论上确认普通劳动民众的价值意义，明谓："盈天地间只靠二种人为命，曰农夫、织妇。却又没人重他，是自戕其命也。"④ 作为本体的"盈天地间"者，不再是宋明理学家们反复倡论的"理""气""心""物"，而是农夫织妇这样的生活在社会最底层，"没人重他"的普通劳动者。这无疑是石破天惊的启蒙之论。他从这种认识出发来分析"君"与"民"的关系，指出："天之生民非为君也，天之立君以为民也。"⑤ 皇帝（天子）之所以拥有最高权势，不再是因为他是"天下之大公"的当然体现者，而是因为他被选为民众的代表去维护和协调天下人的利益。在这种"君""民"关系中，民众是国家主体，有了民众，国才得以成国，君才得以为君。民众不为君主而生，不为君主而存，而君主的确立则是为了民众的需要，君主的权势因而来自民众的认同，故而"有国家者，厚下恤民非独为民也。譬之于塘，广其下削其上乃可固也，譬之于木，溉其本剔其末乃可茂也。夫塘未有上丰下狭而不顷，木未有露本繁末而不毙者。可畏也夫"⑥。这实际是把"民"既作为政治的目的，更视作政治的主体。他以此来警告君主：

---

① 《呻吟语》卷五"外篇·治道"，《吕坤全集》，中册，第 845 页。
② 当今仍有学者鼓吹"民愚"观点，认为民众的实然状态是愚昧混沌的，必须通过圣王的教化与管制才能达到人伦臻治的效果。然而圣王并不是每个时代都能涌现的，于是将"牧养万民"的权力交给了士。某些学者抓住董仲舒的只言片语，例如"民者，瞑也"（《春秋繁露·深察名号》）大做文章，以为只要把文字层面的民众是昏蒙的这一看法投射到社会生活中去，就能理论上否认人民群众主体地位的合理性，进而兜售其所谓"政治儒学"。这种思想认识显然不如晚明时期的吕坤。
③ 《去伪斋集》卷三"孝和会约序"，《吕坤全集》，上册，第 111 页。
④ 《呻吟语》卷五"外篇·治道"，《吕坤全集》，中册，第 858 页。
⑤ 《呻吟语》卷五"外篇·治道"，《吕坤全集》，中册，第 845 页。
⑥ 《呻吟语》卷六"外篇·广喻"，《吕坤全集》，中册，第 878 页。

陛下知天子之所以尊乎？辖天下之亿兆生灵而处其上也。又知亿兆生灵之乐有天子乎？赖其休养生息以保我身家也。譬之庭燎，束千百茎荻苇而火焰辉煌，荻苇散而火光无所附矣、正荻苇而君火光也。譬之禅塔，聚数十万砖石而宝瓶高阁，砖石拆而宝瓶天所著矣。民砖石而君宝瓶也。故曰君民一体，休戚相关，欲衍灵长国脉于万年，惟有"固结人心"之四字。昔者二帝三王之为君，岂不以崇高富贵之可恃？乃曰"四海困穷，天禄永终"者何？知君身之安危、社稷之存亡，百姓操其权故耳。故曰五帝爱民，三王畏民。①

尽管吕坤民本理念的深层背景还是尚书的"天命有德"和孟子的"一体之仁"，因而他所声张的只是作为类存在的民众的基本生存权，他用以制约君权的"天下公理"落实下来不过是"份之恰当"而已，但他不仅以其高凌于人伦三纲之上的"宇宙三纲"说②来制约现实的专制君权，而且明确提出主权在民的思想。这诚如论者所云："纵观古今，凡是与人民为敌的，或迟或早必将被人民所打倒，这是一条具有必然性的规律。在唯物史观诞生之前，吕坤能对人民群众在历史上的决定作用有如此深刻的认识，是十分可贵的。"③

---

① 《去伪斋集》卷一《忧危疏》，《吕坤全集》，上册，第 7~8 页。
② 《呻吟语》卷五"外篇·治道"："宇宙有三纲，智巧者不能逃也，一王法，二天理，三公论，可畏哉！"（《吕坤全集》，中册，第 825 页）
③ 马涛：《吕坤评传》，南京大学出版社，第 73 页，2000。

回归原典，整合儒道

——唐力权场有哲学根身性相学解读

韩　星[*]

摘要： 唐力权先生的场有哲学是继现代新儒家之后对世界中、西、印三大哲学文化整合与重构，形成了的自成一家的现代哲学思想体系，但其主体仍然是植根于中国传统哲学，特别儒道思想之中。唐力权先生保持着对古圣先贤的温情与敬意，其场有哲学一开始就以中国传统经典作为其自身理论构建的重要渊源。根身性相学在场有哲学中处于基础性地位。本文通过对其根身性相学·根身·道身与传统儒道原典的关系进行梳理，探讨其哲学体系的思想史根源，说明他站在场有哲学的高度，立足于儒道立场，对《周易》经传、《中庸》和《道德经》进行现代诠释，在此基础上对儒道比较、会通，延续了传统的儒道互补并进行新的整合，进而形成其哲学体系主体性构架，对于我们今天复兴中国文化，重建中国文化的主体性有重要的参考价值和现代启示，值得我们深入研究和体悟。

关键词： 唐力权　场有哲学　儒道　整合　主体性

唐力权先生的场有哲学是继现代新儒家之后对世界中、西、印三大哲

---

* 韩星，中国人民大学国学院教授，博士生导师，主要研究中国古代思想文化史、儒学、儒教等。

学文化整合与重构，形成了的自成一家的现代哲学思想体系。"场有哲学乃是一个以传统中国哲学的真精神为本位而求与世界上其它文化的哲学传统——包括尤其是西方，印度及佛教的哲学传统—互相融会贯通的思想体系，一个明确地标榜其全球性与开放性的思想体系。"① 尽管如此，由于他与中国文化的血脉相连，他构建的场有哲学主体还是植根于中国传统哲学之中，特别儒道思想之中。他通过回归原典，对儒道进行了整合，提出了其场有哲学的根身性相学。

一　根身性相学·根身·道身

唐先生认为，根身性相学就是泰古人在本来的意义上的哲学，他称之为"泰古哲学"，按照笔者的初浅理解所谓泰古哲学其实是现代人对人类童年期哲学意识的回溯性描述。"根身性相学"即泰古人自我反省其根身（即身躯）生长变化的基本性相的学问，是人类对场有本质的原初体验形式，更是权能场有分析与实存生命分析辩证结合的关键点②。泰古人以根身为出发点和宇宙开显的座标，构造其脚踏实地、顶天立地的哲学思想。人是不能离开他的根身而存在的；一切思想都是人类以身起念，以念作茧的产物。③ 所谓"以身起念"，就是指人类根身直立起来的时候，所见到一切的豁然开朗，并感受到一种"原始震撼"，并出于超切直觉意识，使人类意义世界得以开显。他们所用的语言也是紧扣形躯而发的，并无任何抽象玄妙的地方。

根身性相学在场有哲学中处于基础性地位。因为"场有哲学的理论体系乃是通过根身的概念而开展的。权能究竟学始于根身性相学，而归结于道身性相学"。④

①　唐力权：《从一个新道家的观点看中国哲学的特质》，http://www.docin.com/p-598581346.html。

②　林汉标编撰：《场有哲学名词解释》，《第十二届场有哲学学术研讨会论文集》，第367页。

③　唐力权：《周易与怀特海之间——场有哲学序论·自序》，台北黎明文化事业有限公司，1986，第24页。

④　唐力权：《超切实在与究竟学——道论在场有哲学中的核心涵义》，《语言转向，身体转向与非实体主义转向——三大转向与近现代中西哲学第十三届国际场有哲学学术研讨会》论文集，2011年8月，第4页。

根身是场有哲学最基本的一个范畴，简单地说就是指我们这能直立行走的身躯。唐先生将"道""大""太""太极"释为我们这具直立走路的形躯，并认为，"泰古人并没有方位或空间的抽象观念，他们对方位和空间的认识乃是和现象连在一起的、浑然不可分的。而在他们经验里的现象也是一个混合体——一个形与力的混合体"。① 因此，唐先生认为，泰古人原始朴素的哲学是对其独特的生存境遇的体验，是建立在对自身形躯活动变化的感受基础之上的，根身不仅是一切经验意识的源泉，也是形上道体开显的凭依。这就要进一步提出了到"道身"的概念。

"道身"是人承受和承担其意义世界的"形上身"，是人的精神生命。道身的形上姿态正是人的精神生命对意义世界承受和承担的基本姿态。根身与道身的关系亲密不离。根身为道身之本，此乃因人的精神生命是建筑在根的肉体生命之上，原是透过根身的灵明作茧而生发的。但生发后的道身又可反过来影响根身，甚至主宰根身的一切活动。道身与形躯、器物的关系不是一个单纯的超越关系而是一个相离相即的超切关系。人的精神生命不仅和肉体形躯不可分，就是和周遭环境的形器也是不可分的。以形躯为本的形下根身与形上道身是相离相即的超切关系。"超切"是唐先生场有哲学一个非常重要的反实体主义的概念，意在阐明世界上万事万物存在既超越又依存的关系。这种关系实质上是强调根身与道身是二而一的，与中国传统哲学的"体用一如""身心不二"一脉相承，说明场有哲学对中国传统哲学的自觉传承与发扬。

二 对儒道原典的场有哲学诠释

近代以来，西学东渐，对中国学术的现代转型有非常重要贡献。但是与此同时由于文化激进主义对传统文化的打倒批判，自由主义西化思潮唯西方马首是瞻，使中国学术在割断传统，丧失自我主体性的同时走上了"以西释中"的西化误区，至今难以回归。当然，应该看到，仍然有一些学者，他们对中国文化怀着温情和敬意，同情地理解，以其远见卓识，深

---

① 唐力权：《周易与怀特海之间——场有哲学序论》，台北黎明文化事业有限公司，1986 年 6 月，第 24 页。

刻体察，坚守中国文化的基本义理，坚持阐扬中国文化主体精神，通过卓有成效的研究，取得了丰硕的成果，产生了深刻的影响，如现代新儒家中就有这样的大师级人物。除此而外，还有一些学者具有中西文化的视野，以比较哲学的方法进行诠释，唐力权先生就是其中具有创新性的代表。

唐先生一生的学术思想上孜孜不倦，汲汲以求，保持着对古圣先贤的温情与敬意，其场有哲学一开始就以中国传统经典为其自身理论构建的重要渊源。他以《周易》为根本，钟情老庄道学，学界有以"新道家"名之，其实在我看来他是站在场有哲学的高度对儒道进行新的整合。

《周易》是中华思想文化之根，原本是卜筮之书，但其中包含着原始朴素的哲学观念。《周易》分两大部分：一部分是《易经》，即《周易》古经，记录了 64 卦的卦象和周人卜筮的部分卦辞和爻辞。另一部分是《易传》，记载后人对卦爻辞的各种解释和理论上的发挥。《易传》一般认为的儒家作品。在中国思想史上《周易》为儒道所共尊，其中许多思想也为两家共享，只是各有取舍，有不尽相同的发挥而已。孔子以礼、乐、射、御、书、数"六艺"教弟子，编撰成《礼》《乐》《诗》《书》《易》《春秋》作为教材，后来就成为"六经"。帛书《要》篇载孔子对《周易》是"观其德义"，"与史巫同途而殊归"。在《礼记·经解》和《孔子家语·问玉》都记有一段孔子对"六经之教"的论述，其中对《易》说道："絜净精微，《易》教也。……其为人也，絜净精微而不贼，则深于《易》者矣。"孙希旦《礼记集解》注云："洗心藏密，故絜净；探赜幽深、玄妙索隐，故精微……蔽于絜净精微而入于隐怪故失之贼。贼，害也，谓害于正理也。"这就是说以清静之心探索宇宙精微的秘意，但是不要流于"索隐行怪"，即不要背离人文理性精神，此与《汉书·艺文志》中孔子言"索隐行怪，后世有述焉，吾不为之矣"相合，奠定了儒家对《周易》诠释的基本思想方向。

唐先生解《易》首论"易道"："易道乃是天地万物之道，宇宙间一切事物莫不涵摄在易道之中、受易道的支配。易道是天道、地道，也是人道。"[①] 唐先生认为《周易》保存了大量泰古哲学的内容，"人类最原始，

---

① 唐力权：《周易与怀特海之间——场有哲学序论》，台北黎明文化事业有限公司，1986 年 6 月，第 2 页。

最素朴的哲学语言乃是纯粹依形躯而起念的哲学语言。《易经》去古未远（这当然是相对我们而言的），还保留了许多泰古哲学语言的痕迹"①，"《周易》哲学用以处理相对性的语言原是泰古哲学以身起念的朴素语言。所谓'易道'者指的原是人底形躯在其场有的相对性中运作时所从顺的变化之道。易道即超越形躯，却又和形躯不可分离"。② 唐先生对《易·系辞传》里"易有太极，是生两仪，两仪生四象，四象生八卦"是这样解释的：

"易有太极"："在泰古哲学素朴的语言里，'道'和'太极'指的原是我们这具能直立走路的形躯"，"'太'的原意为大，泰古人类以'大'来描述这个直立起来时'顶天立地'的形躯。直立的形躯乃是人的躯体生长发展的极端，所以'太'或'大'和'极'原是同义语；'太极'乃是一重复词"，"'易'是什么呢？它指的原也是我们这具形躯——这具能屈伸进退、动静变化的形躯。'易有太极'就是说屈伸进退、动静变化（易）乃是以直立的形躯（太极）为中心、为本的"。"而这具为'易'之本的直立形躯也同时是为形躯所本有或依形躯而有的一切相对性的根源——如屈伸（曲直）、上下、前后、左右内外等等。"

"太极生两仪"："'两仪'就是屈伸或曲直——我们形躯两个最基本的仪态"，"'两仪'也泛指一切以天地干坤为本的相对性"。

"两仪生四象"："'四像'乃是'四方'之象或现象的意思。'四方'就是前后左右四个方向；这四个方向乃是由直立的形躯而决定的，《易传》因以'四方'来指以形躯为中心的环境"。

"四象生八卦"："'卦'的原意就是挂"，挂在天地之间的当然就是我们四周所开显的现象，"在《周易》经传里'卦'和'象'是相通的。'八卦'也就是'八象'"，"'八卦'的原意并不是八种符号或自然现象或人伦关系。'八卦'或'八象'并不是八种现象而是'八方'的现象"。"四象生八卦""基本上乃是泰古人对方位经验的描述"。③

---

① 唐力权：《周易与怀特海之间——场有哲学序论》，台北黎明文化事业有限公司，1986，第 13 页。

② 唐力权：《周易与怀特海之间——场有哲学序论》，台北黎明文化事业有限公司，1986，第 16 页。

③ 唐力权：《周易与怀特海之间——场有哲学序论》，台北黎明文化事业有限公司，1986，第 23～24 页。

唐先生继续解读《易·系辞传》"形而上者谓之道，形而下者谓之器"说：

> 这句话所要确立的乃是"道"、"形"、"器"三者之间的关系，这关系《系辞传》以"形上"和"形下"来表示之。"形"就是形身，也就是我们这具能够直着走路、有血有肉的形躯。"道"在《易经》理由多层含义；在这里指的乃是最高层次的"道"——即场有或《系辞传》所谓的太极。……"器"也是形。在《周易》哲学里形和器的分别也就是主体和客体的分别。"形"指的是我（主体）之形，"器"指的则是他人或他物（客体）之形。①

他认为《易传》里形上形下的分别在泰古语言里本来指的是形躯与器物的分别，但在精神生命发达之后，形上形下已经转变为道身与根身器物的分别了。"形上"和"形下"中的"形"专指根身；形上与形下交接于"形"：道身与器物交接与根身。在易学传统里，道身、根身与器物乃是一体相连的。②

唐先生从场有哲学的视角对《易·象传》"太和"与《易·系辞传》"太极"两个观念进行阐释，认为这两个观念是等同的："太极就是太和，太和就是太极——太极和太和指的都是道体或场有自身。所不同者，'太和'乃是就道体之为'宜体'而言的，而'太极'则是就道德之为'仪体'而言的。"③

这些都是立足于场有哲学对《周易》经传的现代诠释。

唐先生以"根身"来诠释《道德经》中"道生一，一生二，二生三，三生万物"，他说从根身的立场来看，意识乃是人类以身起念，以念作茧的产物，在这个意义上可以说意识起于根身；但另一方面人类对根身的自觉

---

① 唐力权：《周易与怀特海之间——场有哲学序论》，台北黎明文化事业有限公司，1986，第11~12页。

② 唐力权：《周易与怀特海之间——场有哲学序论》，台北黎明文化事业有限公司，1986，第177页。

③ 唐力权：《周易与怀特海之间——场有哲学序论》，台北黎明文化事业有限公司，1986，第22页。

正是意识心所的核心现象，故从意识经验的立场来看，根身可以说起于意识。《道德经》中的"道"就是原始的"混沌"，是一切法、一切现象所从出的真因，而"一"则是天地万物得以开显的核心现象。所以，"一"就是"道"的核心，离开了"一"，"道"也就不成其为"道"。《庄子》云："道通为一"，"一"作为"道"的中心，也就是庄子思想中"道枢"的原意。"道"与"枢"是一个意思，都是指会直立走路、会说话、会思想的形躯。这具诚曲能明能言的形躯乃是天地万物、意义世界得以开显的枢纽。[①] 如果要概括这一发展历程的话可以简括如下：

> "道生一"——代表根身（一）从原始的混沌意识（道）中的呈现。
> "一生二"——代表由原始的混沌意识（一）变为潜明意识（二）的演变过程，包括前期（初生婴孩的前数星期）的"潜明无外"意识和后期"潜明有断"意识。
> "二生三"——代表暧昧的、有间的、半朗意识（二）凭借根身的直立（三）而明朗化的演变历程。
> "三生万物"——代表万物和意义世界通过根身的座标作用而开显。这是准大人（孩童）意识生命的开始。[②]

唐力权先生从场有哲学根身性相学的视角对这一段话的解读很精辟地揭示了《道德经》宇宙论的精义，让我们领悟到宇宙创生过程其实就是场有的开显，人类个体生命的发展与人类整体文明的进化有着相似的过程。

唐先生从根身性相学的视角看道家的"道"和"德"，认为"道"或"常道"，就是指一个永恒的、无所不在的创化权能或生命权能，这也就是宇宙人生的真理和真实。《道德经》中"道"是原始混沌的场有经验，也

---

① 唐力权：《周易与怀特海之间——场有哲学序论》，台北黎明文化事业有限公司，1986，第 224 页。
② 唐力权：《周易与怀特海之间——场有哲学序论》，台北黎明文化事业有限公司，1986，第 234~235 页。

指与此经验互相涵摄的场有全能之道——常道。"道"又有"无"与"有"之两面，"无"即"道始"，"有"即"道本"。因此，"道"就是现象学、存有论的"道"与本体论、宇宙论互相涵摄之"道"。而"德"正是在与"道"平行而又互相涵摄的意义体系里取得其意义结构的。"德"这一观念乃是相应于"道"的分析而有的，因而又有不同层面的意义。与"常道"对应的有"常德"或"玄德"，是场有自身的德性；与"道始"和"道本"相对应的为"始德"和"元德"两面德性。"始德"是常道之所以为"天下之始"的玄妙德性，而"元德"则是常道之所以为"天下母"或"万物之母"的玄秘德性。"玄秘"就是指道本的不偏不颇，诚仪隐机。"朝直用中"为"元德"的本质。道本的朝直用中是一个无始无终的历程。① 因此，他说"朝直用中乃是我们的根身最特殊的德性——有别于其他动物的德性。"② 我们知道，《道德经》的思想骨架是以道和德为两柱，以"圣人"来贯穿，而归本于天道。"道"和"德"的关系是道是体，德是用，即道是德之本体，德是道的发用。因此，尊道贵德就成为《道德经》思想的主旨和精髓。《道德经》中说："道生之，德畜之，物形之，势成之。是以万物莫不尊道而贵德。"（五十一章）意思道生化万物，而德畜养万物。道是万物的总根源，德是道在万物中的体现，道与德是万物之本。道既无形无象，德作为体现在具体事物中的道，也没有形象可言。所以老子以尊道贵德为其学说的目标和归宿。唐先生的这种解读就使我们更深入地理解到"道""德"和"道德"范畴的原始秘意和创生意义。

这些都是立足于场有哲学立场，对《道德经》的现代诠释。

根身动态地或纵向地体现为"朝直用中"。什么是"朝直用中"呢？这就是指根身朝直生长，终于能够顶天立地般的站立起来——这就是生生权能通过形躯的自直行为。形躯直立地、不偏不倚地站稳了，这就是生生权能的自我肯定和用中。根身的朝直用中具有创生的意义，《易经》的

---

① 唐力权：《周易与怀特海之间——场有哲学序论》，台北黎明文化事业有限公司，1986，第 216～217 页。

② 唐力权：《周易与怀特海之间——场有哲学序论》，台北黎明文化事业有限公司，1986，第 261 页。

"中正之道"、《中庸》的"诚明之道"与《庄子》哲学中的"道枢"等观念全都是从根身朝直用中之道引申出来的①。

在此基础上他对儒道进行会通，整合儒道，构建其思想体系。唐先生认为，《道德经》"万物负阴而抱阳，冲气以为和"中的"负阴抱阳"指的原是直立形躯的向（阳）背（阴），借为描述生生权能通过万物的自诚——自直行为；"冲"正是用中的意思。"冲气"就是用中的仪能（气），"和"就是无偏颇的状态。这句讲就是权能运作的朝直用中，与《中庸》诚与中和这对观念正是对应相通的。"诚"和"中和"构成《中庸》的核心思想。"诚"就是权能的自直，"中和"就是权能的用中。"诚"与"中和"合起来正是道体权能朝直用中的道枢观念，乃是儒家辩证法的精髓。

《中庸》一开始就说："天命之谓性，率性之谓道，修道之谓教"（第一章）。这是儒家的安身立命之道。"安身立命"中"身"指的原是人的"根身"——直立行走的形躯。形躯朝直用中的特性乃是生而有之的，乃是内在于人的，因为他是自然生命的要求。这个形躯自然生命的内在要求，我们以为就是"命"的原始含义。②但如何才能率性以达于道呢？《中庸》提出一个"诚"字来作为它的性命究竟学的中心概念。这是因为"唯天下至诚，为能尽其性；能尽其性，则能尽人之性；能尽人之性，则能尽物之性；能尽物之性，则可以赞天地之化育；可以赞天地之化育，则可以与天地参矣"（第二十二章）。又曰："诚者，物之终始；不诚，无物。"（第二十五章）对儒家来说，安身立命之道关键看人是否能诚。而人之自诚是可能的，因为实现它的条件本就存在于我们的命份之中。故孟子曰："万物皆备于我矣，反身以诚。乐莫大焉。"（《孟子·尽心章句上》）是以原则上人人皆可以为圣人、为尧舜。孟子和宋明儒所主张的性善论就是建筑在人能自诚的前提上的③。

---

① 唐力权：《周易与怀特海之间——场有哲学序论》，台北黎明文化事业有限公司，1986，第 261 页。

② 唐力权：《蕴缴论——场有经验的本质》，中国社会科学出版社，2001，第 110 页。

③ 唐力权：《从一个新道家的观点看中国哲学的特质》，http://www.docin.com/p - 598581346.html。

三　场有哲学的视域中对儒道的比较与整合

唐先生以场有哲学的视域对儒道进行比较："与道佛两家比较，儒家对人性的了解实在不够深刻；它低估了欲望与业物质的重要性，也同时高估了作为人性向善的内在根源的良知的力量——使人得以自诚而明的力量。从道家的观点来看，由于欲望与物质的重重缠结在文明社会所造成的复杂性与虚幻性，失真——失去真正的自我——几乎是所有文明人无可逃避的共同命运。但在道家的哲学体系里，'失真'就是'失德'……'失真'就是'失德'——失去了与常道的内在关联——也就意味着'失根'了。对道家来说，这是一个至为严重的问题，因为'无根'的生命是缺乏生命力的、是不能持久的。由于无法深入地从其根源处取得充足的水份和养份，人的生命就像草木的生命一样，很快就变得枯竭而坏死了。""儒家的本善在于天命于我、内在于我'性'中的'本体之仁'，而道家的本善则源于道分化于我、为我德性所本具的'本体之真'。"① 这就是说，儒家注重从正面或者积极的一面看问题，对人性和道德抱有乐观的态度，以本体之仁为依归；而道家则从反面或者消极的方面看问题，对人性和道德抱有悲观的态度，以本体之真为依归。这样，如果从中国文化的整体看，儒道正好形成了互补。

当然，从唐先生本人来说，他毕竟更钟情于道家，唐先生曾经自我评价其场有哲学与道家的关系："从道家的立场来看，场有哲学只是一个诠释体系，一个通过现代的哲学语言来剖释和重建传统道学的思想平台。……另一方面，从场有哲学的角度来看，传统道学乃是场有哲学一个主要的思想源泉，也是它的一个诠释的特例。"他的场有哲学毕竟是道家式的形而上学体系，所以他的场有哲学似乎更近道一些："依我们的看法，传统中国哲学的真精神在其世界观的终极性上来讲，乃是道家而非儒家的智慧产物；而此世界观及其根源所在的智慧及文化精神也基本上是场有哲学所肯定的。所以场有哲学乃是一种道家哲学或道家型的哲学。但作为一

---

① 唐力权：《从一个新道家的观点看中国哲学的特质》，http://www.docin.com/p–598581346.html。

种道家型的哲学，场有哲学究竟与传统道家有一个重大的区别。虽然继承了传统道家哲学的真精神，场有哲学乃是一现代人的哲学，它所发挥的哲学精神和形成的世界观乃是植根于现代人在当代的文明格局和生命实存的处境中所孕生的智慧，通过现代人的思想概念和语言表达出来的智能。"①

尽管如此，如果把唐力权划归到所谓的"新道家"又似乎简单化了，其实他对儒道是延续了传统的儒道互补进行新的整合，并以此作为追求与道冥合或天人合德精神境界的基本途径。他说："不管是道家或是儒家，最高的精神境界都是人的精神主体与道冥合或天人合德的境界。"② 他引用《论语·雍也》篇孔子曰："人之生也直。"《中庸》第二十六章："故至诚无息；不息则久。久则征，征则悠远，悠远则博厚，博厚则高明。博厚所以载物也，高明所以覆物也，悠久所以成物也。博厚配地，高明配天，悠久无疆。如此者，不见而章，不动而变，无为而成。"指出"儒家的直或诚的观念与道家的自然的观念是相通的。""儒家所要成就的至直至诚与道家所响往的自然无为是相通的，主要是因为这两种精神境界的反面——不直不诚与不自然的生命或作为——必然存在着心性之扭曲歪曲、晦暗与闭塞。这样的精神生命必然是一个不通畅的、病态的生命。中国医家有言：'不通则痛'。'痛'字所代表的不仅是感觉上的痛苦，更是在痛苦背后的不良的、不健康的精神状态。故儒家与道家的性命学之相通之处其关键正在这个'通'字上。两家所企求的都是一个无间无碍、通透灵明的精神生命，一个充满着活力的、健康地成长的精神生命。"③ 这是极有见地的看法，传统上儒道把身体上"痛则不通，通则不痛"引申升华到精神生命上来，强调人的心灵与天地万物的"一体感通"，体现为天地人合一的普世价值与终极关怀。

儒家认为"通"的前提是"感"，所以有感才能通。在儒家中，"感"的概念是最初源自《周易》的"咸"卦，"《易》之咸，见夫妇"，《易·

① 唐力权：《从一个新道家的观点看中国哲学的特质》，http：//www. docin. com/p - 598581346. html。

② 唐力权：《从一个新道家的观点看中国哲学的特质》，http：//www. docin. com/p - 598581346. html。

③ 唐力权：《从一个新道家的观点看中国哲学的特质》，http：//www. docin. com/p - 598581346. html。

咸·象传》："咸，感也；柔上而刚下，二气感应以相与，……天地感，而万物化生。圣人感人心，而天下和平。观其所感，而天地万物之情见矣。"可见，"咸"最初是对男女性感的指称和说明，随后被泛化为宇宙事物的普遍规定，并提出"圣人感人心而天下和平"，从男女之感同时推出了"天下之和"。《易·系辞上》："《易》无思也，无为也，寂然不动，感而遂通天下之故。"朱熹注说："无思、无为，言其无心也。寂然者，感之体。感通者，寂之用。人心之妙，其动静亦如此。"无心之感，其实是一种身心相融、物我两忘，人与天地万物浑然一体的状况。《论语·述而》："我欲仁，斯仁至矣。"每个人都可以在自己生命内部找到价值的泉源——仁，借以确立自我的主体性。而"仁"又以"感通"为本性，有此内心真诚的感动与感通，人不仅能自我觉醒，认识自己、悦纳自己，也能觉察别人的感受与需求，进入他人的心灵，产生相应的尊重与关爱。后来宋明儒者发展孔子的思想成"一体之仁"，强调"仁者"不仅与人类社会感通，而且也与天地万物感通。张载在《正蒙·太和篇》着提出："感而后有通，不有两则无一。"在《西铭》中他认为人和天地万物从本源上说也是一体的："天地之塞吾其体，天地之帅吾其性。民吾同胞，物吾与也。"我们人与万物同在天地干坤之德的创生中，同生共长，浑然无别。天地之性就是我（人）之本性，天地间阴阳之气即形成我（人）之形体，天人本一体。人与人，人与物之间，犹如同胞手足，也如朋友同侪，彼此血肉相连，痛痒相关、休戚与共。程颢说："医书以手足痿痹为不仁，此言最善名状。仁者以天地万物为一体，莫非己也。认得为己，何所不至；若不属己，自与己不相干。如手足之不仁，气已不贯，皆不属己。"（《河南程氏遗书》卷二）程颢以"手足痿痹为不仁"取譬，旨在强调仁的特质在于感通。有此感通，人与天地万物相互连属，成为一体，而天地万物也成为自己的一部分，不可分割。无此感通，就如同手足麻木不仁，吾人不会感到麻痹的手足是自身的一部分。

结　语

在中国文化中，儒道两家以久远的"巫史传统"为共同渊源，经过春秋战国时期"哲学的突破"，形成了各自的思想体系，曾经有过"儒道互绌"的思想争鸣与政治竞争，在秦汉以后逐渐建构起"儒道互补"的文化结构，积淀为汉民族的文化心理原型，对中华民族的身心性命、社会政治影响深远。近代以来，中国文化遭遇西学东渐，在中西古今的文化冲突融合中至今还在探索中国文化的出路与方向。唐力权先生的场有哲学是多元探索中高屋建瓴，富有创意的一脉，其本土思想的渊源的主体还是儒道两家，这反映了其哲学体系的思想史根源与主体性构架，对于我们今天复兴中国文化，重建中国文化的主体性有重要的参考价值和现代启示，值得我们深入研究和体悟。

　　附注：唐力权先生于二零一二年七月十九日下午二时许于香港伊利沙伯医院病逝，本来计划那年 8 月邀请他来国学院讲学，惊闻其遽归道山，甚为痛惜。2012 年 7 月 22 日曾写诗悼念："祖脉系恩平，香江育灵童。十五志于学，港台费辗转。心忧斯文坠，负笈去西天。学贯中西印，杏坛设美田。场有蕴道体，权能自扮演。泰古有哲学，以形躯起念。根身立天地，形上姿态远。同融走中道，感通化隔藩。理性之道术，圆融又周遍。中西性两偏，仁材需并建。大开有大合，太和文明现。迷人哲理宫，智慧开心颜。奇葩放异彩，熠熠耀人寰。周游宣道学，神采翩翩然。谦和又儒雅，后学慕风范。哲人驾鹤去，闻之泣泪沾。悠悠白云上，青青苍溟远。诚一代宗师，乃学界典范。传场有哲学，谱大同新篇。"唐先生离开这个世界匆匆五年有余，仅以此文表达对他的深切怀念。

贺麟五伦新观三特征[*]

李 杨[**]

摘要：现代新儒家贺麟对传统伦常观的改造犹如一颗来自天际的彗星，为当时中国思想界又增添一璀璨星光。其所谓"五伦新观"，是指通过合时代、合人情、合理性的方式，重新定义人在伦常观中的基本原则与理念，主张要"保持人伦关怀，兼顾物与本体""保持血缘之别，兼顾兴趣志向""保持单向义务，增加现代理念"。贺麟的"五伦新观"既符合黑格尔所谓世界历史就是理性辩证运动的观点，为儒家伦理带来了浓厚的思辨味道，又能够站在人类真情与时代特色的角度对儒家伦理给予崭新解答，以期助推儒家伦理在新时代下的再次复兴。

关键词：现代新儒家 贺麟 道德 人际关系 创新

大凡稳定的社会组织皆有一套由全体成员达成基本共识的价值系统。作为维系中华民族的群体纲纪，五伦观念是两千多年来支配中国人生活内容与方式的重要价值系统之一。自汉以后，五伦观被加以权威化、制度化而演化为"三纲说"，成为中国传统礼教的核心，随着制度化而必然导致的僵硬化，"三纲说"在发展末期逐渐成为妨碍中国人自由独立的封建枷锁。自近代海通以来，由于新思想、新文化的介绍，国内在极力贬斥"吃

---

* 现代新儒家生活哲学研究院课题【16YZD-02 天津社会科学院院重点课题】

** 李杨，天津社会科学院哲学研究所，助理研究员。138-2013-2149，chenlynyt@qq.com。

人"礼教并加以彻底否定的同时，又希望引进西方近代伦理精神以弥补国人的不足。然而贺麟认为，引进西方近代伦理精神的关键在于"从旧礼教的破瓦颓垣里，去寻找出不可毁灭的永恒的基石"。① 因此，他在反思与批判传统五伦观的同时，结合时代与理性进行除旧布新的工作，将传统五伦观改造为"五伦新观"②。

传统五伦观是以君臣、父子、夫妇、兄弟、朋友五种常见的伦常关系为内容，以等差之爱、单方面之爱的方式来维系人伦之间和谐关系的伦理思想。相比之下，"五伦新观"是指通过合时代、合人情、合理性的方式，主体竭尽自身在伦常关系中单方面的爱与义务。贺氏倡言："学术的启蒙，真情的流露，意志的自主为准，自己竭尽其单方面的爱和单方面的义务，贞坚屹立，不随他人外物而转移。"③"五伦新观"的特点是多样的，举起荦荦大者，盖有以下三端。

一 保持人伦关怀，兼顾物与本体

"五伦新观"保持注重人伦关怀的传统特色。人与客观世界存在三种关系：人与人的关系、人与自然的关系、人与本体的关系。基于此，各种文明因侧重点不同继而产生了不同特色的文明。希腊文明注重人与自然的关系，故科学发达。希伯来文明注重人与本体的关系，故宗教发达。与希腊和希伯来不同，中华文明注重人伦，将关注点放在人与人之间，儒家的集大成者孔子，其所倡导的仁就是对人际关系反思后的成果。其后历代学者虽从不同角度加以阐扬，但核心围绕人际关系展开。中国以父子、夫妇、兄弟、朋友、君臣为基本内容的五伦观，建立在人性善良一面的基础之上，"五伦新观"也从人性善良一面的角度指出："人性皆善，故与人发

① 贺麟：《五伦观念的新检讨》，《文化与人生》，上海人民出版社，2011，第67页。
② 韦政通说："第一，检讨者不但对传统伦理要有同情的了解，而且了解得要有深度。第二，既是检讨就必须有新的观点和新的知识，然后才能在新旧之间从事接合性的思考。……据我阅读所及，贺自昭《五伦观念的新检讨》是能符合这个条件的一篇重要文章，在他讨论的范围之内，自知不能说得比他更好。"（韦政通：《伦理思想的突破》，四川人民出版社，1988，第11～12页。）
③ 贺麟：《五伦观念的新检讨》，《文化与人生》，上海人民出版社，2011，第66页。

生关系，或保持正常永久的关系有益无害。"① 所以，以性善为基础的五伦观强调，作为一种社会性存在，人不仅必须承认并接受人伦关系，反对消极逃避人伦关系，而且承认人际交往非但不会侵害个人权益，反而促进个体的全面发展。这种观点为传统社会齐家、治国、平天下的人生理想提供社会性的保障。作为人生的阶段性目标，齐家、治国、平天下的实现离不开人伦。只有承认家庭关系的存在，才能进一步谈及"齐家"的目标；只有承认君臣关系的存在，才能进一步谈及"治国"的目标；只有承认最普遍的人际关系的存在，才能进一步谈及"平天下"的终极目标。所以，"五伦新观"重视社会团体生活而反对枯寂遁世，强调保留传统五伦观注重人伦的特色，同时又能促进人性之美的彰显，有利于社会的稳定与和谐。

鉴于国人偏重人伦关系，而较为忽视人与自然、人与本体的关系，"五伦新观"强调，人们"循着注重人伦和道德价值的方向迈进"的同时，"不要忽略了天（神）与物（自然）而偏重狭义的人"。② 在自然方面，"五伦新观"倡导增进人与自然之间的关系。自然是人生力量的源泉，世间万物的家园。作为自然整体的一部分，人类若只关心自身而了解不自然，只了解部分而不能了解全体，那么就无法获得对人类自身全面而深刻的认识，妨碍人类迈向美好生活。为获得对自身的圆满认知，"五伦新观"强调人们要主动接近大自然，或野外郊游，或林中小憩，不仅使自身神清气爽、心旷神怡、启发智慧、抚慰灵魂，而且能够通过颜色、声音、味道等加深对自身各种感觉机能、思维意识的认知。不唯如此，在了解自然的过程中，人们可以通过探究外在世界的规律来增强对自然的认知，冲破人类中心主义的束缚，认识到"自然建筑在人生上，人生包蕴在自然里"，人是"最能了解自然的知己""最能发挥自然意蕴的代言人"③，认识到自身也是自然的一部分，是自然中的生态平衡作为守护者，人们在从自然中获取资源的同时，更要为自然的和谐守护好最后一道屏障，进而实现人与自然在各自的发展中的互惠互利与整体性平衡，使人类与宇宙万物和谐一

① 贺麟：《五伦观念的新检讨》，《文化与人生》，上海人民出版社，2011，第 59 页。
② 贺麟：《五伦观念的新检讨》，《文化与人生》，上海人民出版社，2011，第 58 页。
③ 贺麟：《自然与人生》，《文化与人生》，上海人民出版社，2011，第 126 页。

致，人生更加丰富多彩、生趣盎然。

在形上方面，"五伦新观"倡导增进人与本体之间的关系。作为与宇宙万物的源泉，本体是人生的根本，是一种无限、绝对、永恒的超自然、超验的存在。相比之下，人类则是有限、相对、暂时的存在。如果将人与人的关系确定为平行关系，那么人与本体的关系则是垂直关系，本体在上，人类在下。"我们要真正了解人，了解人的地位、人的意义，只知道人与人的横的关系是不够的，要了解人对神、或永恒之理的纵的关系，才能完全。"就现实人生而言，生死问题是最为根本的问题，贺氏指出："单单知道狭义的'生活''生存'亦不够，还要扩展到生的另一面'死'。……一个人对于死亡的看法，往往就整个支配着影响着他生的态度。……建立一个健全的人生观，对于死要有一个正确的看法。"① 就现实人生而言，人类的生命及其各种活动皆是本体的显现，本体是人类精神与肉体及其一切活动的形上基础，所以人类只有了解本体，才能解决自身与外物之间的关系问题，才能解决人生最为重要的生死问题。因此，为获得对自身的圆满认知，个人不仅要了解其与自然万物与他人的平行关系，而且更要了解人与本体或永恒之理的垂直关系。

二　保持血缘之别，兼顾兴趣志向

"五伦新观"在人伦关系上强调以血缘亲疏为标准的等差之爱具有合理性。"五伦新观"指出，等差之爱的目的在于强调爱人"要爱得近人情，让自己的爱的情绪顺着自然发泄"。② 但凡从某人得到的爱愈多，施予对方的爱才会愈多。对常人而言，让他关怀一个陌生人如同父母一样，几乎无法实现。因为他并没有与受关怀者建立任何联系，对受关怀者没有任何了解，而且更加没有从受关怀者那里获得如父母般的疼爱。所以对于一般人而言，他对一个陌生人施予的是最普通、最一般的关爱。但是对于生命里最亲近的人，如父母、子女、爱人等至亲好友，他才有可能付出巨大的关爱。可见，"等差之爱"从实践的难易角度来说，有自身存在的合理性与

---

① 贺麟：《西洋近代人生哲学趋势》，《文化与人生》，上海人民出版社，2011，第308页。
② 贺麟：《五伦观念的新检讨》，《文化与人生》，上海人民出版社，2011，第58页。

现实性，其关键在于以爱自己最亲密的人为开始。贺氏不禁感叹："等差之爱的观点弊病最少，以至于新文化运动时期以'打孔家店'相号召的思想家，也无人攻击等差之爱的观点。"①

"五伦新观"强调以事物对人的价值与以精神契合度来补充等差之爱的标准。"五伦新观"指出，"等差之爱"除血缘之外还有两种标准：一是爱好标准，此时爱好的对象专指事物。人们对千差万别的事物各有所好，会根据喜好而组成自己的爱好圈，这种现象在生活中比比皆是，每个人都会以爱好为标准建立的熟人圈，对圈内人不仅变现出来自爱好上的关心，而且还有生活上的关心。二是精神契合程度标准。人与人之间在精神层次上契合愈深，则其相爱愈深，反之则愈浅。以爱好标准的等差之爱，其所关爱的对象是事物；以精神契合度为标准的等差之爱，其所关爱的对象可以是朋友、同事，而非限于血缘亲属。"两种等差之爱亦是值得注意、不可忽略的事实，且亦有可以补充并校正单重视亲屑关系的等差之爱的地方。"可见，这两种标准的加入不仅可以丰富传统五伦观的内容，而且能够使人们突破宗法观念的捆绑，将自己对他人乃至万物的关爱更加合理化，从而将单一的、片面的限制于血缘亲疏关系的等差之爱上升为一种健全的、完整的普遍之爱。

"五伦新观"以普爱说为等差之爱的最终归宿。等差之爱是一种让人容易接受的爱人方式，其最终目的不在于只关爱与自己亲近的人，而是关爱身边的每一个人，无论是否具有血缘关系、相同爱好或相同价值理念。"五伦新观"对此指出，等差之爱在强调等差标准的的同时，注重"推己及人"，主张设身处地为他人着想，由"推"逐渐扩展爱、放大爱，由最亲密的人开始，次第推进，经由不曾相识的陌生人，直到自己的敌人。此时，个人对他人的关爱已经消除了血缘、精神契合度的隔阂，泯除小我恩德的胸襟，自己由小我上升为大我或者超我，人我之间不再有界限、阻隔，而是天下一家，从前的等差之爱已不存在，而是转化为普遍之爱，个人也由别爱之人转变为普爱之人，其"仁爱之心如温照的阳光，以仁心普爱一切，犹如日光之普照，春风之普被，春雨之普润"。普爱的阳光雨露

---

① 贺麟：《五伦观念的新检讨》，《文化与人生》，上海人民出版社，2011，第60页。

洒向人间的每一个人角落，即便是对当初的仇敌，普爱之人也由憎恨走向了关爱。这是因为普爱之人"超然处于小己的利害、世俗善恶计较之外"①，所以他们能够怀着感化敌人的胸襟，从与仇敌处在对立的位置，走向超越的阶位，进而感化敌人②。"最伟大的征服是精神的征服，而真正的最后的胜利（《易经》上叫做"贞胜"）必是精神的胜利。惟有具有爱仇敌的襟怀的人才能取得精神的征服或贞胜。"③ 总之，"五伦新观"强调个人应以等差之爱为起点，将对亲人的爱不断推扩至他人，进而具有老安少怀、己溺己饥的胸襟，最后打破人我隔阂，成就普爱的最高精神境界。

三　保持单向义务，增加现代理念

传统五伦观发展的最高形态便是三纲说，使五伦关系具有稳定形态。五伦关系的特点是自然的、社会的、相对的，其中关系双方的权利、义务又是对等的。一方需要履行义务，才能享有另一方赋予的权利。例如，君王只有履行对于臣子的职责，才会享有从臣子那里给予的君权。臣子只有履行对君王的职责，才会享有从君王那里给予的臣权。假如有一方不履行职责，那么另一方便不会履行自己的职责。若君不尽君责，则臣不尽臣责，也不应该尽臣之责。若臣不尽臣之责，则君不尽君之责，也不应该尽君之责。其他伦常关系的双方亦是如此。这样一来，只要君、父、夫不尽各自之责，那么就会出现臣就可以弑君，子可以不孝顺父亲，妻子可以不守妇道的结果。可见，义务相对的人伦关系是造成人际基础不稳定、社会

---

① 贺麟：《五伦观念的新检讨》，《文化与人生》，上海人民出版社，2011，第61页。

② 贺麟指出："敌人亦是自己生存的一要素"。因为若无敌人的攻错刺激，自己容易陷于偷懒，趋于灭亡，所谓"无敌国外患者，国恒亡"。同时，人的内心也存在爱其所痛恨的，恨其所深爱的现实矛盾。英雄豪杰往往对其生平对手的死，表示哀婉。因为若无价值的敌人以作为战胜的对象，有时较之没有知己的同情更为苦闷。所以，在近代民主社会，应有爱敌人、尊重敌对势力的宽容之怀，这样才能敌人相得益彰，皆得相反相成之实际效益。反之，对于相反势力采取睚眦必报的心态，那么政党间的公开斗争，商业上的公平竞争，学术上的公开辩难，均会被狭隘的卑鄙情绪与手段所支配，从而相互拆台、内耗。贺氏不禁慨叹："这种微妙的辩证的敌我的关系，实要睿智才可理会。"（贺麟：《五伦观念的新检讨》，《文化与人生》，上海人民出版社，2011，第62页。）

③ 贺麟：《五伦观念的新检讨》，《文化与人生》，上海人民出版社，2011，第61页。

动乱的根本原因。有鉴于此，三纲说应运而生，主张君为臣纲、父为子纲、夫为妻纲。"五伦新观"指出，三纲说要求人伦关系中的一方履行单向的义务，即臣下、子女、妻子尽方面的忠、孝、贞的义务。君不君时，臣不可以不忠诚；父不父时，子不可以不孝顺；夫不夫时，妇不可以不守妇道。鉴于对单向履行义务的有力规定，五伦关系不会出现紊乱，一旦一方出现不履行义务的行为，另一方依旧履行自身义务，以免使伦常陷入循环报复、讨价还价式的不稳定中，由此可见，"五伦观"进化为"三纲说"是逻辑的必然性。

"三纲说"强调个人履行单向义务的绝对性。"五伦新观"指出，三纲说旨在突出"人对理、人对位分、人对常德的单方面的绝对的关系"①，其所提出的绝对命令就是不论对方的生死离合，不管对方的智思贤不肖，个人应绝对实行自己的常德，履行应尽的单向义务。不随环境而改变，不随对方为转移，以奠定维持人伦的基础，稳定社会的纲常。历史上许多忠臣孝子苦心孤诣、悲壮义烈的行径，都是以三纲说为指导信念而产生出来的。仁臣不可以不忠，必须尊重君之理、君之名，这完全是对名分、对理念尽忠，而不是作暴君个人的奴隶。唯有人人都能在其职分内，单向履行自己的绝对义务，社会才可以稳定运行，可以说"三纲说"就是古代社会的道德规范，行为所止的极限，即董仲舒所谓"正其谊不谋其利，明其道不计其功"中的"谊"与"道"。从这里可以看出，"三纲说"与西方近代伦理精神具有相通之处。"三纲说"与柏拉图的理念均注重尽忠于永恒的价值世界，而非屈服于有限的个人。"三纲说"与康德的绝对命令皆注重实践个人单向的纯道德义务，而非处于服从某种外在命令。为尽个人的道德责任，即使对方道德卑劣，但仍遵照内心的道德理性而爱人以礼与德，"三纲说"关于履行单向义务的绝对性可见一斑。

"五伦新观"以现代理念修正"三纲说"，实现"三纲说"的辩证发展。"三纲说"的封建躯壳曾桎梏人心、束缚个性、妨碍进步，因此它在五四新文化的运动中遭到了猛烈批判，这一批判的正面作用是巨大的，使三纲说的本质重新显露。贺麟就此指出，现在的任务就是"把握住三纲说

---

① 贺麟：《五伦观念的新检讨》，《文化与人生》，上海人民出版社，2011，第 64 页。

的真义，加以新的解释与发挥，以建设新的行为规范和准则"。他运用黑格尔哲学辩证法，指出"五伦观"与"三纲说"各自遵守正、反、合的辩证发展过程，"三纲说"是"五伦观"在"合"这一阶段的产物，它既保持了"五伦观"的基本特征又客服了"五伦观"在发展末期所产生的的缺陷；同理，"三纲说"通过正反合的发展过程必定会演变为某种适应时代需要的伦常观。这种取代"三纲说"的新观念，就是要以"学术的启蒙、真情的流露、意志的自主为准，自己竭尽其单方面的爱和单方面的义务。……恐怕是此后儒家的人所须取的途径了"。① 申言之：首先，"意志的自主"强调在伦常关系的开端，即在选择丈夫或妻子、上级或下属、朋友时，秉持双方自愿的原则，让双方有一个良好的开端，避免因被迫而强制在一起，为未来的生活与工作打下良好的基础。其次，"学术的启蒙"强调通过科学方法来坚定人们履行伦常义务的信念、锁定自己的目标。例如，现代博弈理论就能很好的证明双方"合作"策略的收益远远大于互相背叛的策略。这就是从现代科学角度来解释双方履行伦常义务的合理性与正确性。最后，"真情的流露"强调用实际行动引领人们的思维与行为方式，通过真情打动人的内心世界，从情感上认同履行伦常义务的必要性。

"五伦新观"不仅要以意志自由为前提，使关于人伦关系的任何行为皆以意志自由为基础，不存在任何强制或逼迫，而且需要经过理性的启蒙与净化，将其中不合时宜的内容剔除，同时应以来自真实的道德情感为履行人伦义务的动力，真诚而非虚伪地执行人伦规范。此外，贺氏所强调的知行并举的"自然的知行合一观"亦可作为改革"三纲说"的重要补充。总之，"五伦新观"为后人在寻求人伦关系未来走向的进程中，提供了一种可资借鉴的理论路径。

综之，贺氏的"五伦新观"从发掘传统五伦观念的本质入手，一方面承认包裹着封建专制外衣的"三纲说"是妨碍国人思想进步的总根源，应予以打破；另一方面，又在传统礼教的破瓦颓垣中找到了永恒不灭的伦理基石，倡言儒家伦理的新展开"本典型的中国人的态度，站在儒家的立场，予以合理、合情、合时的新解答，而得其中道"②，对其中不符合理

---

① 贺麟：《五伦观念的新检讨》，《文化与人生》，上海人民出版社，2011，第66页。
② 贺麟：《儒家思想的新开展》，《文化与人生》，上海人民出版社，2011，第20页。

性、人情、时代的部分坚决剔除，对符合理性、人情、时代的内容坚定保留。"五伦新观"主张国人在继续保持人伦关怀的同时，应加强对人与自然、人与本体关系的认知与理解；在继续保持以血缘亲疏作为等差之爱标准的同时，应加入爱好、精神契合度作为等差之爱标准的补充；在继续保持"三纲说"关于履行单向义务的绝对性同时，应加入理性启蒙、道德情感、意志自由等合理成分，以期实现事物正、反、合的辩证发展。虽然贺氏的"五伦新观"在人与自然、自身、本体方面所论甚少，但是从对人伦关系改造的理念、宗旨上，我们也可以推测出其对人与自然、自身、本体的具体观点。总之，贺麟的"五伦新观"对传统五伦观所做的工作不仅仅是批判与反思，而且对其进行了有益时代的新展开。

参考文献

1. 贺麟：《五伦观念的新检讨》，《文化与人生》，上海人民出版社，2011。
2. 贺麟：《自然与人生》，《文化与人生》，上海人民出版社，2011。
3. 贺麟：《西洋近代人生哲学趋势》，《文化与人生》，上海人民出版社，2011。
4. 韦政通：《伦理思想的突破》，四川人民出版社，1988。

道家与道教

郭象《庄子注》解释方法试析[*]

李耀南[**]

内容摘要： "寄言出意"源出《庄子》，既是郭象所认为的庄子思想表达的方法，也是郭象注庄的方法，郭象所解读出来的庄子之"意"融会了郭象的解释立场、价值关怀和他自己对于庄子的独到理解。"要其回归而遗其所寄"是庄子"得意忘言"的郭象表述，郭象主张把握庄子之大义而无关弘旨的内容均可略而不论。郭象将《庄子》之"迹"与"所以迹"凝练为一组解庄的重要概念，以其对治《庄子》尤其是外杂篇之批判反思圣人圣王、仁义礼乐等内容，既把《庄子》的批判转向了圣王之迹以及世人崇尚圣迹的批评，又将圣人圣王和儒家道德价值从庄子的批判中排除开来，以此化解庄子与儒家思想的对峙冲突，其深蕴是要找回儒家失落的真精神。

关键词： 郭象　注庄　寄言出意　遗其所寄

有关郭象《庄子注》的解释方法已有不少颇有价值的研究成果，其中也存在一些值得继续思考的问题。本文将系统考察郭象《庄子注》之寄言出意，遗其所寄而要其回归，迹与所以迹的区分等三种解释方法。

---

* 本文为"中央高校基本科研业务费资助项目"（项目编号：2016AA009）研究成果。

** 李耀南，华中科技大学哲学系教授，主要从事老庄哲学，魏晋玄学及中国美学的研究与教学。

一 寄言出意：郭象认为的庄子表达思想的 方法与郭象注庄的方法

对于郭象之"寄言以出意"有两种看法。一是汤用彤先生视之为"庄子郭注"之方法。① 汤一介先生进一步提出："郭象说庄子论事，用'寄言出意'的方法，其实是说他自己注《庄子》所采用的方法。"② 汤一介先生己见出"寄言出意"是郭象所理解的庄子论事的方法，然未展开详论，终将"寄言出意"认定为郭象注庄的方法加以分析。学界亦多将"寄言出意"归为郭象注庄之方法，少有从庄子论事方法角度讨论"寄言出意"。二是简光明力主"寄言出意"不是郭象注庄的方法，而是"庄子表意的方式"。③ 本文认为，从不同层面来看，"寄言出意"既是郭象所理解的庄子表达思想的方法，也是郭象解庄的方法。

（一）"寄言出意"是郭象对庄子语言风格及其思想表达方法的概括。

郭象提出"寄言出意"当推本于《庄子》而非玄学。通常把郭象的"寄言出意"放在魏晋玄学的言意之辨中来省察，如汤用彤先生："王辅嗣注易反对汉人象数之学，乃申庄子《外物》篇之言，称言以尽象，得象则忘言。象以意尽，得意则忘象，……郭象注庄，用辅嗣之说。以为意寄于言，寄言所以出意，"④ 庄耀郎亦认为："郭象的'寄言出意'，则未出'得意忘象'的范围。"⑤ 以上皆从玄学之"得意忘言"的方法来看郭象的"寄言出意"。就时代思潮而言，称郭象"寄言出意"与王弼得意忘象、得象忘言有某种关联似亦有因，《大宗师》郭注一条注文中的"守母以存

---

① 汤用彤：《魏晋玄学论稿》，人民出版社，1957，第 108、109 页。
② 汤一介：《郭象与魏晋玄学》（增订本），北京大学出版社，2000，第 203 页。
③ 简光明：《郭象〈庄子注〉的方法及其影响》，《高雄师大国文学报》第十八期，2013 年 6 月。
④ 汤用彤：《魏晋玄学论稿》，第 108、109 页。
⑤ 庄耀郎：《言意之辨与玄学》，《哲学与文化》第 30 卷第 4 期，2003。

子，……则孝不任诚，慈不任实，父子兄弟，怀情相欺，"① 见于王弼《老子指略》，惟"怀情相欺"一语，王弼为"怀情失直"②，此见郭象酌取王弼思想以解庄。

然而要说郭象"寄言出意"用"辅嗣之说"，恐乏力据。王弼据于庄子《外物》"得意忘言"之说而有"得意忘象，得象忘言"之论，并以此作为解释《周易》的方法，盖无疑义。既然王弼之说本自庄子，郭象注庄，则郭象对于庄子之言意思想当然谙熟，庄书的相关论述更足以表明寄言出意与庄子的直接联系，故以"寄言出意"归本于《庄子》则或较之王弼更为合理，《庄子》的相关论述才是"寄言出意"的直接来源。《天下》称庄子"以天下为沉浊，而不可与庄语"，③ "庄语"就是"庄重之语"④、"正论"⑤，天下昧于大道，世人心灵昏暗无光，不能理解直接表述的真理，庄子如用正论直言则必难为世所接受，遂以寓言、重言、卮言三言来表达自己的思想。庄子一书"寓言十九"⑥，寓言是《庄子》最主要的语言形式。"寓，寄也，"⑦ 寓言就是"寄言"。西汉刘向就已指出庄子的寓言是"作人姓名，使相与语，是寄辞于其人，"⑧ 庄子的寓言多是拟构出来的人和事，诸如伯昏无人，苑风，谆芒，混沌等等，吕惠卿谓庄书乃是"寓之他人或事物以见其意"⑨，庄文虽有诸多人和事的叙述，却是"言在此而意在彼"，⑩ 通过这些人和事来显发自己的思理，把自己的深意寄托在这些人和事中，他人他事就成了庄子之意的托身之所。庄子的"重言"是"引重之言"⑪，这个言出于世人所尊重的古圣高士，也不是庄子自己的言，庄子

---

① 郭庆藩撰，王孝鱼点校《庄子集释》，第 267 页。
② 王弼著，楼宇烈校释《王弼集校释》，中华书局，1980，第 196、199 页。
③ 郭庆藩撰，王孝鱼点校《庄子集释》，第 1098 页。
④ 陆西星撰，蒋门马点校《南华真经副墨》，中华书局，2010，第 489 页。
⑤ 陆树芝撰，张京华点校《庄子雪》，华东师范大学出版社，2011，第 396 页。
⑥ 《庄子·寓言》，郭庆藩撰、王孝鱼点校《庄子集释》，第 947 页。
⑦ 司马贞：《史记索隐·老子韩非列传》，泷川资言考证，杨海峥整理《史记会注考证》，上海古籍出版社，2015，第 2755 页。
⑧ 刘向：《别录》，司马贞：《史记索隐·老子韩非列传》，泷川资言考证，杨海峥整理《史记会注考证》，第 2755 页。
⑨ 吕惠卿撰，汤君集校《庄子义集校》，第 518 页。
⑩ 陆树芝撰，张京华点校：《庄子雪》，华东师范大学出版社，2011，第 336 页。
⑪ 宣颖撰，曹楚基校点《南华经解》，广东人民出版社，2008，第 189 页。

引重其言来传达胸臆，用以"止人之争辩"。① 庄子特殊的语言及其表达方式才是郭象提出"寄言出意"的直接根据。

寄言之"言"是指庄子的寄意之言，出意之"意"是指言中所蕴含的庄子之意。《山木》"庄周游于雕陵之樊"章最后一条郭注："夫庄子推平于天下，故每寄言以出意，乃毁仲尼，贱老聃，上搒击乎三皇，下痛病其一身也。"② 此中"每寄言以出意"的主词是庄子。郭象认为，庄子为了将自己的道理推扩辨明于天下，就用了那些毁谤仲尼、卑视老聃、抨击三皇的文字，乃至如《山木》这一章里庄子的自我反省自我针砭，实际上庄子并非真的是要诋毁三皇仲尼老聃，而是寄有深意，这些都是庄子的寄意之言。庄子为什么要使用"寄言"呢？郭象有他的看法。《齐物论》：

> 今且有言于此，不知其与是类乎？其与是不类乎？类与不类，相与为类，则与彼无以异矣。虽然，请尝言之。③

郭注：

> 今以言无是非，则不知其与言有者类乎不类乎？欲谓之类，则我以无为是，而彼以无为非，斯不类矣。然此虽是非不同，亦固未免于有是非也，则与彼类矣。故曰类与不类又相与为类，则与彼无以异也。然则将大不类，莫若无心，既遣是非，又遣其遣。遣之又遣之以至于无遣，然后无遣无不遣而是非自去矣。至理无言，言则与类，故试寄言之。④

郭象认为庄子主无是无非，与主有是有非的各家本非同类，然而庄子的"无"是非与各家的"有"是非，这一"无"一"有"两相对反，构成更高层次上的是非关系，这样主无是非的庄子与主有是非的各家又成为同

---

① 陆树芝撰，张京华点校《庄子雪》，华东师范大学出版社，2011，第336页。
② 郭庆藩撰，王孝鱼点校《庄子集释》，第699页。
③ 郭庆藩撰，王孝鱼点校《庄子集释》，第79页。
④ 郭庆藩撰，王孝鱼点校《庄子集释》，第79页。

类，庄子的无是非之言在另一层次上也落入了是非之中，成为是非之言。是什么原因将无是非的庄子之言带入是非之中呢？郭象认为，无是无非的"至理"是言所不能达到的，言所不能达到的至理一旦运用言说就潜藏着一种隐患，当用语言言说无是无非的至理时，就有可能将无是非之言带入是非之中，从而使自己的无是无非之言与儒墨的有是有非之论成为同类了，这就是"言则与类"，这是郭象对于言与至理关系的一种深刻检讨，终极意义上只能说"至理无言"。然而道赖言明，不言则无以明道，庄子为了阐明至理，只能试着采取"寄言"的方式来说无是无非的至理，既然是"寄言"，我们就不能从言所直接给出的意义去理解，而应该领会言中所"寄"之意，这样就可以跳开言的局限，领会至理。可见郭象以为，"寄言"是庄子因为至理无法用语言直接陈述而采取的一种言说方式。

（二）"寄言出意"作为郭象注庄的方法。

有论者否定学界以"寄言出意"为郭象注庄方法的观点，并检讨以"寄言出意"为郭象注庄方法所存在的六个问题。[①] 笔者以为，仅就郭象注庄所使用的语言及其思想表达方法这一特定层面上，上说可以成立，确实不能说"寄言出意"是郭象注庄的方法。从"言"来看，郭象注庄所使用的"言"不是"寄言"，不是"言在此而意在彼"的隐喻性语言，而是解释说明和论述性的语言。从"意"来看，郭注是接陈述自己对于庄子的理解，而不是将自己所理解的庄子之意寄托于一种类似于庄子的寓言重言之中，从而曲折隐晦地表达自己对于庄子的某种见解。我们理解郭注，不需要如同读庄那样从其注文中寻觅其隐喻蓄藏的某种言外之意，所以，郭注自身的言、意之间的确不存在"寄言出意"的关系。

然而，在另一层面上，"寄言出意"确是郭象解庄的方法，不加分别地笼统否定"寄言出意"为郭象解庄方法恐或未达一间。问题是，以"寄言出意"为郭象解庄方法，学界多有之，但是，"寄言出意"何以为郭注的方法，则鲜有深究，如不能给出充足的学理论述，则以"寄言出意"为郭注方法就有独断之嫌，终究无法对于那种否定"寄言出意"为郭注方法

---

① 简光明：《郭象注解〈庄子〉的方法及其影响》，《高雄师大国文学报》第 18 期，2013 年 6 月。

的观点做出有力的回应。为此本文首先考察这一基础性问题。"寄言出意"不是庄子对于自己思想方法的表述，而是郭象对于庄子思想方法的概括。当郭象将庄子的思想表达方法概括为"寄言出意"时，"寄言出意"就是郭象对于庄子语言与其思想之关系的一种理解和诠释。郭象已经在区分《庄子》"寄言"之言的两层意义，一个是语言直接表述的人和事的意义，另一个是这些人和事所寄托隐含的意义。"寄言出意"否定了庄子的语言与其思想之间的直接关系，肯定了意之于言的寄托隐含关系。在郭象看来，通过语言直接把握到的人和事并不是庄子要向我们传达的意义，而人和事所寄托的意义才是庄子的用心所在。理解《庄子》固然要从"寄言"之言出发，但是如果执着于文字表面的意义，那就会错过庄子的思想，而把握《庄子》所寄托于人与事中的意义才是郭象解庄要抵达的目的，也是庄子所要诉诸我们的本衷。如此一来，"寄言出意"就成为郭象注庄解庄的方法。

以"寄言出意"作为郭象注庄的方法与西方解释学史上斐洛解释《圣经》所用的隐喻解经方法极为类似。① 斐洛认为《圣经》不是叙述文字，而是一种隐喻式的表达方法，这是斐洛对于《圣经》表达方法的一种理解，如同郭象将《庄子》之言看作"寄言"，将"寄言出意"看作庄子思想的表达方法一样。既然《圣经》是"隐喻"的方法，斐洛就顺理成章地把"隐喻"作为自己理解《圣经》的方法，成为《圣经》解释史上的一种重要解读。郭象也是如此，既然庄子是用"寄言出意"的方法，那就根据庄子语言与其思想之关系的特点去解释庄子，去揭示《庄子》"寄言"中的"意"。

当郭象认为庄子是在"寄言出意"的时候，庄文哪些地方是"寄言"，这取决于郭象的理解和认定；这"寄言"所表达的是何种"意"，则取决于郭象的解读，郭象解读出来的庄子之"意"实际上已经融会了郭象的解释立场、价值关怀和他自己对于庄子的独到理解，因而在此意义上，将"寄言出意"作为郭象解庄的方法是完全可以成立的。把"寄言出意"视

---

① 有关斐洛的隐喻解释学参见潘德荣《西方诠释学史》第三章《斐洛：从叙事到隐喻》，北京大学出版社，2016，第74~94页；2. 斐洛著，石敏敏译《论凝思的生活》，中国社会科学出版社，2008，第1~88页。

为郭象注庄解庄的方法，主要侧重在郭象基于庄子的语言与思想之关系的理解所展开的对于庄子之"意"的阐释揭示，而不是说郭象是在使用"寄言"来表达自己的思想。《逍遥游》"藐姑射之山"一章郭注：

> 此皆寄言耳。夫神人即今所谓圣人也。夫圣人虽在庙堂之上，然其心无异于山林之中，世岂识之哉！徒见其戴黄屋，佩玉玺，便谓足以缨绂其心矣；见其历山川，同民事，便谓足以憔悴其神矣；岂知至至者之不亏哉！今言王德之人而寄之此山，将明世所无由识，故乃托之于绝垠之外而推之于视听之表耳。处子者，不以外伤内。①
>
> 四子者盖寄言，以明尧之不一于尧耳。夫尧实冥矣，其迹则尧也。自迹观冥，内外异域，未足怪也。世徒见尧之为尧，岂识其冥哉！故将求四子于海外而据尧于所见，因谓与物同波者，失其所以逍遥也。然未知至远之所顺者更近，而至高之所会者反下也。若乃厉然以独高为至而不夷乎俗累，斯山谷之士，非无待者也，奚足以语至极而游无穷哉！②

首先，郭象将庄子藐姑射之山的神人、"四子"视作庄子的"寄言"而非实事。既然是寄言，郭象就可以不必拘泥于庄子的语言脉络去理解庄子之意，而是在庄子"寄言出意"之思想表达方法的名义下来解释出自己所寻求的庄子之意。在这个意义上，郭象把他所理解的庄子"寄言出意"的方法，又变成了自己解读庄子的一种方法。庄文的神人高于圣人尧舜，郭象认为庄文所说的神人就是圣人，"圣言其外，神言其内"，③ 把圣人与神人视为庄子理想人格的不同指称，这样庄文所讲神人的一切也就是圣人。庄子本是尊神人而贬尧舜，神人的尘垢糟粕犹可陶铸人间的尧舜，以示治天下之尧舜乃是不治天下之神人的尘垢糟粕。郭象则认为作为圣人的尧舜必有神人之实，尧舜只是外显之名，圣人无心应物，体化合变，会通万物之性，化成天下，从而成就了尧舜的圣人之名，尧舜之名非尧舜之实，所以

---

① 郭庆藩撰，王孝鱼点校《庄子集释》，第 28 页。
② 郭庆藩撰，王孝鱼点校《庄子集释》，第 34 页。
③ 郭庆藩撰，王孝鱼点校《庄子集释》，第 945 页。

尧舜之名才是庄子所说的尘垢糟粕。庄子的神人居于远离世俗的姑射之山，郭象认为这是庄子的寄意之言，庄子将"王德之人"寄托于如此遥远的姑射山，象喻了"王德之人"寄坐于万物之上而游心于深邃邈绝之境，这种精神境界不为世俗所知，所以庄子才用人们视听所不能及的藐姑射山的神人、四子来寄寓此意。庄文尧所往见的"四子"是指神人，郭象则认为"四子"是"寄言"，象喻了尧的游心于绝冥之境而游无穷的表现，尧之应万机劳世务，与物同波是神人的外显之迹，而"四子"是尧的深远不可睹的内在德性的象征，尧与"四子"是迹冥外内的关系，合而构成圣人的游外冥内之道。庄文原本是说尧治天下功成事遂，终为神人超越世俗的高远境界所感动，故尔往见邈姑射之山的"四子"，卒至遗忘其天下。在郭象这里，尧之遗天下反而为天下所宗仰，如此遗天下就是不治天下，为天下所宗就成了尧以不治而治成天下。世俗中人总是把治与不治、有为与无为对峙起来，认为庙堂圣人的"戴黄屋，佩玉玺"这些都在羁缚圣人之心，圣人日有万机之劳，所以精神憔悴，如此从外在到内心，圣人都不自在逍遥。郭象认为这都是对于圣人的误解，不知道圣人之德造乎至极之境，不以外伤内，不会因为世俗之事而劳瘁其神明，圣人虽在庙堂但其心闲适一如处在山林之中。我们看到，郭象既没有从文面去理解庄子之意，也没有抛开庄子的"寄言"完全自说一套，而是把庄文中的"神人""尧舜""藐姑射之山""尘垢秕糠""四子""遗天下"等要素及其相互关系纳入自己的解释体系中来，基于自己所理解的庄子之意对庄文进行重构，重构的结果就是圣人精神玄远宁静，应物而不累于物。郭象把这视为庄子"寄言"所隐含的"意"，这个"意"全然是郭象解释的结果，而"寄言出意"是郭象获得这一结果的解释方法。

《山木》"孔子围于陈蔡"章郭注：

> 夫察焉小异，则与众为连矣；混然大同，则无独异于世矣。故夫昭昭者，乃冥冥之迹也。将寄言以遗迹，故因陈蔡以托意。[1]
> 盖寄言以极推至诚之信，任乎物而无受害之地也。[2]

---

[1] 郭庆藩撰，王孝鱼点校《庄子集释》，第682页。
[2] 郭庆藩撰，王孝鱼点校《庄子集释》，第684页。

庄文之太公任告诫孔子因为自身的饰知修身，未能遗去功名，故尔与世相近而有陈蔡之厄，孔子善其言而逃于大泽，与鸟兽处而无伤。今天看来，这一章只是叙事文字，不是"寓言"。郭注之"盖"表揣测之意，郭象揣测孔子困于陈蔡一章是庄子的"寄言""托意"之笔，所寄之意为如果留察外物任何小小的不同，就会与众人相抵触忤逆。孔子的"入兽不乱群，入鸟不乱行"① 所寄之意为：孔子遗落外迹，浑然大同于世，不在世间独自标持自己，将自己的至诚之信推至于万物，顺任万物，所以能入于鸟兽而不为所伤，无受害之地。《盗跖》"孔子往见盗跖"章郭注："此篇寄明因众之所欲亡而亡之，虽王纣可去也；不因众而独用己，虽盗跖不可御也。"② 今天看来，"孔子往见盗跖"章完全是叙事文字，算不上"寓言"，但是郭象却将其认定为"寄明"之言。"寄明"即寄托阐明，是"寄言出意"的另一说法。既然是"寄明"之言，郭象就能不从文面直接去理解"孔子往见盗跖"一事，而是抉发庄子通过这件事情所要"寄明"的义旨：如果因顺众人之所欲亡的就去灭亡他，即使是作为王者的商纣也可以革去，孔子本欲说服盗跖而反遭其诟詈，庄子这不是批评孔子，而是借孔子不听柳下季之规劝而执意往见盗跖一事，表明"不因众而独用己"是无法调御感化盗跖的，所以郭象将本章的主旨解释为因顺从众而反对执着己见。这些意思直接从庄文完全看不出来，只能说是郭象以寄言出意的方法借庄子之文衍申出的道理，郭象正是通过"寄明"完成了对于本章的一种独特解读。进而言之，"寄言出意"作为郭象概括的庄子之思想方法只是一种外在形式，郭象以"寄言出意"的方法来解释庄子则是这种形式所包含的实质。

值得注意的是，"寄言出意"只是郭注的重要解释方法，不是唯一的方法。今天看来，郭象并没有视庄子很多蕴含胜义的"寓言"为"寄言出意"之文，如我们今天很看重的《养生主》"庖丁解牛"，郭象基本就是句义串解，疏通文意，《应帝王》"混沌死"一章郭注只有一条注文概括其义而已。郭象"寄言出意"的方法主要用来处理庄文那些批评圣人非毁仁义的内容，当庄子批评儒家与郭象引儒入庄的意图相抵触的时候，郭象视

---

① 郭庆藩撰，王孝鱼点校《庄子集释》，第 683 页。
② 郭庆藩撰，王孝鱼点校《庄子集释》，第 1008 页。

之为"寄言出意"之文，避免从字面去理解庄子，"寄言出意"的方法给郭象留下了开放的解释空间和解释的自由度，让郭象在庄子的文面意义与背后意义，乃至完全是自己的一种主观理解之间游刃恢恢，他既没有完全抛开庄文，但是又不为庄文所限，郭象以这种解释方式维护圣人至高的位置以及儒家的道德价值，化解庄子与儒家的紧张关系，达到自己引儒入庄的目的，郭象很多创造性的解读就在经由"寄言出意"的方法阐发出来。

二　要其回归而遗其所寄

《逍遥游》郭注：

> 鹏鲲之实，吾所未详也。夫庄子之大意，在乎逍遥游放，无为而自得，故极小大之致以明性分之适。达观之士，宜要其会归而遗其所寄，不足事事曲与生说，自不害其弘旨，皆可略之耳。①

汤用彤先生尝以"要其回归，遗其所寄"为郭象"告吾人读庄之法"，②本文以为"要其会归而遗其所寄"首先是郭象自己的解庄方法。"会归"就是《逍遥游》所讲的人和事都结穴于逍遥游放，"要其会归"就是求得庄子这一旨归，庄生弘旨之所"寄"的言语人事，比如鲲鹏之实究竟是什么不必深究，因为这个不影响庄子大意的把握，故可遗弃忘却。就内在理路来看，"要其回归而遗其所寄"是从"寄言出意"而来，既然言不过是庄子"意"之所"寄"，领会了庄子之意，作为意之所寄的言就可以忘却。质言之，"要其回归"就是"得意"，"遗其所寄"就是"忘言"，"要其回归而遗其所寄"就是庄子之"得意忘言"的郭象表述，是郭象以庄子之法解庄。郭注的"不必事事曲与生说，自不害其弘旨，皆可略之耳"是对"遗其所寄"的补充说明，示人以"遗其所寄"的具体方式：一是对于那些表达大义宏旨的文字得意之后就当遗弃寄意之言，一是不必对于庄文的每人每事都曲折烦琐讲出一个道理来，举凡无关大义宏旨的内容均可略而

① 郭庆藩撰，王孝鱼点校《庄子集释》，第3页。
② 汤用彤：《魏晋玄学论稿》，第38页。

不论。且看《天地》"尧治天下"① 章郭注：

> 夫禹时三圣相承，治成德备，功美渐去，故史籍无所载，仲尼不能间，是以虽有天下而不与焉，斯乃有而无之也。故考其时而禹为最优，计其人则虽三圣，故一尧耳。时无圣人，故天下之心俄然归启。夫至公而居当者，付天下于百姓，取与之非己，故失之不求，得之不辞，忽然而往，倜然而来，是以受非毁于廉节之士而名列于三王，未足怪也。庄子因斯以明尧之弊，弊起于尧而衅成于禹，况后世之无圣乎！寄远迹于子高，便弃而不治，将以绝圣而反一，遗知而宁极耳。其实则未闻也。夫庄子之言，不可以一途诘，或以黄帝之迹秃尧舜之胫，岂独贵尧而贱禹哉！故当遗其所寄，而录其绝圣弃智之意焉。②

这是最能体现郭象如何以"要其会归而遗其所寄"来解庄的一条注文。"夫庄子之言，不可以一途诘"，这是郭象为自己的解释方法进行辩护，意味着解庄不必泥于庄子之文。"黄帝之迹秃尧舜之胫"来自《在宥》"昔者黄帝始以仁义撄人之心，尧舜于是乎股无胈，胫无毛，"③ 在郭象看来，仁义是黄帝治天下所遗之迹，尧舜为天下劳苦其形，以至胫不生毛，这是蹈循黄帝的"仁义"之迹所造成的结果，蹈循仁义之迹是对自己的不仁。郭象认为庄子所说的黄帝尧舜之事并非史实而是"寄言"，既是寄言，就不能囿于庄文叙述的事情这一固定的途径去推究其义，郭象才以"要其回归而遗其所寄"的方法来解读庄文。郭象认为庄子这一章的要义是"弃圣绝智"，郭象所遗弃的是庄文批评禹治天下的种种弊端。具体而言，庄文伯成子高认为禹治天下不及于尧，显然贵尧而贱禹，郭象却说庄子并不真的贵尧而贱禹，他化引孔子"舜禹之有天下也，而不与焉"④ 为庄文作解，认为大禹之时，禹与尧舜可谓三圣相承，皆以其圣德受禅而有天下，天下治成而三圣德性完备，他们的事功和美名渐渐湮没，史上也没有载录三圣

---

① 郭庆藩撰，王孝鱼点校《庄子集释》，第 423 页。
② 郭庆藩撰，王孝鱼点校《庄子集释》，第 424 页。
③ 郭庆藩撰，王孝鱼点校《庄子集释》，第 373 页。
④ 《论语·泰伯》，皇侃撰，高尚榘校点《论语义疏》，中华书局，2013，第 198 页。

具体的事迹，即使孔子也不能分别尧舜禹之间的不同，不难见出，郭象是以孔子之说来化解庄文对于大禹的贬责。郭象还认为，在伯成子高与禹对话的当世，三圣之中以大禹最为优异，尽管庄子将三圣之美一归于尧，但是庄文之伯成子高对于尧的称赞实际上也包括了对于禹的称赞。郭象的这个解释与庄文完全相悖。庄文伯成子高批评禹的原因在于天下之德因禹治天下而衰败，后世之乱始于夏禹。郭象对此完全不提，这大概就是他的"遗其所寄"，"不必事事曲与生说"的表现。庄文根本未言及禹传天下于启一事，郭象却将伯成子高面责大禹一事归因于禹传天下于启，夏禹之后的天下再无尧舜禹那样的圣人，禹作为天下至公至当之圣把天下付与百姓，让百姓来决定谁为天子，当时天下人心归向于启，如此则启之承继大统，并非禹之私有天下而私授其子，而是天下人的选择，也是禹至公至当的表现，伯成子高不明就里而非毁大禹，致使禹只是列三王而不被伯成子高视为圣人。今天看来，这些全然不是庄文之意，而是郭象所诠释的意义，旨在曲为回护圣王夏禹。郭象进而认为伯成子高批评禹的这件事情本身未曾有闻，也不必深究其事之有无，如此一来，伯成子高对于大禹的批评不过是庄子的寄意之言，就中庄子所寄之真意究竟是什么呢？郭象认为伯成子高对于禹的批评不是批评圣人本身，而是对于从尧到禹的圣智之治迹所产生的历史弊端的批评，伯成子高批评禹并非事实，而是庄子用来寄托远离圣智之迹而返归冥一的高远之意。如此"弃圣绝智"就成了郭象所解释出来的整个一段庄文的"会归"，郭象不从事实方面来解读伯成子高对于大禹的批评，这就是他的"遗其所寄"。

三　迹与所以迹的区分——维护圣人与
儒家道德价值的解释方法

"迹"与"所以迹"的区分见于《天运》："老子曰：'幸矣子之不遇治世之君也！夫六经，先王之陈迹也，岂其所以迹哉！今子之所言，犹迹也。夫迹，履之所出，而迹岂履哉！'"[①] 庄文之老子认为孔子所治之六经

---

① 郭庆藩撰，王孝鱼点校《庄子集释》，第 532 页。

是先王治国留下的陈迹，不是先王的所以迹，孔子执定先王之陈迹而不知顺物之化，故此不能感化他人，才有往说七十二位国君而无一君采用。郭象基于《庄子》之迹与所以迹的区分，将其凝练为一组解庄的重要概念，《庄子》尤其是外杂篇有很多对于圣人圣王、仁义礼乐等等的批判反思，郭象用"迹"与"所以迹"这组概念专门对治这部分内容，成为一种特定的解庄方法，以此来化解庄子与儒家思想的对峙冲突，为纳儒入庄清除文本与思想上的底滞障碍。

郭象如何理解迹与所以迹呢？"所以迹者，真性也。夫任物之真性者，其迹则六经也。"① 迹与所以迹分处在不同理论层面，"所以迹"是圣人圣王的圣德真性，见于政治层面就是治天下的根本之道，"所以迹者，无迹也，世孰名之哉！"② "所以迹"没有形色音声之迹，没有名称。"迹"不能视为"所以迹"的静态显现，而是作为所以迹的先王之圣德圣性在特定历史情境下的具体发用与作为。圣王圣人以其真性任放天下人物各得其真性，人物各得其真性就是圣治的显迹，见诸载籍就是六经，六经只是圣治让天下人各得真性的记录，不是圣治本身。这是郭象对于迹与所以迹的基本规定，在具体的注文中又有特殊的意义。

（一）郭注以迹与所以迹的区分来化解庄子对于伏戏黄帝尧舜禹汤等圣王的批评，维护圣王的崇高位置。《田子方》：

> 仲尼闻之曰："古之真人，知者不得说，美人不得滥，盗人不得劫，伏戏黄帝不得友。"③

郭注：

> 伏戏黄帝者，功号耳，非所以功者也。故况功号于所以功，相去远矣，故其名不足以友其人也。④

---

① 郭庆藩撰，王孝鱼点校《庄子集释》，第 532 页。
② 郭庆藩撰，王孝鱼点校《庄子集释》，第 288 页。
③ 郭庆藩撰，王孝鱼点校《庄子集释》，第 727 页。
④ 郭庆藩撰，王孝鱼点校《庄子集释》，第 727 页。

郭注认为伏戏黄帝只是用来标记其功业的称号，不是其"所以功"，"所以功"是伏戏黄帝成就其功业的圣性。"所以功"与"功号"相去甚远。郭象依于"功号"与"所以功"的区分，把庄子原文所说的伏戏黄帝不能成为古之真人的友朋，解释成了作为功业之名号的伏戏黄帝不能成为古之真人的友朋。庄文褒称古之真人而贬抑伏戏黄帝，郭象以功号与所以功的分别，既保留了庄文对于古之真人的尊崇，同时又把庄子对于伏戏黄帝的批评转向了伏戏黄帝的功迹名号，使作为"所以功"的圣王伏戏黄帝就免于庄子的呵责了。《在宥》："昔者黄帝始以仁义撄人之心，"[1]郭注：

> 夫黄帝非为仁义也，直与物冥，则仁义之迹自见。迹自见，则后世之心必自殉之，是亦黄帝之迹使物撄也。[2]

庄文批评黄帝，认为从黄帝开始以外在于人性的仁义来搅扰天下人心。郭象则认为黄帝并不是刻意而为仁义，黄帝治天下乃是冥合万物，任物各得其宜，物各得性就是对于物的仁义，于是仁义之迹自然显露出来，后世崇尚黄帝，遂以舍弃生命之真性而追寻黄帝留下的仁义之迹，于是天下人心就被黄帝的仁义之迹扰乱了。故此扰乱人心的不是黄帝，而是黄帝留下的仁义之迹，崇尚仁义之迹是后人自己的取向，扰乱人心最终归于后人而不是黄帝。郭象以黄帝之"迹"应接庄文对于黄帝的批评，如此庄文批评的就不是黄帝而是黄帝之迹，作为圣王的黄帝就免于庄子的批评了。《在宥》：

> 尧舜于是乎股无胈，胫无毛，以养天下之形，愁其五藏以为仁义，矜其血气以规法度。然犹有不胜也，尧于是放欢兜于崇山，投三苗于三峗，流共工于幽都，此不胜天下也。夫施及三王而天下大

---

① 郭庆藩撰，王孝鱼点校《庄子集释》，第373页。
② 郭庆藩撰，王孝鱼点校《庄子集释》，第373、374页。

骇矣。①

郭注：

> 夫尧舜帝王之名，皆其迹耳，我寄斯迹而迹非我也，故骇者自世。世弥骇，其迹愈粗，粗之与妙，自途之夷险耳，游者岂常改其足哉！故圣人一也，而有尧舜汤武之异。明斯异者，时世之名耳，未足以名圣人之实也。故夫尧舜者，岂直一尧舜而已哉！是以虽有矜愁之貌，仁义之迹，而所以迹者故全也。②

庄文批评尧舜施仁义，制法度，但是并未治好天下，以至到了三王之世天下大乱。郭象认为，庄文的尧舜汤武是指帝王的名迹，不是作为所以迹的圣王本身。尧舜汤武之为尧舜汤武乃在于其至德圣性，至德圣性是"所以迹"，"所以迹"无迹可求。圣王之道一以贯之，无为而治天下，任物各得其宜。但时世不同，世路有夷险之分，圣人秉其常道以应世，具体的应世方式各异，比如尧舜禅让而汤武征伐，禅让与征伐都是圣治的外迹。世人用禅让征伐这些不同的名谓来指称尧舜汤武应世的不同之举，并把尧舜汤武之迹视为圣王本身，这是世人对于圣王的误解，真正的尧舜汤武根本不是人们通常所说的名迹意义上的尧舜。世人惊骇崇尚于尧舜汤武之治迹，以圣王之迹为圣王本身，于是舍本逐迹，执定圣迹而搅扰人心，使天下有"矜愁之貌"，这些都是圣王遗留之迹以及世人崇尚圣迹所导致的历史弊端，其咎不在圣王本身，作为所以迹的圣王之圣性是完足无缺的。这样庄文对于尧舜汤武的批评经由郭象迹与所以迹的区分就转向了对于圣王之迹以及世人崇尚圣迹的批评。《在宥》：

> 昔尧之治天下也，使天下欣欣焉人乐其性，是不恬也；桀之治天下也，使天下瘁瘁焉人苦其性，是不愉也。③

---

① 郭庆藩撰，王孝鱼点校《庄子集释》，第 373 页。
② 郭庆藩撰，王孝鱼点校《庄子集释》，第 375 页。
③ 郭庆藩撰，王孝鱼点校《庄子集释》，第 364 页。

郭注：

> 夫尧虽在宥天下，其迹则治也。治乱虽殊，其于失后世之恬愉，使物争尚畏鄙而不自得则同耳。故誉尧而非桀，不如两忘也。①

庄文批评尧桀之治天下，尧治天下使人淫乐其性，桀治天下使人憔悴其性，尧桀俱不能让人自在宽宥。郭注为尧开脱，尧本来是让天下人自在宽宥而非治天下，但是尧却留下了让天下人自在宽宥的外迹，这就导致后人崇尚帝尧之迹，不能自得其性，所以尧桀之治乱虽殊，但是在使后人失却本性之恬愉自得这一点上并无二致。如果让天下各得其性，自在宽宥，各守其朴，天下既没有尧也没有桀，就不必誉尧而非桀，如此尧桀两忘。郭象同样把庄子对尧的批评挪移到尧之"迹"，维护了尧的圣人位置。《庚桑楚》：

> 吾语女，大乱之本，必生于尧舜之间，其末存乎千世之后。千世之后，其必有人与人相食者也！②

郭注：

> 尧舜遗其迹，饰伪播其后，以致斯弊。③

庄文意思是尧舜所倡导的那些东西是天下大乱的根本。郭注认为这是因为尧舜无为之治而有治迹，正是尧舜圣治之迹为后人所追逐崇尚，后世不思返回内在性情而崇尚外在圣迹，于是各种巧伪传播流衍，就产生了庄文所说的人相食的惨祸。郭象的解释将历史的罪恶归咎于圣治之迹和后人对于圣人之迹的崇尚一途。

---

① 郭庆藩撰，王孝鱼点校《庄子集释》，第 365 页。
② 郭庆藩撰，王孝鱼点校《庄子集释》，第 775 页。
③ 郭庆藩撰，王孝鱼点校《庄子集释》，第 777 页。

（二）郭象以迹与所以迹的分别来回护孔子。《德充符》"鲁有叔山无趾"章郭注：

> 今仲尼非不冥也。顾自然之理，行则影从，言则响随。夫顺物则名迹斯立，而顺物者非为名也。非为名则至矣，而终不免乎名，则孰能解之哉！故名者影响也，影响者形声之桎梏也。明斯理也，则名迹可遗；名迹可遗，则尚彼可绝；尚彼可绝，则性命可全矣。①

庄文本是叔山无趾对老聃批评孔子未达至人之境，因为孔子未脱名网。郭象认为，孔子并不为名，其圣德深冥不可睹，所以孔子实际上已造乎至极之境。但是，如同人之行走就会有影子跟随，发出言语就有回响呼应，主观上孔子本是顺物自然不立名迹，但客观上却不免有顺物自然的名迹随之而生，原不为名的孔子终不免乎名，这是无法排解的历史悖论。郭象以其名、迹概念的区分，把叔山无趾对于孔子的批评挪移到孔子顺物自然之名迹的方面，而不是对于作为具有圣德的孔子的批评，这样既巧妙地回护孔子，维护了孔子圣人之位格，又让庄子的批评有了着落。既然名迹非是圣人之本，而是圣人之桎梏，就当断绝对于圣人之名迹的崇尚，遗弃外在的名迹，回到内在的真性，如此性命就可以完足整全了。

（三）圣迹的工具化是天下祸乱的根源。为什么执定、崇尚圣人之迹就会有淆乱天下的弊端呢？郭象说："器犹迹耳，可执而用曰器也。"② 圣人应物无方，其所为者都是因应具体的历史情境，历史情境不同，圣人的作为也就不同，因此，圣人的任何作为都不能超越其特定历史情境作普遍性的理解和效仿。时过境迁，如果执定过往的圣人之迹来对治新的历史问题，其结果必然方凿圆枘，扞格不通。"圣人则有可尚之迹"③，圣人不能不留下圣迹，也不能使人不崇尚圣人，世人所崇尚的圣人实际上只是圣人之迹，圣迹有如"器"，器就是工具，圣迹作为工具就会被人利用。郭象

---

① 郭庆藩撰，王孝鱼点校《庄子集释》，第 206 页。
② 郭庆藩撰，王孝鱼点校《庄子集释》，第 354 页。
③ 郭庆藩撰，王孝鱼点校《庄子集释》，第 339 页。

说："言圣法唯人所用，未足以为全当之具。"① "当"是正确的意思，"全当"就是任何历史情境下都正确。当圣人之法成为可被利用的工具时，不同的人可以利用圣法来实现不同的目的，工具化的圣法不能保证其现实的运用必然都能产生普遍正确的社会效果，所以圣法不是一个"全当之具"。"桀跖之徒亦资其法，"② 暴君夏桀和盗跖之流正是利用了圣法的权威以及天下人对于圣人的崇尚来成就自己的目的。"暴乱之君，亦得据君人之威以戮贤人而莫之敢亢者，皆圣法之由也。向无圣法，则桀纣焉得守斯位而放其毒，使天下侧目哉！"③ "夫桀纣非能杀贤臣，乃赖圣知之迹以祸之。"④ 因为世人对于圣法的崇尚，那些效法圣人的人无论做了什么事情，天下人都会信服他，圣法就成了桀纣这样的暴君诛戮贤人的工具，因为有圣法作为依据，所以无人敢于反对，足见没有圣法，桀纣也不能守住其天子之位而荼毒贤士。非但圣治之迹贻害后世，史上那些廉贞之士同样有其弊端。《让王》"伯夷叔齐"章郭注：

> 此篇大意，以起高让远退之风。……夷许之弊安在？曰：许由之弊，使人饰让以求进，遂至乎之哙也；伯夷之风，使暴虐之君得肆其毒而莫之敢亢也；伊吕之弊，使天下贪冒之雄敢行篡逆。⑤

郭象虽然褒赞夷齐许由等廉贞之士的高让廉退对于社会风教的意义足以与稷契伊吕这些王佐之臣相当，但是廉退高让之迹的弊端也不容讳言。比如许由不受帝尧天下之让而为后人称道，他的弊端在于让后世之人伪装出谦让之行，实际上是以谦让的方式求得进身之阶；夷齐不受武王之赏，耻食周粟饿死首阳山下，后人敬仰，但是夷齐守节之影响后世，会让那些暴虐之君在恣纵其毒时，众人一皆退让，无人挺身而出，阻止暴君的恶行；伊吕辅助圣王而建不世之勋，其弊在于使后世的那些权臣奸雄功高盖

---

① 郭庆藩撰，王孝鱼点校《庄子集释》，第345页。
② 郭庆藩撰，王孝鱼点校《庄子集释》，第351页。
③ 郭庆藩撰，王孝鱼点校《庄子集释》，第346页。
④ 郭庆藩撰，王孝鱼点校《庄子集释》，第419页。
⑤ 郭庆藩撰，王孝鱼点校《庄子集释》，第989页。

主，妄行篡逆。

郭象更有对于形式化之仁义的一种深刻反思。《骈拇》：

> 自虞氏招仁义以挠天下也，天下莫不奔命于仁义。①

郭注：

> 夫与物无伤者，非为仁也，而仁迹行焉；令万理皆当者，非为义也，而义功见焉；故当而无伤者，非仁义之招也。然而天下奔驰，弃我徇彼以失其常然。故乱心不由于丑而恒在美色，挠世不由于恶而恒由仁义，则仁义者，挠天下之具也。②

庄文本意是说帝舜标榜仁义扰乱天下，郭象则认为是人们崇尚形式化的仁义之迹造成了天下之乱，这样郭象完全把帝舜从庄子的批评中解救出来。崇善去恶是天下人基本的道德取向，即使桀跖有恶行，但他们所爱惜的也是善名，也会自认为求善去恶，而不会以恶自许，所以为人所共弃的"恶"不能成为扰乱天下的工具。相反，正是人们所肯定的仁义却会成为祸乱天下的渊薮。为什么以"善"为归趣的仁义反会背离善而祸乱天下呢？关键在于仁义的形式化和工具化。帝舜无为而治天下，与物无伤，于万理皆当，本无所谓仁义。与物无伤就有了仁之迹，令万理皆当就有了义之迹，天下所称的仁义只是帝舜无伤万物而万理皆当的外显之迹，也就是形式化的东西，不是作为帝舜之所以迹的真性。天下人崇尚帝舜，却昧于帝舜之仁义的实质就是让人各复其性命之真，而徒事追逐帝舜的仁义之迹，仁义就成了外在于本性的一种缺乏道德性的空洞形式和获取利益的工具，人们在追逐仁义的过程中失去了自己的性情之真而巧伪滋生，导致天下大乱，这样帝舜的仁义之迹就成了祸乱天下之具。

仁义作为形式化的道德规范可以为人用以济私售奸，成为窃国大盗所

---

① 郭庆藩撰，王孝鱼点校《庄子集释》，第 323 页。
② 郭庆藩撰，王孝鱼点校《庄子集释》，第 323 页。

把持的利器。《胠箧》郭注："五者所以禁盗，而反为盗资也。"① "五者"是指庄文中的圣、勇、义、知、仁，这些原本用来禁绝盗窃的圣法，因其形式化和工具化而为大盗所利用。圣人所制作的轩冕斧钺权衡仁义这些都是天下的重器，大盗全部窃为己用，然后就可以拥立为诸侯，实现了自己的目的，成为大盗。《天地》郭注："田桓非能杀君，乃资仁义以贼之。"②仁义作为工具化的圣迹是齐国的田桓子弑杀齐君之具。庄文的"绝圣"经由郭象的诠释变成了弃绝崇尚工具化和形式化的圣人圣迹，绝圣的目的原本是使人人各得性命之真，不是禁绝盗贼。只要放弃对于外在的圣人圣法圣迹的崇尚，各人守其素朴自然的本性，这样以清心寡欲代外在的强制禁令，自然也就没有人去作奸犯科，盗贼也就不会产生了，这就是庄子掊击圣人的原因，郭象将庄文的掊击圣人转变成了对于形式化之圣法的抨击。郭象以仁义为"挠天下之具"不是否定儒家道德价值，而是深察形式化的仁义也已丧失真正的道德精神。郭象这种反思的启示在于，任何道德价值一旦脱离内在人性的根基而成为可供效仿的外在形式，都会走向道德的反面，导致社会道德的沦丧。

东晋李充《学箴并序》也有对于圣教之迹的细致分析，"圣教救其末，老庄明其本。……见形者众，及道者尠，不窥千仞之门，而逐适物之迹，逐迹逾笃，离本逾远"。③圣教与老庄同归而殊途，寻常人只能见到圣人垂制的具体法度，但是不达大道，不能洞见圣人之堂奥，只是追逐圣教外显之迹，也就是形式化和工具化的规范，对于外迹的追求越甚，离圣人之妙本就越远。从思想上来看，李充之论与郭象有关圣迹之弊一气贯通，可作为郭象这种解释的一种深透的说明与诠释。

今天看来，郭象以迹与所以迹的区分来处理庄子外杂篇对于圣人圣王以及仁义礼智的掊击这部分内容，其于《庄子》文义多不相合，其于思想的创造性以及解释方法上的慧巧运用，则实堪称赏。郭象这种处理方法的高妙之处在于，既不否定庄子的批判精神，又将圣人圣王和儒家道德价值

---

① 郭庆藩撰，王孝鱼点校《庄子集释》，第 347 页。
② 郭庆藩撰，王孝鱼点校《庄子集释》，第 419 页。
③ 李充：《学箴并序》，严可均辑《全上古三代秦汉三国六朝文》，中华书局，1958，第 1766 页。

从庄子的批判中排除开来，把庄子的批判引向了圣人圣王的外显之迹，认为庄子批判的是形式化工具化的仁义，庄子并不否定仁义，并不否定圣人。相反，经过郭象的解释，庄子对于外显之迹的仁义和圣人的批判，恰恰是要回到圣人的至德圣性本身，为仁义礼乐找回真正的道德性，这样《庄子》外杂篇的那些批评儒家的内容不但和儒家不相对立，而且其深蕴是要找回儒家失落的真精神。

进而言之，郭象迹与所以迹的区分隐含的深层诠释学问题是，作为经典文本的《庄子》同样只是庄子之"迹"，不是庄子的"所以迹"，作为"迹"的《庄子》与现实之间也必然存在脱节与抵触，与新的社会政治之间存在不能忽视的隔膜，郭象为了让庄子的真精神进入现实，调和经典与现实之间的沟壑，从而对社会政治现实人生产生积极的作用，因而不从文本字面去解释庄子，这是不拘于庄子之"迹"，揭示庄子对于形式化工具化的道德观念以及圣人圣王的批判，为当世召唤真正的道德精神，这是庄子的"所以迹"，如此一来，郭象将其迹与所以迹的区分贯彻到对于庄子的解读本身，为他解庄之中对于庄子文意的大量背离提供了解释学上的依据。

传述与评介

柏洋林氏祖先祭祀的个案研究[*]

杨 莉[**]

一 柏洋、上万村祖先祭祀仪式

（一）引言

如今一说到祖先祭祀，似乎就是单纯的指民间祭祀家族祖先的仪式，但就祭祖的起源而言，这一仪式所包含的内容远非当今乡土社会所见者可以范围。

从已知的资料上看，至少在商代，祖先祭祀就已经具有了多方面的意义与价值，而并非单纯的祖先崇拜，其中包含大量其他信仰、伦理以及政治的内容。而到了周代，祭祖仪式被赋予了另一层含义，即"郊祀后稷以配天，宗祀文王于明堂以配上帝"[①]，将对祖先的祭祀与对"天""帝"的祭祀有机的整合，使得在商人那里尚不明晰的对祖先和对主宰之神的祭祀明确区分开来，并通过"以德配天"使二者联系在一起。

在宗教层面上，周人的做法明确了祭祖的内容与意义，使祖先祭祀具有了伦理宗教的性质，不再像商代时基于自然宗教的灵魂观把祖先与神灵

---

* 本文为国家社科基金重大项目"'一带一路'战略实施中的宗教风险研究"（项目号为16ZDA168）的阶段成果。
** 杨莉，天津社会科学院哲学研究所副研究员。
① 《孝经·圣治章第九》

混为一谈；同时，在世俗的层面上，又强化了这一祭祀仪式宗法、教化的意义，"崇事宗庙社稷，则子孙顺孝，尽其道，端其义，而教生焉。……祭者，教之本也"。① 换言之，由于周人的改造，祭祖仪式所依赖的血缘基础和伦理价值被提升并成为整个仪式的核心，从而使得这一仪式在社会层面具有更重要的作用，并最终在宋代从原本属于天子、皇家之"礼"而被普及至庶人百姓。

值得一提的是，在祭祖仪式平民化之后，原本被区分开的祖先与神灵在民间祭祀中又重新融合，与之前基于"万物有灵"的相互依附不同，重新融合是基于社会和个体的需要——祖先既被视为家族血缘的起始，又被视为拥有超自然力量的鬼神，这种融合不仅使得祖先祭祀拥有"尊敬孝慕"的儒教内容，也具有宗教"超越"的神秘因素。由于长期定居式的农耕生活，人们的血缘关系逐渐和地缘关系相互渗透，祭祀祖先也渐渐成为一个社区（这个社区可能是同族人，但是由于繁衍，已经没有亲近的血缘关系）或一个群体的意识认同与集体行为（如中华民族认为自己是华夏子孙，共祭炎黄）。因此祖先祭祀既可以来自个人心理和情感的诉求，如对鬼神的敬畏和对未知的焦虑，也可以是来自群体本身的需要。在群体这个层面上，祭祖更多的是承担与宗教类似的社会功能。

现存的祭祖这种民间信仰形式到底该属于儒教、道教还是佛教，这个问题值得认真去思考。首先必须要承认在现在的祭祖仪式中，从祭祀主持的衣着到祭祀所念的经文，都存在很多道教、佛教的符号。同时，更要看到祭祖仪式本身是基于儒家的"礼"而形成的；这是基础。至于在祖先祭祀仪式的过程中应用道教、佛教仪式，则是因为儒教在后来的发展中因为与国家政治结合紧密，注重纯粹的理论，其内部的组织和仪式日渐萎缩，而且儒教本身对于仪式的神圣性的强调并不充分，就如荀子所说"其在君子，以为人道也；其在百姓，以为鬼事也"。② 然而，当祭祖在民间庶人中变得普遍时，为了满足百姓对于宗教的神秘体验，就必然要有足够的宗教仪式作为支撑。因此，在儒教祭祖仪式神秘性发育不足的情况下，儒教的理念和道教、佛教仪式符号的融合就成为必然。

---

① 《礼记·祭统》。
② 《荀子·礼论》。

但是，仪式的宗教性并不是来自仪式本身，而是源于宗教仪式中所蕴含的神圣价值。仪式中的神圣价值是决定仪式为何性质的根本所在。而敬天、法祖、崇圣正是儒家文化中神圣价值的体现，是儒教的信仰内容，祭祖仪式就其本身而言，混杂其他宗教的仪式符号不过是为了提升仪式中的神秘性，是儒教神圣价值的仪式化；就祭祖仪式的功能而言，也正体现了儒教维持社会功能的作用。

下面即以柏洋乡林氏宗族祭祖仪式为例，简述并浅析当代祭祖仪式的祭祀过程。

（二）柏洋乡柏洋村、上万村、塔后村概况

柏洋乡所在的霞浦县位于福建省东北沿海，东边是福鼎市太姥山，北边与柘荣县和浙江省泰顺县接壤，西面周宁县，南面是全省最长的海岸线，全长 404 公里。柏洋乡地处霞浦县西北山区，距县城 39 公里，位于东经 120°30′，北纬 27°1′，面积 174.6 平方公里，柏洋村是柏洋乡人民政府所在地。

本次祭祖仪式调查地在柏洋乡的三个自然村：柏洋自然村，上万自然村，塔后自然村，其中上万自然村和塔后自然村合为塔后行政村，与柏洋村行政村平级。上万自然村和塔后自然村要如此区分，是因为两个村子拥有两个独立的林氏祠堂，所以由村民自主分开，但在行政划分时是一个行政村。柏洋村有人口 1696 人，由许姓和林姓组成，这个村子原来是由林姓构成，许氏为后来迁入，具体迁入的时间，林氏族人众说不一。

上万自然村有 563 人 139 户，塔后自然村有 451 人 116 户，全村由林姓族人组成。其中上万自然村是林氏的祖居地，塔后村和柏洋村的林氏为后来从上万村陆续迁出形成的。

（三）柏洋乡上万林氏八世祖林瞪公（林伍公）的有关资料记载

在霞浦乡的柏洋村保留了三份族谱。最早的一份是清嘉庆年间；第二份是清同治年间的重修谱，除了传承代数以外，内容大致相仿；第三份是民国十八年（1929），除此三份保存较好的族谱外，还有一些零散的修订册，据介绍为新中国成立后修订，大概是 50 年代。

族谱的保存是轮流制，由每年担任"福头"的人保管，福头由轮流和选举两种方式产生。

所查阅的族谱主要是柏洋村保存的三份，鲜有人看，但是如果有需要可由村里的辈分高的人从保管族谱的福头那里取来供人查阅。而上万村的族谱密封保存，除开祭祖仪式中的拜谱仪式，无论多重要的情况，都不能开启。

据柏洋村保存的清同治十一年的《林氏宗谱》记载，宋温州状元王十朋在福建泉州任职时，为唐时著名孝子林攒公撰写谱序。当时，莆田的林攒祖墓正在重修"双阙旌表"的门间，而"双阙"也成了林氏的堂号。

林瞪公（林伍公），出生于宋真宗咸平六年（1003），是福建省霞浦县柏洋乡上万自然村林氏一世祖晔公（延吉）的第八世孙，是唐朝时福建著名孝子林攒公的第九世孙，距今已有一千三百年的历史。林瞪公并无直系后裔，因其只有二女，且终生未嫁，但其亲房后裔子孙分布福建、浙江等地。

家谱中记载：

> 盖竹上万八世瞪公，行廿五，生宋真咸平六年癸卯二月十三日吉时。娶陈氏，生女二。公于天圣五年丁卯，年廿五乃弃俗入明教，斋戒严肃。历廿二年功行乃成。至嘉祐四年己亥三月三日，吉时冥化。享年五十有六，合葬所居东头前坑。公没后灵感为民。曾于昔朝福州救火有功，寻蒙有司奏封"兴福大王"立庙闽县之右，续蒙汉天师亲书"洞天福地"四金字额。仍为奏封"洞天都雷使"加封"真明内院正直真君"，血食于庙，祈祷乡应。每年二月十三，子孙必罗祭于墓祝庆于祠，以为常式。嘉庆廿二年，裔孙鳌，作《瞪公赞》以纪之。长女屏俗为尼，卒附葬父左，次女相传亦未适，卒附父墓右。[①]

（四）祖先祭祀仪式的过程

1. 仪式的准备

林瞪公诞辰之前的几天，村落就已经开始忙碌，远在异乡的林氏族人

---

① 《林氏族谱》。

也纷纷赶回来。林氏族人以打扫和整理林瞪公的坐宫——龙首宫，为新一年祭祀的开始。

龙首宫是供奉林瞪公的庙宇，从外表看庙宇很新，据村民介绍前年刚刚修缮过。龙首宫里没有固定的庙祝，而是由村里辈分较高的男丁轮流担任"福头"进行管理。

从建庙捐献的名单可以看出捐献者并不都是来自林氏，也有其他姓氏，但据村民讲就算是外姓也是由林氏分出去的，如嫁出的女儿的后代等。当然也有为数不多的与林氏没有任何血缘关系的外姓人，因为认为林瞪公"有求必应"而捐献，其中甚至包括居住在柏洋村的另两个有自己独立祠堂的姓氏——许氏和吴氏的族人。林氏的村民也说，林瞪公的信仰不仅仅是林氏，还有周围其他的姓氏，因其灵验而来拜祭、许愿还愿，自然也会捐献钱财。

龙首宫的正中央供奉着林瞪公和其夫人陈氏的神像，衣着打扮是宋朝的官服摸样，不过更像是舞台上的戏服。按族例，林瞪公和其夫人的衣服在每一年祭祀时更换为新的，衣服是来自林氏族人——通常是一两家的主动捐赠，若没有捐赠就改为摊派。祭祀前的一两天行宫就已经香火旺盛。神像前摆放着红色的香案，案上的香炉里轻烟缭绕。据村民说，在林瞪公寿诞之外的平常日子里，龙首宫也是香火不断。

林瞪公夫人陈氏坐像左手侧有位黑脸的陪祭之神，林瞪公右手侧是位白脸的陪祭之神，村民并不知道到底是什么神陪祭在祖先两侧，只是说那是林瞪公的手下。跟据观察和猜测，黑脸和白脸的神可能是道教中四大元帅中的马、温二元帅。并且在民间传说中除了这两个神以外，林瞪公有四个供其驱使的神灵，这些神灵佩服林瞪公的法术，自愿跟随其左右。而村民所指的四位手下，可能就是道教的四大元帅。

祭祀的另一个重要场所是祠堂。现在的林氏宗祠建于 20 世纪 90 年代，位于柏洋村的一个山坡上，坐北朝南，与全村的建筑相比，林氏宗祠无疑是华丽、恢宏的。

祠堂正门横额上写着着"双阙世家"四个字——"双阙"是林氏的堂号，下面一副对联写的是"乌露呈祥敬明士，双阙赐修颂儒臣"。正门的两旁各有小门，一个门上写着"入孝"，下配的对联是"祠宇源流远，宗支世泽长"；另一个门上写着"出悌"，下配的对联是"林家世运长，为善业能昌"。如果说祖先祭祀会被认为是自然宗教遗存，那么在贴着"出悌""入孝"的祠堂进行的祖先祭祀无疑是儒教价值的体现。

进入祠堂后，正面供奉的同样是林瞪公和夫人的塑像，祠堂中没有固定的照明设备，即使在阳光明媚的白天，里面依然有种阴冷肃穆之感。需要灯光时，由临时的电源接上灯泡作为照明。此时的祠堂已经布置停当，供桌上摆满了向林瞪公奉献的祭品，主要是猪头、鸡、鱼、糍粑以及各种水果，供品上贴着祈福的红纸。

对着神像的位置是戏台，在戏台周围的墙上绘有壁画，画面斑驳模糊，但依稀可以看出描绘的是古时战争的场景——村民说那是歌颂祖先功德的壁画。因整个祠堂地形呈斜面上升状，故而戏台的位置相对较低，当祠堂里面摆上长条凳子之后，感觉颇像是进了电影院一般——除了祭祀之外，祠堂的功能之一就是为村民提供看戏的地点，而与正在筹备的祭祀同时进行的，便是娱神戏的筹备。

2. 祭祀的过程

祭祀林瞪公的活动从他的寿诞农历 2 月 13 日开始（公历 3 月 8 日），首先在柏洋村举行，然后是林氏最早的聚集地上万村，最后是塔后村。祖先祭祀在每个村子持续三天，总共历时九天。下面的祭祀过程以柏洋林氏为例，后面拜谱、跳神的过程为上万村独有，按顺序一并列出进行介绍。

公历 3 月 8 日早晨 8 点左右，全村的林氏族人手执许愿的旗子，自发地聚集到龙首宫前。这个旗子并不全是统一制作，有一些只是各家用一根竹竿和一块布将就制成——有的索性就是日常用的被面。旗杆上系有带子，上面写着许愿的内容和许愿人。从旗上的日子来看，旗子并非每年都新做，可以反复使用。旗子上的许愿话语大概分为两类：一类是祈求具体福祉，如：升学、发财、平安、子嗣；另一类是歌功颂德，如：祖先功德无量之类。

（1）请神

祭祀当天阴雨绵绵，据说因为林瞪公特别喜欢干净，所以每当祭祀的第一天，基本都会下雨，为的是把道路冲洗干净。雨通常从夜里开始下，到早上就会变小或放晴，据说是为了方便族人操办祭祀的事情。上年纪的村民还说从改革开放后恢复祖先祭祀的这二十多年间，只有一两次没有下雨。村里还流传着诸如此类关于林瞪公好恶的传说，族人依据这些传说来揣摩祖先的性情，并以此来愉悦祖先，使家族和祖先神的联系更容易操作。

一名身着道袍的法师——莲花法师，主持整个请神的仪式；这个法师的家族已经为林家做了十四代的祭祀主持。法师手中执一对叫作"圣杯"①的小盘：铜质，中间凹陷，上面拴着绳子。这个圣杯的凸面向上代表"阳"，凹面向上代表"阴"。掷圣杯前祈愿人要先向神明面参拜，然后莲花法师才会松手让圣杯落下。要三次一阴一阳才算"吉"，即祖先同意了许愿人的请求——去祠堂接受子孙的祭祀和看为其准备的戏。"圣杯"成为与神灵交流的工具，通过占卜建立一种有机的联系。

在法师占卜的时候，族中辈分较高的男丁会围在法师周围，争相观看法师占卜的结果，因为这个结果理论上决定着祭祀仪式能否照常进行，林瞪公是否会去祠堂看戏。如果进行几次占卜，其结果都是林瞪公不应许，即为不吉。那么族中有辈分的男丁，就会一齐跪在莲花法师的周围，向祖先祈求，求祖先应许。

曾向村民了解，祭祀的历史中有没有无论扔几次都不能达到"吉"的占卜结果，亦即仪式最终不能进行的情况？村民的回答有两种：有的说，这种情况是有的，只是年代记不清了；而有的则说，祖宗很爱护后代，而且后人还在在祠堂专门为他准备了戏，怎么可能不愿意去呢？但就当时看的结果而言，的确是多次不能得到"吉"，导致法师不得不反复掷圣杯——他们最终就是要等到"吉"的占卜结果，其根本的目的就是让祖先欣然受祭，使仪式得以完成。

---

① 注：圣杯在佛教、道教中有另一种形式——掷筊，是一种佛教、道教信徒问卜的仪式，普遍流传于华人社会。"筊"也称"杯"，故闽南语"掷筊"又名"跋杯"。依据传统习俗，仪式内容是将两个约掌大的半月形，一面平坦、一面圆弧。凸出的筊杯掷出，以探测神鬼之意。凸面为"阴"，平面为"阳"。掷筊是人与神灵的交通工具，人们借掷筊能获悉神灵的旨意。一平一凸：称之为"圣杯"或"圣筊"，"信筊"表示神明认同，或行事会顺利。但如祈求之事相当慎重，多以连三次圣杯才做数。两平面：称之为"笑杯"或"笑筊"，表示神明还未决定要不要认同，行事状况不明，可以重新掷，请示神明，或再次说清楚自己的祈求。两凸面：称之为"阴杯"或"怒筊"，表示神明不认同，行事会不顺，可以重新掷，继续请示。

之后，游神仪式开始。

（2）游神仪式

一旦请神被应许了之后，人们就开始把神像从供奉的神龛中抬下来，固定在事先准备的轿子上。随着三声火铳，游神的队伍出发。游神队伍按顺序：最先是由铁铳开道，紧随其后是民乐队；之后是女人和孩子手持上百面大旗组成的队伍，大旗队中还有人专门抬着铁锅以备大家烧金纸之用，大旗队的最后有人高举着四面木牌——"洞天兴福""雷使真君""肃静""回避"；大旗队之后，是由两个人抬着的木质香亭，亭中燃着香。在这些仪仗式的队伍之后，就是抬着林瞪公塑像的队伍：队伍的最前端抬的是林瞪公身旁那名黑面部下的塑像，然后是林瞪公，接着是祖婆塑像；其后为林瞪公另一名白面部下的塑像，各塑像身后均有一把大凉伞插在轿子上。整个队伍的尾端仍是民乐队。据村民介绍这是按宰相出巡的仪仗准备的，因为祖先曾被敕封，此说无考。

抬夫是轮换制，通常是福头来做。当时问为什么黑面神走在前面，村民说："黑脸神脾气很急，如果把他放在最后就会很生气。"但要在这提一下，送神的时候是黑脸神是在后的，村民说如果不这样，神灵是要降下灾难的。

据了解，队伍中也夹杂着林姓之外的村民，因为在当地，林瞪公不仅仅是林氏的祖先神。因林瞪公被传"十分灵验"，故而吸引了很多柏洋非林姓村民也前来烧香祭拜，使得林瞪公的祭祀具有了祭祀村落神的属性，由血缘向地缘扩展。

（3）安神仪式

到达祠堂后要进行安神仪式。许愿的旗子被靠墙放置在祠堂两边，而在祠堂的二楼还摆放着很多许愿的旗子，从旗子上写的年代看，早的可以追溯到90年代初。族中男丁负责将林瞪公和夫人的神像安置在正中高高的神坛上，神坛的前面是林氏祖先的牌位。接着法师还要再次用"圣杯"占卜，询问林瞪公的意思：是否可以进行下面的祭祀。这样迎神的仪式基本完成。

（4）催生仪式

在3月9日凌晨零点左右举行催生仪式，到1点多结束。因为据传说，林瞪公出生时难产，所以要请法师念经，使林瞪公能顺利降生。

催生仪式在 10 点多开始准备，祠堂里聚集着林氏族人。三个法师穿着红色的道袍，一个敲鼓、一个打镲，中间的莲花法师口中念念有词，有一部分是经文，名为《普济灵坛》，其中包含很多篇经文，有一部分是法师自己的说辞，听村民讲是些求林瞪公顺利降生的话。

（5）许愿还愿仪式

许愿和还愿的仪式在 3 月 9 日早上 5 点左右进行。仪式分为两部分：首先进行的是还愿仪式，还愿所还前一年祭祀时向祖先的许愿。还愿人跪在法师身边，法师依旧念念有词，如"后裔谁谁，因何事许愿"之类，而且还有张红纸，上面写着愿望和自己的信息以及当初许下的供奉；其次进行许愿仪式，法师始终拿着"圣杯"，这是作为与神交流的重要工具，只要占卜的结果是"吉"，就代表祖先应许了，否则就要继续诚心许愿或还愿。

许愿灵验所收的供奉，由当年的福头管理，记录在公共账本上。这个账本记录着这几年子孙信众的供奉，以及祭祀所花费的钱数。当时，有村民介绍，他们的祖宗特别"会赚钱"，没几年就有很多的供奉，还包括外姓人，这次还愿最高数额是 3 万元左右。每当这个时候，林氏子孙都很兴奋也很激动，每个人都会争先恐后地讲解，林瞪公还有哪些灵验的事，尤其是祖先能够保佑外姓人，让他们前来供奉，更让林氏族人觉得自豪。

（6）拜谱（上万村独有）

上万村的族谱与柏洋的族谱不同，平时封在木盒里，只在每年神诞祭祀拜谱仪式时才会开启取出。传说如果平时打开，则会招来灾难。

据上万村一个年长的村民介绍，曾经有位从海外回来认祖归宗的林氏子孙，想翻阅族谱查到自己这一房，以便续写。当时虽然有不能随意打开族谱的禁忌，但是感于远道而来又是诚心诚意，便违反禁忌将族谱取出，据说认族之人后来死于非命。当进一步询问这个禁忌是如何而来之时村民都说是上辈人传下来的，原本没有这么严格，但是因为随意打开族谱而招来灾难的事一再发生，村民们就不敢打破了。由此可见，真正使这个禁忌被严格遵守的原因是那些显灵般的巧合。

（7）跳神儿仪式（上万村独有）

据村民介绍，在"跳神儿"的时候，如果被神上身的人能够跳上供桌，就说明是本宗族的神附身，也就是村民所讲的"上桌"，如果是外来的鬼神就不敢上桌。这次"跳神"的人，第一次请上身的不是来自本族的鬼神，所以他"准备"了半天，也没敢跳上桌子，只是围着桌子"张牙舞爪"地叫嚣着。

之后，在临近午夜的时候，一个不高的男人，一下子跳上了大概 1 米高的供桌。坐在桌子上像预言者一样，回答着族人询问的问题。问题包罗万象，如孩子能否考上学，寻人是否有果，能否发财，还有请他（附身之神灵）看病的。无论得到怎样的回答，村民都觉得灵验，还向笔者介绍为什么觉得灵验，然后便是让笔者也去询问，说机会难得。

当问及是什么神灵附身，或者是否就是林瞪公时，村民回答不一定是林瞪公，但一定是族中祖先，也没有说是固定哪位祖先，反正都是自己宗族中的人，其实谁来都一样。

对于外来神会被"请来"的原因，村民也有自己的解释：有来"恶作剧"的，只要些许供奉便相安无事；也有会带来噩运的。每次祭祀祖先时都会有"跳神儿"仪式，但不是每次都有"外来神"的造访，且在村民的观念中也不希望"外来神"光顾。先不论"跳神"这件事本身的可信度，也不论"跳神"仪式中林氏族人的介绍有多少杜撰的成分，但贯穿其中的宗族血缘观念为儒教价值的体现这一点确定无疑。"外来神"无论是否带来噩运都不会被宗族祭祀，因为祖先祭祀的核心是基于血缘和宗法制度：对祖先祭祀才能得到最实际的效果。在林氏族人的观念中，如果这个时候祭祀了"外来神"，祖先将会发怒降罪。

（8）娱神戏

村中林氏宗族每人摊派 80 元集资请来闽剧团，如有还愿的家庭会多出一些。娱神戏安排在 3 月 10 日晚上开始。这时宗祠变成了剧场，中间的空地，摆满凳子，全村老少集聚前去看戏。戏时常演到深夜，祠堂外灯火通明，族中老少齐聚。卖小吃的商贩使祠堂周围俨然变成一个微型夜市。在两天的娱神戏之后送神仪式开始。

（9）送神仪式

送神仪式在 3 月 10 日早上 8 点开始，送神仪式与迎神仪式有相似之处，先由莲花法师念经请神允许族人将祖先抬回龙首宫。与神沟通的工具依然是圣杯，当神允许的时候，送神仪式开始。在送神的路边摆着供桌，族人拿着自家供奉祖先的香和送神队伍中香炉里的香交换，再将香供奉到家中的祖先牌位前，村民说这样可以得到保佑。

这样对于林氏一年中最大的祭祀祖先的活动就结束了。

仪式活动的意义不在于祈求祖先给予的具体福祉，更不是用祭品来交换，而是出于缅怀先祖，对祖先生身建族功德的感谢和报答，而许愿的祈福也是基于信仰祖先情感的需求，将自己无力解决的困扰交托给自己的祖先——亲人，从而得心理上的慰藉。

仪式在很多时候能让人们从现实中的一切社会规则里得到暂时的解脱，领受一种儒家传统道德的洗礼与在焦虑情感的宣泄中完成心灵的净化。仪式本身是文化传统的"贮存器"，包容了各种各样的内容，有宗教的、时节的、宗族的、政治的、组织的、娱乐的等。由此，祭祖仪式成为贮存带有明显的儒教神圣话语色彩的"宗族记忆"的载体。

二 当地林氏族人信仰状况简述

（一）简述柏洋、上万、塔后自然村庙宇状况

由于林氏族人祭祖仪式所祭祀的林瞪公是摩尼教徒，在发现摩尼教遗址之后，摩尼教这个名称在柏洋乡变得异常流行，似乎和每个林氏族人都有极为密切的关系。然而村民却对摩尼教几乎一无所知，而且当地不再存在对摩尼教的信仰，除了辈分较高族中老人知道林瞪公是摩尼教徒（明教）外，年轻的一代甚至没有听说过，何谈信仰。

就目前柏洋村的情况而言，有一座佛教寺院，建筑雄伟恢宏。捐建功德牌上主要有林氏、许氏和吴氏的族人。吴氏聚集的村落与柏洋自然村毗邻，除这三个姓氏外，也有其他姓氏捐献。与祠堂和村庙不同，佛寺有居士长期居住。

在柏洋村中有两座土地庙。从神像前的香炉的香灰的情况看，香火虽不旺盛，但也未曾中断。其中一个土地庙对面有座村庙——迪惠宫，由林氏、许氏村民为主在 1994 年集资重建的。至于庙里供奉何方神圣，村民并不清楚，只知道叫"迪惠大王"。据村民说是他们祖先神林瞪公的手下。

当询问村民这个庙平时是否有香火，村民说有，但最旺盛的时候就是祭拜祖先的时候。也就是说，要祭祀祖先林瞪公的时候，也会同时给村子里的其他庙上香。

因为上万自然村塔后自然村原本就相邻，若不是村民介绍何处为两个自然村的分界，几乎不会有察觉。之所以分成了两个自然村村子，是因为两个村子各有一座林氏的祠堂。

两个村子的交界处有座基督新教教堂，十字架高高耸立。据村民讲两个村子中有十几户人家信仰基督教，教堂为他们集资所建，平时上锁，只有教会活动的时候才打开。

上万村中有座观音堂，中间供奉的是观音，上面的匾额上写："慈航普度"，左右两侧还供奉了两个道教的神灵，平时香火旺盛。村中发现的摩尼教的文物，就保存其间，观音堂的神像虽是村民 20 世纪 90 年代捐立，但建筑本身却是保存自宋代，石制神坛四周的浮雕，据考证为摩尼教文物。

据了解，村中有的庙宇香火旺盛，有的冷清，原因可能有二：①和林瞪公有关的庙宇香火旺盛，因为林氏族人认为那些神灵是林瞪公的手下——可以理解为是"自家人"。②强化作用的体现。如某位村民遇到困难祈求于某座庙宇的神灵，当事情变得顺利，就在村子中遍传该神显灵的故事，随后香火必然兴旺。

（二）柏洋、上万、塔后村村民的信仰所体现的心理特点

与村民的访谈是获取信息的主要方式，这种方式在农村非常有效。因为"维持这个空间的是闲聊，村里一天发生的多数事情，有人会在这天结束之前加以叙述，这些报道依据的是观察和各种介绍，乡间闲聊也包括这些日常叙述，加上互相的插科打诨，由此一个村子非正式地为自己建构一段绵延的社区史：在这个历史中，每个人都在描绘，每个人都在被描绘，描绘的行为从不中断，日常生活几乎没有给自我表现留下什么余地，因为个人在如此大的范围内记忆与共"。① 访谈本是想了解村民的宗教信仰，但是通过跟村民的交流，发现村民对于宗教并没有清晰的意识。

---

① 〔英〕保罗·康纳顿：《社会如何记忆》，纳日碧力戈译，上海人民出版社，2000，第14 页。

在访谈和与村民的交流中发现，村民的信仰具有以下特点。

1. 于年龄不同对于信仰的认同存在区别

信仰是访谈中贯穿始终的主题，但村民并不把自己回答的内容理解为信仰，也不认为自己本身有任何的宗教信仰。在很多上年纪的村民中认为宗教就是政府所说的五大宗教或是只知道佛教、道教和信上帝的基督教，除此之外，都被认为是封建迷信活动。

和一位年约五十的林氏族人 A 聊天，他对林瞪公的祭祀的理解很有特点：①他认为祭祖仪式本身有迷信的成分，否则"文革"时就不会被禁止，但是改革开放恢复后，乡政府没有禁止，就证明国家和政府同意。②现在不仅是林瞪公的祖先祭祀，其他地方的祖先祭祀也被认为是值得鼓励的民俗活动，还能发展当地的旅游。③无论什么形式，纪念祖先终归值得提倡，对人有教育意义。

以上为聊天内容所整理（A 不接受访谈的形式），当问及向祖先祈求福祉的行为时，A 避而不答，再三追问便说至少他不信。随后几天，笔者在仪式中对 A 进行观察，族中辈分高长者要向祖先跪求时，A 每次都在其中，而且关于祖先的各种神话传说也是乐此不疲地介绍。与 A 类似的其他上些年纪的林氏族人，对于林瞪公的信仰更多的是一种"向外介绍和推广"的姿态，祈福许愿和祭祀仪式的执着程度并没有年轻人显著，30 ~ 40 岁这一年龄段的族人，无论在仪式的花费上，还是许愿的钱数上都表现出惊人的慷慨。

村里年龄 30 岁以下的年轻人，对于宗教或者信仰这种说法有比较明确的理解。访谈发现，他们同样认为自己没有宗教信仰，但会不定期地去庙里拜菩萨，于他们来说这与佛教并没有什么关系。更多的是因为自己想去而自发参与烧香祈福等活动，最终成为中坚力量。形成这种现象的原因可能是年轻人比老年人面对更多的社会压力，所以有更多的心理诉求，对人生有更多的期许和欲望，同时也伴随着更多的恐慌和焦虑。

综上所述，年长者对于祖先更多的是"慎终追远"情感，基于孝道，希望通过祖先祭祀成为孝道教化的受益者。而年轻人则多表现为对祖先祭祀所涵括的宗教因素的需求。对祖先的信仰和进行祭祖仪式本身有助于平衡宗教信仰缺乏所带来的负面心理状态。除去因缅怀祖先或在潜意识中保有祭祀祖先传统的族人发起和参与仪式外，更多的是通过参与祭祖仪式，产生对于祖先祭祀神圣性的神秘体验。

2. 对于融合的多种宗教信仰提供合理化解释

在一个访谈中，访谈对象是位六十多岁的长者 D，他在族中辈分很高，在仪式过程中作为向导给笔者介绍，他认为祖先林瞪公拥有极高的法力，这种高强的法力不仅表现在传说中的各种异能上，还表现在能差遣各路神灵上，其中包括在民间香火鼎盛的观音菩萨。而据村民解释观音堂所供的神灵都是林瞪公的手下。这种理解本身使多种信仰交汇后融合变得可行和合理，尤其是在村民的心理方面减少了信仰本身的冲突。

这种合理化的心理支持有以下两点：①在村民心目中林瞪公的地位至高无上。林瞪公因其是明教教徒，族谱中又记载"功行乃成"，最后被封为神，所以比起宗族祭祀始祖神化程度更高。事实上，在林氏族人的观念中林瞪公在当地所有的神灵中居于统治地位，是最高神灵。在访谈中发现，对于问及村里的庙宇所供奉的何方神灵时，村民无论知道与否，大多数村民都会带着骄傲的神情解释说，这些都是很有本事的神，但这些神灵都是他们祖先林瞪公的手下，是为受他差遣一直跟随，造福百姓后也立庙供奉了。产生这种心理的原因之一就是基于"祖有功宗有德"，崇拜祖先因而无限神化。②当地村民心中神灵只有灵验与否的区别。这里保留下来的各种宗教形式或是民间信仰本身并不纯粹，没有形成对于某个具体神灵的单一信仰，在当地村民心中能满足其需求的就是神灵，不能满足就逐渐被还原成原本的塑像，不再有任何神圣性。因此，村民心中并不存在神灵来源于何种宗教的意识。

（三）与基督教的冲突

前面提到上万村的基督徒集资兴建了基督教新教教堂。在这多种信仰形式高度融合的地方，村民却表现出对基督教极为排斥的不宽容态度。对于上帝，村民心里没有将其融入当地信仰体系的意愿，反而因为信教的族人不再参与祖先祭祀，而彻底抵触基督教，同时也将这些族人从宗族活动到族人心里彻底驱除，即使有血缘也不再是亲戚。更有甚者对信基督教的族人极尽刻薄——认为他们数典忘祖。在与访谈对象 E 的交流中，得知基督教是疏离在整个林氏宗族之外，明显被排挤，E 甚至说："拜别的神，不认祖宗的人是会遭报应的。"

排斥基督教可能是由于信奉基督教使得这些村民产生了不同于以往的自我认同，对上帝的爱超越了原有血缘为信仰基础的模式，破坏了在乡土社会中世代相传、联结彼此的隐形"锁链"。因此这种变化使得这些基督徒游离在以宗族为认同的族人之外。再加之，基督教将祖先祭祀看作偶像崇拜或是异教神灵而加以抵制。这使得以"敬天法祖"为基础的中国乡土社会，难以接受和融合基督教神灵。

（四）基于访谈浅析当地林氏族人对于祖先祭祀认同的原因

正如上述，在中国祖先祭祀的观念根深蒂固。在希望人丁兴旺的乡土社会，求子往往是村民极为重要的诉求。询问村民为何求子不去求送子观音时，村民通常回答，也去求，但是林瞪公更为灵验，因为多子多孙是林氏宗族的喜事，祖先更是喜欢人丁兴旺，所以祖先必是会保佑。

1. 基于宗族血缘而产生对祖先祭祀神圣性的认同

"在闽南乡民看来，与本宗族有某些渊源关系的神祇，或是本族的同姓同宗，或是本姓氏有过缘分，这类神明对于保护本宗族的安全和利益最为可靠。"① 基于此，祖先神开始超越宗族祭祀逐步衍变成为保佑一方的神灵，这种衍变的过程并非单向的，而是相互渗透，通常地方神灵最早的信徒或是"神显"都是由其族人杜撰，或是某个宗族显赫的祖先神逐渐扩大祭祀范围，成为一地之地方神。

在祭祀祖先的时候，林氏族人在心理对于族内还是族外有明确区分：对于林氏族人来讲，林瞪公先是祖先然后是神灵，而对于非本族的人来讲，林瞪公就成为一个相传得道成仙的神灵。这种区别，林氏族人认为体现在乞求的灵验程度上。有的村民说，他们自己的祖先最"荫"外人，每次族外的人来拜祭和供奉的时候，所求更为灵验。村民也乐得用自己的方式解释这一说法的原因：①祖先心存仁慈愿意帮助所有的人。②祖先这样可以为族人挣很多的香火钱，来帮助族人，"荫外人"是为了收他们的供

---

① 郭志超、林瑶棋主编《闽南宗族社会》，福建人民出版社，2008，第 202 页。

奉。③林瞪公不但是"我们林氏的祖宗，还是这一方的神灵"。因此在村民的心中，林瞪公是位与自己有切实关系而且法力无边的神灵，换句话说，林瞪公首先是位灵验的神灵，其次如此幸运这个神灵与自己有血缘上的联系。基于这种心理，就变得比其他神灵更为灵验。

2. 祖先神更具有人的属性

民间祖先祭祀中所供奉的祖先，是具有某种好恶的神灵，因为这种好恶源于祖先还再生时的情感和喜好。对于子孙来讲，满足祖先的喜好，这种行为本身是孝敬也是报答，这种孝敬和报答的结果就是使人神的交流在族人心目中变得亲近。这对于乡土社会中的农民来讲，比"以德配天"更为容易。

比如相传林瞪公生前爱干净，相传：村民供奉的祭品要非常干净，在制作过程中如有不洁之物，林瞪公会拒不接受。即使放在供桌上也会掉下来，有多位村民告知这个传说还要当场演示，就是在盘子里摆好的糯米饼，如果其中一个不干净了，村民无论将其放在盘子的什么位置，上面压几个饼，最终都会再次掉到桌上，这就表明祖先不接受这个不洁的贡品。由于这个原因，村民在制作供品的过程中要格外注意，任何可能污染供品的机会都要极力避免，林氏族人认为这样做可以取悦祖先。

3. 祖先信仰所具有的惯性力量

从县志上看，柏洋村有多种宗教都在这里"生存"，无论是佛教、道教，甚至是现已在中国已经消失的摩尼教，还有一些民间地方神的信仰。即便如此，祖先信仰依然是村民信仰的重要组成部分，在有些人心中甚至是诸多信仰价值的核心。这源于对祖先信仰的历史惯性，这种惯性来源于祖先信仰内化于民族之内，成为遗留在中国人心中的"集体潜意识"。荣格所提出的"集体潜意识"是人格结构最深层的无意识，包括祖先在内的世世代代的活动方式和经验库存在人脑中的遗传痕迹。如果说祖先祭祀仪式是种习得行为，那么对于祖先的信仰和崇敬就是潜意识的遗存。

祖先祭祀是"宗族长久与延续性的标志，明确地提醒族人，不单是活着的人，而是活着的和死去的人共同构成了宗族的血脉"。① 正是基于这种

---

① 杨庆堃：《中国社会中的宗教》，上海人民出版社，2007，第52页。

思维模式，祖先信仰无论在当地人思维里是否是宗教，并不影响祖先祭祀所承担的对于祭祀者的心理作用。

三　祖先祭祀的宗教功能在当代社会中的体现

中国古代社会被学术界分为"大传统"和"小传统"。这个说法的提出是人类学家雷德斐尔德在 1956 年《乡村社会与文化》中提出的，用以说明在比较复杂文明中存在两个不同层次的文化传统。从广义上看，大传统是社会精英及其所掌握的文字所记载的文化传统，小传统是乡村社区俗民或乡民生活代表的文化传统。① 因此，祖先祭祀在古代的中国社会中有两种意义，在以儒家经典为核心价值的大传统之中，祖先祭祀更多的是通过儒教礼仪的形式表达"慎终追远"。而小传统"在长期的历史运作中，虽然中国民众在很大程度上受到儒家经典文化的制约，但是由于经典文化常常留于境界过高，理想性太强，而生活于社会底层的普通民众为日常琐事所困扰，很难与经典文化完全保持一致，从而导致经典与民众文化在某种程度上脱节了"。② 所以，在"小传统"中，祖先祭祀更多体现了民间信仰的仪式特点，其中的儒教信仰核心往往被忽略，但这并不影响儒教的祖先祭祀发挥其作用。

在社会高度现代化的今天，宗族社会在北方已经衰落，在南方如福建广东等地还有一定程度的保留。因而在南方构成社会的基础并不全是社区或是自然形成的村落，而是由宗族构成。在福建等地仍可以看到以一个宗族为主的村落，或是附近几个村落都是由一族人构成，村子建有祠堂，选立族长。当代社会中所延续的不仅仅是居住形式和生活手段，这种延续性更多的是体现在思维方式和价值观上。

在经济方面，中国宗族社会经济的整体态势，是单元化的宗族经济、村落经济的整合。作为主要经济的宗族、村落二者联接起来的中间环节，是所谓"血缘性的"宗教因素，也就是"祖先祭祀"。③ 当代社会经济的

① 陈来：《古代宗教与伦理——儒家思想的根源》，三联书店，1996，第 12 页。
② 侯杰、范丽珠：《世俗与神圣——中国民众宗教意识》，天津人民出版社，2001，第 4 页。
③ 〔日〕井上徹：《中国的宗族与国家礼制》，上海书店出版社，2008，第 3 页。

发展，家庭经济能力的增强，同时更促使了宗族的瓦解。虽然如此，但作为主要纽带的祖先祭祀却是同族人自主重新形成适应于当代社会的互助关系，形成新的经济共同体。例如在调查中，祖先祭祀收来的供奉钱，其他重要一部分是来自族外人，这也就成了"集资"的重要形式，前面提到这些供奉可以用来帮助有困难的林氏族人。

在社会安顿方面，由儒家政治维持的合法性的消亡迫使家族承担起了对于个人和社会稳定性的规定，乡土社会中的个体信仰的缺失由家族的凝聚力所承担。但是当代社会家族也失去了传统意义上的"势力"，家族的联系在变得脆弱的同时，也迫使家族中的个体通过遗留在潜意识里的方式重新凝聚，因而承担新的社会凝聚的功能，在福建等地这种表现家族凝聚的不自主的方式往往就是祖先祭祀。

在《国语》中就有对于祖先祭祀社会功能的总结：

> 国于是乎烝尝，家于是乎尝祀，百姓夫妇择其令辰，奉其牺牲，敬其粢盛，洁其粪除，慎其采服，禋其酒醴，帅其子姓，从其时享，虔其宗祝，道其顺辞，以昭祀其先祖，肃肃济济，如或临之。于是乎合其州乡朋友婚姻，比尔兄弟亲戚。于是乎弭其百苛，殄其谗慝，合其嘉好，结其亲匿，亿其上下，以申固其姓。①

综上所述，祖先祭祀仪式在当代社会中所起的作用主要有以下几方面。

（一）通过祖先祭祀的仪式联系族众，增强宗族凝聚力

在两汉隋唐时期，宗族虽然没有如宋朝时期的平民化。但也有平民阶层为生存的需要，依赖血缘或是由血缘衍变的地缘，自主结成的宗族，形成村落，继而通过祖先祭祀形成宗族共同意识，增强由血缘所联结的纽带作用。

作为宗族重要标志之一的祠堂，是在明朝的时候才真正进入了庶民的宗族生活中。平民不但可以修建祠堂，修订家谱，还可以在祠堂里祭祀祖

---

① 《国语·楚语》。

先，不再是庶民只能"祭祖于寝"。所以，宗族真正的形成不是简单的基于血缘的聚居，而是一种内在凝聚力的形成：这种凝聚力的核心就是祖先祭祀——对于共同祖先的认同。在有了这种共识的情况下，宗族才有可能被整合为一个有机的社会群落。

1. 祠堂是宗族的象征、祖先祭祀的圣地

"祠堂是宗族的观念，组织，制度空间形态的表现，一个姓氏血缘群体成为自觉性的宗族关键，在于形成共祖的认同，祠堂的祖先之祭就是将共祖这一隐性事实转化为显性的客观存在。"① 在族人的心目中祠堂里的祖先灵牌，象征着祖先的身体和灵魂。族人通过祖先祭祀体现"尊敬孝穆"，这无疑有助于"血缘共同体"的形成和强化。

因此，祠堂的祭祖不同于各家对祖先的家祭，区别在于后者是基于个体，前者在更大程度上基于整个宗族，是针对于群体的。家祭体现的是"慎终追远"的情感，体现"孝道"，其中的宗教性较少，祭祀者难以有神秘体验。"在宗族成员的观念和情感上确立这种认同，并通过不断的祭祀仪式加以维系，正是宗族祠堂的设置是自在性的宗族开始转变为自为性的宗族，以各自为性宗族就会建立相应的组织、制度来进行宗族社会的运作。"② 不仅如此，也使得祭祀者拥有祭祀的神秘体验，增加祖先祭祀的宗教性，例如，流传于祠堂的各种传说和禁忌，也包括"跳神儿"带有萨满性质的神秘仪式。

虽然当代宗族的制度已经消亡，宗族组织也湮没于现代化社会的各种组织形式，但是宗族所起的凝聚作用并未因此消失。正如在柏洋、上万等地的调查。柏洋、上万林氏的祖先祭祀与过年或是清明进行的祖先祭祀有所区别是祖先的诞辰。在这个时间祠堂举行全族的祖先祭祀，而正月、清明是由各家自行祭祀。据村民介绍，从一进入农历二月开始，全村的林氏族人便开始了祭祖的准备，不但村里人如此，就是已经迁出村子的族人也会从县城、福州、北京等地甚至从海外赶回来，。据村民介绍很多族人过春节的时候都很少回来，有的甚至已经在村里已没祖屋，只在祭祖的时候回来，而且是在亲戚家借宿。当问及为什么如此劳师动众的回来时，村民

---

① 郭志超、林瑶棋主编《闽南宗族社会》，福建人民出版社，2008，第59页。
② 郭志超、林瑶棋主编《闽南宗族社会》，福建人民出版社，2008，第59页。

觉得这个问题有些荒唐，而得到最多的答案是"这是我们的祖先啊"。作为族外人同样认为这个不能算是回答。即使在当代，在类似福建霞浦这样宗族保存相对完好的乡土社会，几乎每家都会在逢年过节时祭拜祖先，但是祠堂的祖先崇拜却如同一个盛大的集会，对于族人来讲是无论如何也要参与的，原因之一是祠堂本身就是家族的神圣象征。

2. 祠堂中的祖先祭祀使宗族成员间建立一种联系

在当地常听到一种说法"我们是拜一个祖宗的"，村民借由此来增强彼此的亲密程度，也由此来化解各种摩擦。这句话暗含的联系是不用言明的，是默认的，是能在族中得到普遍共识的。编纂族谱使宗族以某种固定的价值规范延续成为可能，例如无论是否在五服之内，无论是否还能依辈分算清的称谓，只要查阅族谱，即可根据行字排辈，以免混乱。

在翻阅宗谱的时候发现了一个很有趣的现象：据前面已经介绍柏洋不同于上万村和塔后村，并不是只有林氏，还有一个人数相当的许氏。刚到村子时，曾问过林姓辈分较高的村民，许姓后迁入以林姓为主的村子时，是否发生过械斗或冲突，村民很肯定地说没有，两族人一直和睦相处，可奇怪的是从没有田地到有自己的族田，这个过程不和当地原本的居民发生冲突实在难以想象，这个疑问村民的解释是许氏的族田是林氏卖给他们的，一手钱一手地，自然不会有械斗之类的事情发生。当疑问似乎不再是疑问的时候，却在族谱中找到了真正的答案。

族谱上记载：

许姓和林姓各执契约争界不明至成讼端于今三载互控不休。[1]

最终解决是立约重新划分地界，虽然祠堂地契分属于两个宗族，但是从族谱的地图显示，当时将两族的祠堂共墙而建，直到现在仍能看到当时的遗迹（林氏另建祠堂于村子的较高处，但是许氏祠堂仍在原处，比邻是林氏原祠堂拆除的遗迹）。当见到林氏的祖先祭祀也有少数许氏的参与，

---

① 引自《林氏族谱》。

大胆猜测可能当初除了立约解决纠纷之外，共祭祖先也是一种解决的途径，因为族谱里描述：

> 林许两族本属同乡共井又兼①，姻戚重重②。

据村民说以前这种互相参与祭祀极为常见，只是搬了祠堂后少了些。这说明，拥有共祖认同不但能使同族更加和谐凝聚，而且对模拟共祖的形式宗族也能起到和睦的作用。这种联宗的关系虽然在本案例中体现的并不典型，但事实上，这种关系在乡土社会中普遍存在，并不拘于姻亲，而且还能通过共祭祖先形成，一旦形成共祭祖先，就表示这两族人存在一种拟血缘的亲缘关系。

（二）祖先祭祀对于孝道的教化功能

"祭者，教之本也。"③ "夫孝，德之本也，教之所由生也"④。而教的内容就是"虔敬"和"孝道"。"教民亲爱，莫善于孝。教民礼顺，莫善于悌"⑤ "祷祠祭祀，供给鬼神，非礼不诚不庄"⑥。"孝道"在儒家思想中有极其重要的地位，"曾子曰：身也者，父母之遗体也。行父母之遗体，敢不敬乎？居处不庄，非孝也；事君不忠，非孝也；莅官不敬，非孝也；朋友不信，非孝也；战陈无勇，非孝也；五者不遂，灾及于亲，敢不敬乎？"⑦ 也是如何理解儒教的祖先祭祀的重要依据之一——将中国民众的祖先祭祀或是祖先信仰与世界一些原始部落遗留的祖先信仰区分开来。

祖先祭祀强化了"孝"的观念，①使这种亲情的凝聚可以使得中国这个基于血缘宗族的社会有更大的凝聚力——以孝道为基础的道德体系。祖先高大光辉的形象可以使家族更有凝聚力，所以在祭祖的时候会夸大祖先

---

① 族谱上该字模糊，据猜测为"兼"字。
② 引自《林氏族谱》。
③ 《礼记·祭统》。
④ 《孝经·开宗明义章第一》。
⑤ 《孝经·广要道章第十二》。
⑥ 《礼记·曲礼》。
⑦ 《礼记·祭义》。

的功德。② "凡祭祀之义有二：一曰报功，二曰修先。报功以勉力，修先以崇恩。"① 这句话的意思表达了，这种祭祀对于在世的人的意义，把自己所做的功德告诉祖先的同时，也使这种功德所代表的社会价值取向得到强化和传递到子孙后代去，而祖先的恩德也同样传给后世子孙，这样家族就会形成自己的价值判断。

在调查中发现中国农村最不道德的事，或者夸张点说就是"罪大恶极"又不触犯法律的就是"不孝"。孝顺是评价一个人的重要标准。孝子在农村既是一个很高的评价同时也是人作为人最基本的标准。

从孝子贤孙祭祀祖先神的诚敬心情中，宗族以孝道维系的血缘得以巩固，而受祭祀的祖先神灵，也无一不呈现"孝"的人伦情感，它不要求人们厌弃现实世界，反而要执着于宗族伦理道德。

"在福建民间崇拜的许多神灵中，有一部分是与崇拜者的家族有着直接的血缘关系的先祖，其神灵的光彩不少是由族裔们塑造出来的。"② 林氏所祭祀的祖先神林瞪公不仅仅是宗族的祖先祭祀，更准确地说是祖先祭祀与建有"丰功伟绩"人物的神化，所以林氏宗族在祠堂祭祀的不是始祖神，也不是近祖（近祖由各家在家中祭祀）。

据村民介绍，林瞪公作为明教徒修行得道，位列仙班，而且"奏封'洞天都雷使'加封'真明内院、正直真君'"，对于受封，流传在村民中的说法是林瞪公因用"神通"救火有功而被封为宰相。因此，给祖先林瞪公塑的神像是身着官服。在林氏族人的心中林瞪公不仅法力高强，而且大仁大义，长期在外修行造福百姓，以致很少回家，导致两个女儿都没有父母之命，最终成为未嫁的姑婆。据猜测林瞪公两女未嫁很可能是因为她们明教徒的身份——明教主张独身，最终未嫁——但这都不能影响林氏族人自古流传下来关于林瞪公的传说的理解，这种理解的本质就是美化祖先，而这种美化祖先的目的是将其神化。

所以，"祖宗不仅是本族的生命之本，还是人间道德、力量、事业、功绩的至高至善的代表与象征，这才换来中国的后人们在祖宗祭祀时所具有的那种热烈、持久、专一、深刻、崇敬、恭顺的情感，自始至终，从未

---

① 《论衡·祭意》。
② 郭志超、林瑶棋主编《闽南宗族社会》，福建人民出版社，2008，第202页。

绝止。"① 而祖先因被美化而拥有的这些美德将通过祠堂祭祀在代与代之间流传，成为族人的道德典范。儒家的教化不是源于神灵所规定的彼世道德的追寻，而是基于现实成就人所以为人的价值。

如果有人触犯了这些在宗族中已经达成共识的道德规则，就很有可能被剥夺祭祀祖先的权力，在古代严格的宗法社会中，被剥夺祭祖权力基本等同于被开除出这个宗族，不但失去了生活的来源和根本（那时个人的生产力极弱，经济基本上是依赖于宗族的经济生产），而且失去了所有的社会关系，只能远走他乡。

虽然在当今的社会中，已经不存在上述的现象，虽然是否开除族籍已经无关乎生存，但触犯这些道德规则的人依然要付出极高的社会成本。

在柏洋村三天的祭祀仪式中，笔者碰到一位结婚不久而且是第一次拜祖先的新妇，带她祭祀的族中辈分较高的妇女口中念念有词，其核心意思就是"新媳妇会孝顺，会兴旺家族"。询问一位年长的林氏村民 C，如果子孙不孝顺会怎样，C 说："祖先会惩罚他，林瞪公最喜欢孝顺的子孙，孝顺的会赐福，求什么应什么，如果是不孝顺的子孙，不但什么心愿都不会灵验，而且还会降灾于他还有他的家庭。"

（三）祖先祭祀成为个体自我认同和安顿的力量之一

以祖先祭祀为核心的宗族生活在解放后作为"封建迷信"而被禁止，在改革开放后的复兴却是村民自主发起的。村民之所以自发兴起祖先祭祀，是因为在社会"去神圣化"之后，安定的社会看似能提供一种人与人之间的认同，但不能提供充分的个体对于自身的认同和感受，因而身心无法安顿。

祖先祭祀之所以能为族人提供身心安顿的原因有：①血缘是中国人潜意识中最稳固的联系。在"文化大革命"这场浩劫之后，人被最大限度地缩小，安全感和归属感的消失使人失去了根本心理依靠。这种由安全感和归属感的缺失引起的焦虑却又是最为深层也是最难察觉的。人们选择安顿这种焦虑的方式还是依赖于血缘的宗族。正如村民介绍的那样，在诸多所

① 余和祥：《论祖宗祭祀礼的伦理思想根源》，《中南民族大学学报》（人文社会科学版）2002 年第 9 期。

谓的"封建迷信"中最早恢复的就是祖先祭祀。②祭祖仪式加强家庭对于个人的支持。祖先祭祀是孝道的体现，孝道是家庭维系强而有力的纽带。如前面所论，由于中国现有的宗教并不能充分承担个体安身立命的问题，即使是"拜观音"也不会在意识中形成对佛教的专一的信仰，钱穆先生对家庭承担的身心安顿作用有着深刻的论述，"中国人不必有教堂，而亦必须有一训练人心使其与大群接触相通之场所，此场所变为家庭。中国人乃在家庭里培养其良心，如父慈子孝兄友弟恭等。故中国人的家庭，实即中国人的教堂"。①因此，由孝道所维系的家庭如同教会般成为个体心理上的依托。③所祭祀的祖先作为超验的神灵所带来的慰藉。如同所有的超现实的崇拜所带来的心理安顿，就是由和神灵的交换、协议所带来的心理安慰和寄托。这种安慰和寄托可以使人在脆弱的时候得到巨大的"力量"，而这种力量在某些时候使人认为自己控制本不能控制的未知。

中国民众的宗教观基于现实的是现实社会中的祸福予夺，而佛教或是基督教是将幸福诉诸来世，因此在村民心中不如祖先崇拜那样实际。无论是佛教还是基督教对于中国民众来讲，其精深的教义与中国民众所重视的"灵验"来讲，几乎可以被忽略。既然所求是人间的幸福，那么如何有比曾经是人，如今已经成为"无所不能"的神的祖先更好的选择呢？

这里所说的"无所不能"不是来自祖先被神化的程度，而是来自许愿人五花八门无所不包的愿望，似乎所有人世间的问题都能有祖先解决，无论是生子，还是求学、求财。这样祖先祭祀所产生的宗教效力的安顿不仅仅是人生终极问题，也包括了具体事物所带来的短期焦虑。

结　语

祖先祭祀作为自然宗教起源于氏族部落时期，早于儒家文化。在周代儒家对其进行了理论的总结和提升以及仪式的完善。"仲尼祖述尧舜，宪章文武"②，儒家是三代文化的主要传承者，也是儒家使祖先祭祀完成了从自然神灵崇拜到伦理宗教的转变。儒家文化提倡"敬天法祖""报本反始"

①　钱穆：《孔子与心教》，《思想与时代》1943 年第 21 期。
②　《礼记·中庸》。

"慎重追远"。作为儒教经典的《三礼》之一的《礼记》对于祖先祭祀有着详细的记述，如"修宗庙，敬祀事，教民追孝也。"① 可见，建祠堂、祭祖先，有着深厚的儒教背景。

祖先祭祀在当代的乡土社会中不仅存在，而且还承担着重要的社会功能，如聚族、睦族、个体认同和身心安顿等。除此之外，在现代化的潮流中，以儒教的祭祖仪式为核心的宗族生活也在自主应对这种社会变化。在承担社会功能的同时，也承担着对传统文化的认同。这种认同可以在应对现代化的过程中，解决由于社会结构剧烈变动所产生的个体信仰的缺失和身心无法安顿等问题，以及用儒教的道德价值来补充法律所不能及的社会领域，从而起到规范社会的作用。

祖先祭祀无疑体现的是儒教的内容和价值，但祭祖仪式的过程却混杂了大量的佛教、道教的元素，其原因主要是儒教在古代用"礼"的形式与政治、价值伦理等内容相互联系，自身注重纯粹的理论。因此，儒教的祭祖仪式进入乡土社会之时，就表现出仪式的神秘性体现不充分的问题，礼仪烦琐的祭祖仪式中便逐渐加入佛、道的仪式符号，丰富其宗教性，从而满足人们对于超验的体验。虽然仪式的符号具有内在的表述功能，但其要表述的不是仪式符号自身，而是由符号所象征的仪式信仰价值。由此，佛、道二教的仪式符号表达的不是佛道的信仰，而是由宗教仪式制度发育不完全的儒教借来，用以呈现自身"反古复始，不忘其所由生"② 的信仰核心。

仪式本身具有的神圣性也能起到安顿身心的作用，但是作为儒教的重建来讲，就要强化祖先祭祀仪式中的儒教信仰的内容和价值，弱化仪式本身的神秘性，比如强化祖先祭祀的"溯本追源"，而弱化祭祖的民间宗教形式，也要避免祭祖仪式更为世俗化，最终衍变成为很多地方庙会等民俗活动的起源。

乡土社会所保留的儒教因素，是儒教重建的根基。与其从无到有地重建，不如让已经真实存在于乡土社会中并发挥着实际所用的儒教因素更加明确。在个人层面上进行儒教价值的教化，避免其"日用而不自知"；在社会层面上，为其提供更为广阔的空间，充分发挥儒教的积极作用。

---

① 《礼记·坊记》。
② 《礼记·祭义》。

江南家族慈善文化的历史重现

——《无锡华氏义庄：中国传统慈善事业的个案研究》述评

郭进萍*

国学大师、无锡人钱穆先生曾说："家族是中国文化的一个最主要的柱石，我们几乎可以说，中国文化，全部都从家族观念上筑起，先有家族观念乃有人道观念，先有人道观念乃有其他的一切。"① 在这个意义上，家族无疑是透视中国传统文化的一扇窗口。在对家族众多面向的研究中，家族慈善是块引人注目的领地。袁灿兴副教授所著《无锡华氏义庄：中国传统慈善事业的个案研究》（以下简称《华氏义庄》），由合肥工业大学出版社出版发行。该书首次对历史上的无锡华氏义庄作了较为全面系统的考察，填补了该领域研究的空白，其学术价值是不言而喻的。

一

《华氏义庄》全书 27 万余字，分绪论、正文、结语和附录四部分。正文凡七章，依次为：义庄的历史演变、华氏家族述略、华氏义庄的变迁、功能、运作、华氏义庄与传统社会、义庄与传统及近代慈善机构，对华氏义庄作了多层次、多角度的立体考察。附录主要为一些华氏族人的传记、

---

* 郭进萍，苏州幼儿师范高等专科学校讲师，苏州大学社会学院博士研究生。

① 钱穆：《中国文化史导论》，上海三联书店，1988，第 42 页。

墓志铭、家规、华氏义庄的创办缘起、经过、管理规条等内容，均为第一手原始资料，分量厚重，可与正文相互参照。

首先，扼要梳理义庄的发展历史及无锡华氏家族的源流、家风、文化成就及仕宦。指出义庄是随着宗族宗法的发展而形成的，在共和国成立后的土改运动中走向瓦解和消亡。（第一、二章）

其次，集中考察华氏义庄的变迁、功能和运作。在爬梳明清两代无锡华氏族人先后多次创办义庄历史的基础上，指出华氏义庄的功能主要体现在祠堂祭祀、义田助困、义塾助学、义冢助葬、维护社会秩序等方面，并从管理、经营、分配、维持等角度透析了华氏义庄的运作实况。（第三、四、五章）

再次，深度探讨华氏义庄与传统家庭、宗族、地方、官方及役田的关系，并就义庄与传统及以红十字会为代表的近代慈善机构的关系加以审视。（第六、七章）

结语部分聚焦义庄在传统社会治理中的独特贡献，以古鉴今。

通览全书，发觉可圈可点之处颇多，以下几个方面尤值得称道。

其一，宏观研究与个案考察有机结合。作者的研究旨趣在于以无锡华氏义庄为个案，进而管窥中国传统家族慈善事业。因而，在研究过程中，作者拉长考察的视野，将整体研究与个案考察有机结合，跳出庐山看庐山，避免了"只见树木不见森林"的狭隘。比如，对义庄历史演变和义庄与传统及近代慈善机构关系的考察就属于整体研究。在对华氏义庄的功能和运作开展考察时，作者并未囿于华氏义庄一隅，而将视野放宽至整个义庄的历史发展长河中，探寻义庄的通用功能和常规运作方式，再以华氏义庄作为佐证，提升论证的可信度。

其二，史料多样，平实叙事。傅斯年有言："历史学就是史料学"，史料在历史研究中的重要性可见一斑。在史料上，作者多采撷原始第一手资料加以考述，囊括古籍、档案资料、地方文史资料汇编、近代报纸杂志、社会调查统计资料和相关研究论著在内的大量文献，为分析论证打下了坚实的基础。在对华氏家族的考察中，作者不厌其详地对华氏家族进行溯源，将其宗谱沿袭呈现在读者面前，并对华氏家族家风、文化成就和仕宦情况进行梳理，使读者在平实的叙事中感受到华氏家族的绵延繁盛。而一个大家族能世代不衰，一个很重要的因素即内在的精神支持，也就是家风。作者对华氏家族"尚德乐善、忠孝友悌、惠济乡里"家风的考察，为读者了解华氏家族多方面的成就尤其是义庄的创办打开了一个解密的视角。在对华氏义庄功能的研究中，作者通过铺陈大量的史实，为读者勾勒了一幅祠堂祭祀、义田助困、义塾助学、义冢助葬的多向度图景，丰富了读者对义庄的想象和认知。

其三，寓论于史，多有创见。本书立足丰富翔实的资料，钩沉索隐，多有建树。在对华氏义庄与佃农关系的考察时，作者观察到义庄在面对佃农拖欠田租时，常处于两难状态。"义庄义字当头，自然不能做出过度逼迫佃农之事。可佃农所缴纳的田租，又关系到义庄的经营维持，关系到族人的赡养，却是不能拖延的。"（第 122 页）面对这种两难处境，义庄一方面设置"恤佃田"，对于提前或按时交租者予以打赏或折减，对于延期交租者以加重租额的惩戒；另一方面，对于佃户的抗租，义庄虽不主动出门逼缴田租，但会选择"送官严追"，求助官府保护。据此，作者敏锐地指出，义庄的存在，造成了一个吊诡的现象：义庄奉行"义"，以赡养穷困族人为定位，可义庄的运作维持，却以来于佃农的辛苦劳作；又由于"义"，义庄不能过度收取地租，甚至设有补贴佃农的"恤佃田"，其所收取的租米也低于其他土地占有者的田租。（第 125 页）这种考察细致入微，丝丝入扣。在对政府与义庄关系的考察时，作者指出义庄与官方之间存在默契。在官方，就是制定法律保护义庄财产；在义庄，则是于义庄规条中保证完纳国税。在司法权力上，官方做出一定的让渡，由宗族享有部分司法权。义庄在官方与社会之间起着沟通作用，恤孤贫、施教化，填补官方统治的空缺，维持社会秩序。作者还进一步强调了秩序和安全在义庄创办中的重要意义。指出，义庄的存在，在主观上建立了以宗族为范围的族权统治；在客观上对官方而言，起到了集中政治权力的效果。（第 158 页）这种见地基于史实，颇有可信度，也为义庄涂抹了厚重的社会控制底色。有学者指出，义庄制度有很复杂的政治文化因素，特别反映了配合中央政权的意识形态进一步渗入地方，因此不能以单纯的救济机构视之。[1] 余新

---

[1] 梁其姿：《施善与教化：明清的慈善组织》，河北教育出版社，2001，第 27 页。

忠也认为，乡绅的救济行为并不仅仅是一种慈善行为，还是一种比暴力更具道德内聚力和持久性的社会控制手段。"①

其四，立足历史，关照现实。中国的学人周谷城有言："史学成立的经过，当在求真；其存在的理由，则为致用。"② 经世致用历来是中国史学的优良传统之一。《华氏义庄》的研究也灌注着这一旨趣。该书依据历史积淀，旁征博引，以期尽可能重现华氏义庄的风貌，彰显其现实借鉴价值。诚如作者所说，该书将历史与现实相结合，既涉及华氏在历史上的诸多善举，又探讨在当今社会如何提高社会治理及慈善的效果。（第9页）强烈的现实关怀意识是作者倾注在该书中的一大亮点。结语部分，作者专门探讨了义庄对传统社会的贡献，"最根本的在于使国家政权认识到了社会的基础性作用，而且透过民众资质实践建立起了一系列的组织、制度，实现了乡村自治"。据此，作者指出，再现华氏义庄的历史，目的是探讨、挖掘传统文化中的精华，用历史上诸多先贤的嘉言懿行垂范乡里，涵养文明乡风，让优秀的价值观在乡村深深扎根。（第189页）这种认识无疑是恰逢其时的，彰显了深沉的时代价值。

二

义庄是中华优秀传统慈善文化的重要组成部分，是文化自信的有效载体。新时代，如何对义庄这一历史遗产加以扬弃？如何使义庄绽放出新的时代风采？这都是摆在我们面前的命题。

翻阅本书，不难窥见义庄在传统社会治理中扮演着积极的角色，它融"养""教"功能于一体，"教养兼施"。创办义庄，使慈善成为经常性的行为，"反映了清中后期江南社会对救济由散赈向制度化发展的一种努力。"③

在社会调节、缓和矛盾方面，义庄恤孤济贫，予族人以米钱粮，在物

---

① 余新忠：《清中后期乡绅的社会救济——苏州丰豫义庄研究》，《南开学报》1997年第3期。
② 鲍霁主编《中国当代社会科学名家自选学术精华丛书》第1辑，北京师范学院出版社，1988，第300页。
③ 余新忠：《清中后期乡绅的社会救济——苏州丰豫义庄研究》，《南开学报》1997年第3期。

质上进行救助，维持他们最低限度的生存权，设置义冢使穷人得以体面下葬，在一定程度上维持了社会秩序。基于宗族和睦的考量，义庄规定本族人不得佃租义田，以免追索拖欠钱粮时"损伤族谊"。对待佃农，义庄设置恤佃田予以奖劝，并采取一定的减租措施，以缓和彼此矛盾。此外，义庄还在力所能及的范围内参与各类社会公共工程以服务地方等。

在社会教化和文化传承方面，义庄内附设义塾，开展助学活动，不仅对族人进行精神塑造，而且惠及地方人士。值得一提的是，华氏义庄还顺应时代潮流，创办华氏私立果育学堂和鹅湖女子学校等新式学堂，开风气之先，培养了包括钱穆、钱伟长等在内的一大批人才，在无锡文化教育史上书写了闪光的一笔。

由于义庄对社会事务的积极参与，弥补了官方在社会治理上的不足，历代政府大都对义庄采取了保护和支持的政策，实则也是一种控制手段，彰显了国家权力无孔不入的渗透和扩张。

以义庄为代表的传统家族慈善，脱胎于农耕社会和宗法文化，受宗族救济观念的制约，施救往往以家族的利益为考量标准，具有内敛性和封闭性。时移世易，传统社会在剧烈的变动中走向近代，继而急速步入现代。以当今的观点审视，义庄必然有诸多不合时宜的地方，与现代慈善形成鲜明的张力和冲突，我们姑且称之为消极因子，主要体现在以下几个方面。

其一，功利的行善观。

从行善动机而言，对义庄的举办和捐助均带有强烈的功利色彩。这与中国入世、功利的传统慈善文化密不可分。儒道的"积善修德"和佛家的"因果报应"都是传统慈善文化的重要思想来源。因之，"中国之为慈善者，皆先以祸福之酬报为心，而慈善之事业实为此祸福之刍狗者也"。① 据学者考察，作为社会救济制度，义庄有两个主要的限制：其一为它们主要的目的并非纯粹的济贫，而是维持家族的生命与声望：例如义学是为了训练科举的人材，以便提升家族成员当官的概率，借此加强家族的社会政治地位及声望；为救济寡妇而设的义田是为了避免她们改嫁而辱及族门，也是为了争取更多朝廷旌表的机会以光宗耀祖，炫显闾里，进一步取得在地

① 《论慈善事业中外之不同》，《东方杂志》1904 年第 1 卷第 11 期，第 266 页。

方上的领导地位。换言之，多种物质上的救济方式，都是基于受益者以后对家族有直接回报这个原则之上。限制之二，家族的义庄制度涉及的人有限：受益的人主要是有相当社会资源的大家族的部分成员，就算在宗族制特别发达的地区，义庄也只救济了少部分的人，即族中主要房的的成员，而非所有族人。而事实上谁是族人也难有具体的定义，家族的自我认定通常都以它的持续性及声望为主要的原则。① 该书中展现的范仲淹请求认祖归宗、改回范姓的曲折历程即为一明证。

书中字里行间均流露着华氏义庄在行善动机上的功利性。如华氏义庄在对族人救助方面，有两条倾斜的政策，一是对节烈妇的照顾，二是对读书人的扶持。节烈妇关系着家族的声望，是名门望族的"标配"，而孤子的抚养、读书人的培养则关系到家族的传承、长远的发展。（第 127、142 页）又如从族人捐田的缘由来看，没有子嗣、得到义庄帮助、对宗族的感情、希望获得声望等。更重要的原因则是，捐置义田，既能带来现实的回报，更能被视为积累功德之举。（第 131 页）此外，捐置华氏义庄的主体，既有官员，又有大量绅商。对于官员而言，捐置义庄，是为子孙积德，期望后死科举能有所得。绅商捐置义庄，则可以提高在地方上的地位，获得声望，即以财富换取声望。（见第 112 页）再如从义庄创办者的动机而言，尽管书中未做明确的析解，但行文中却有多处表露，如华氏家族"尚德乐善"家风的浸染，对秩序和安全的需求，义庄与祠堂常被视为宗族势力兴盛的标记等。又如创办义庄，对于华氏族人而言，具有很多回报，如官方的旌表、科举上的突破、物质上的回报等。在地方上，华氏有着更大的话语权，常主宰地方事务，控制族人，处理各种纠纷。（第 112 页）显然，通过慈善活动，可以为自身和家族赢得多方面的利益，进而扩大"社交圈"，联系多种社会力量，"把自己的影响幅射到更多的社会层面"②，而且也是提高政治地位的一条捷径。事实也正如此，通过创办义庄，华氏不少族人获得朝廷嘉奖和授予功名。如在 1705 年的山东灾荒中，华进思捐米80 石救济灾民，得到官方嘉奖，被授予监生资格，可以参加选官。（第 63 页）后又于 1746 年，被钦选为安徽徽州府休宁县县丞。这无疑是从事慈

---

① 梁其姿：《施善与教化：明清的慈善组织》，河北教育出版社，2001，第 28 页。
② 章开沅：《开拓者的足迹——张謇传稿》，中华书局，1986，第 47 页。

善活动的一个"衍生品"，进一步激发了义庄创办者的热情。此外，清代各个望族热衷于创办义庄，除了因为义庄可带来诸多好处之外，还因为义庄所拥有的义田另有其特殊的优惠政策。如当族人犯罪，被查抄家产时，义庄义田不受影响。（第134页）透过义庄这个载体，传统国人朴素的恩报观念被一一映射了出来，或基于祸福观念，或基于家族利益。概言之，义庄的创办"既是时代的要求，也与乡绅个人及其家族的道德观念和社会、政治地位密切相关"。①

其二，偏狭的施善观。

就施善原则而言，义庄的慈善救助活动根植于深厚的血缘背景，呈现出一种有差等、分亲疏、推己及人的特点。有学者将之称为"差序慈善文化"。即以血缘、地缘和姻缘关系为基础，以家庭自助和家族互助为重点，辅之以邻里互助与亲友相扶，呈现出由近及远、由亲到疏的差序慈善格局，向受助者提供生产辅助、物质支持、精神慰借、情感疏导的功能。②这种文化充溢着浓厚的亲族色彩和乡里情结，流淌于义庄施善和运作的整个过程。义庄在实施救济活动时，有着鲜明的原则和特征：以直系血亲为救济对象，以济贫为救济目标，以本地族众为救济范围，以孝悌、节义为先。在义庄的管理上，以该族贤能者主持义庄事务。在义庄收入的分配上，依照血缘关系的远近，对族人提供帮助。

义庄是中国传统慈善事业的一个缩影，从中我们可以窥见浓厚的宗法血缘基因。这种基因构筑了中国熟人社会，也形塑了差序慈善的格局。因此，我们在称道宗族救济温情一面的同时，也应看到它的偏狭性。诚如学者指出的，家族意识会削弱人的公共精神，阻碍公共精神的发展，造成民众的"闭锁心理和自我抒困解难意识"③。受这种心理的影响，"人们的施恩路径是狭隘的、封闭的、内敛的，往往表现为亲帮亲、邻帮邻、熟人帮熟人的互济互助模式，很难得惠及陌生人。"④ 因此，梁其姿一针见血地指出，"义庄的主要意义仍应在宗族制度发展方面，而不是在广义的社会福

---

① 余新忠：《清中后期乡绅的社会救济——苏州丰豫义庄研究》，《南开学报》1997年第3期。
② 刘威：《反思与前瞻——中国社会慈善救助发展六十年》，《学术论坛》2009年第12期。
③ 蔡勤禹：《慈善意识论》，《天府新论》2006年第2期。
④ 彭红：《传统施恩与现代慈善的文化比较》，《船山学刊》2010年第4期。

利方面。家族救济制度的限制，使大部分的小百姓基本上并不能依赖这类制度来帮助他们渡过生命中的难关。"①

其三，封闭的财富观。

就财富观而言，受中国传统文化"入世"和"功利"的濡染，嫡亲和血缘组合一直是社会结构中最重要的生命单元，无论权力、荣誉、财富的获取、积累与转让，还是其他资源的继承、交换和重组，都被严格限定在这个狭窄的单元内进行。中国的世俗社会极为重视家产的继承和守护，主张"肥水不流外人田"。任何一点财富的流失都会被视为"不孝""不才"和"愧对祖宗"。② 这种财富观决定了国人对待资产的态度趋于保守、自闭和内敛。在传统社会，土地被视为传家之本。义庄"只许买进不许卖出"的准则，即是国人财富观的鲜明写照。即使行"散财"之义举，也多出于功利的心理，或为满足一种家族式的虚荣，图个好名声，或为子孙积功德，祛祸免灾。书中写道，华察七十大寿时，文坛领袖王世贞劝他"减产树德"，于是他卖田3000亩赈济孤贫。作者称华察此举，主要是忧虑儿子成名过早，容易被人嫉妒中伤，散财为儿子积功德。（第164页）

长期以来，以义庄为代表的传统家族慈善一直充当官办慈善的"补充"角色，焕发着不息的生命力。但随着中国从传统向现代社会的转型，这种家族慈善所裹挟的功利行善观、偏狭施善观和封闭财富观与现代公益慈善的矛盾日益凸显，且多生阻力。有学者指出，差序慈善的熟人特征和"圈子性"，限制了慈善救助对象的范围，违背了现代慈善事业的普适价值。此外，避风港式的差序慈善减少了个体向社会寻求支持的可能，压缩了民间慈善机构的生存空间；关系圈式的邻里、熟人互助成为社会支持的重要来源，强化了中国求助关系的封闭性和内敛性，均背离了现代慈善的公平、平等和开放诸原则。③

显然，转型期我国生态慈善建设，须扬弃传统慈善文化资源。该书为我们呈现了一幅华氏家族养教族人、惠济桑梓的和谐图景。以华进思、华

---

① 梁其姿：《施善与教化：明清的慈善组织》，河北教育出版社，2001，第28页。
② 王开岭：《西方的"瘦身"与东方的"胖虚"——慈善文化漫谈》，《书屋》2003年第8期。
③ 刘威：《冲突与和解——中国慈善事业转型的历史文化逻辑》，《学术论坛》2014年第2期。

鸿模为例，除捐出义田、创办义庄外，还从事一系列地方公益活动，如散发棉衣、修浚桥梁、建义仓等等。这是否可以给我们一个启示？传统家族慈善和现代公益慈善也是可以消弭冲突，实现融合的？当然如何推动传统慈善文化的创造性转化，为现代公益助力，尚有待进一步探索。总之，该书从本土意识出发，将义庄的功能与特点娓娓道来，为我们反观传统慈善文化提供了一面镜子，多有启发价值。

三

《华氏家族》一书当然也有一些不能尽如人意之处，如对一些资料的考辨可更细密审慎一些，对一些问题的分析可更深入精当一些。兹例举于下。

资料上，多撷取原始第一手史料加以考述，较为客观真实。但传记和墓志铭资料因自身的特点，多带有"溢美"的性质，在引用时恐要加以甄选。

论述上，或囿于资料，对一些问题未能充分展开。该书在华氏义庄功能和运作的阐述上，从义庄的一般范式说起，未能凸显华氏义庄的特色和典型性，稍有遗憾。华氏义庄创办后，规定赡养族人"先于孝子节妇之穷困者"，那么在孝子、节妇的救助政策上有何倾斜？具体标准是什么？义庄与传统及近代慈善机构的关系如何？等等问题，未能加以细化呈现。据学者考察，家族义庄的成立到了明清交际（17世纪）之时有大幅度的增加，清后期（光绪年间）的江南地区又有另一次的增加。[①] 背后因素则语焉不详。如能对华氏义庄几次大规模创办的时代背景加以考究，或能对全国范围的义庄创办高潮现象有所解答。另据学者研究，义庄宗族保障的运行机制主要有三个方面：（一）严密的救助申办流程；（二）严明的钱粮领取纪律；（三）完善的灾荒应急机制。[②] 华氏义庄在这些方面有无体现？在近代社会转型的大背景下，义庄的近代化体现在何处？义庄消亡的原因有哪些？诸如此类问题，如能加以深度探析，定会推进华氏义庄的研究。

---

① 梁其姿：《施善与教化：明清的慈善组织》，河北教育出版社，2001，第27页。
② 李学如、王卫平：《近代苏南义庄的宗族保障制度》，《中国农史》2015年第4期。

此外，若能通过华氏族人的"内心独白"或"现身说法"等方式，来展示其创办或扩展义庄的动机，或许更为真实、可信。若能对救济对象进行个案考察，则更能一窥义庄在慈善救助方面的局限性。如能对"华氏义庄经久不衰"和"近代走向衰落"的原因加以缕析，或能更好地彰显对当今社会治理和慈善文化建设的借鉴价值。

再者，某些论述或有武断之嫌。比如作者在考察义庄管理体制时，称传统社会中，各类宗族组织采用的带有血缘、宗法色彩的管理机制，是义庄能维系百余年、取信于族人的根本原因。（第119页）这未免有些武断，毕竟华氏义庄的消亡除了时代变迁政权更迭因素之外，一个很重要的原因即这种人治的管理模式。据1950年土改调查资料显示，华氏义庄管理混乱，把持义庄的都是有钱有势的人物，账目也不公开，常贪污中饱，分配赡养费时亦极不公平，有面子就有办法，懦弱者则可欺，像一只被蛀虫掏空的米窝，（第137页）无可奈何地走向了消亡。又如，作者指出传统义庄看似保守的模式，却能使义庄延续数百年。而在近代，盛宣怀创办愚斋义庄，采用了新式的信托基金模式加以管理，只是这一套管理模式却水土不服，不十余年愚斋义庄即告解散。（见第119页）这里将愚斋义庄解散的原因归咎于新式管理模式"水土不服"，恐失之偏颇。

四

该书第一次较为系统地梳理了无锡华氏义庄的演变历史，为读者呈现了一部家族的慈善史诗，为中国慈善史研究再添新彩。家族慈善是构筑现代慈善绕不开也必须依仗的一块基石。该书从本土的问题意识出发考察中国的家族慈善组织，以期为现代社会治理和慈善文化建构提供借鉴和养分，这种学术自觉和追求尤为可贵。

义庄制度虽在中国大地消亡，但义庄的遗址却定格了下来。尤其在江南，坐落于大街小巷的义庄已成为一道标识中国传统慈善文化的独特风景，它向来来往往的参观者无声地诉说着中国传统慈善文化的厚重与沧桑，承载着文化传承的使命和价值。义庄在中国大地消亡后，不经意间时光的车轮已悠悠碾过了半个多世纪。现在再回望义庄的发展历史，或许可以更清晰地洞察其间的变化。站在历史与现实的交汇点上，以期透析历史、理解现实，这也是《华氏义庄》作者写作的初衷及其意义。作者谦称，该书的写作只是其在中国传统慈善研究上的一个起点。我们期待着作者对传统慈善、华氏家族文化的进一步研究，期待着新的著作问世。

祠堂·理学·信仰

——以《朱子家礼》为中心的考察

周天庆[*]

摘要： 理学借助祠堂的独特功能走向民间社会。在祠堂实践中，理学在民间信仰化，民间先祖信仰理学化，作为意识形态、思想文化的理学表现出理学旨趣与民间信仰并行的二重性。理学信仰化拓展了其传播的物理空间，也拓展了民众心理、社会历史空间，实现了理学形态的多样化，完善了儒学教化体系，并重构了民间信仰生态。

关键词： 祠堂　信仰　理学　民间实践

朱熹对祠堂[①]的创造性重构，是理学走向民间社会的一个契机。以祠堂为中心，儒家礼法有效连接了国家、社会，理学实现了对民间社会结构、经济、人际关系、思想、生活、信仰等众多方面的有效整合。理学借助祠堂走向民间社会过程中，表现出理学旨趣与民间信仰并行的取向。随着这种取向的发展，理学在民间由意识形态、文化思想形态向信仰形态转变，确立了其在民间信仰习俗领域的地位，并改变了民间信仰生态。

---

[*] 周天庆，厦门大学马克思主义学院副教授，主要从事宋明理学研究。

① 祠堂之名及实，历代多有变化。《朱子家礼》所称祠堂，以先祖祭祀为核心，以血缘为纽带，与明清之宗祠大致相当，本文所称祠堂即指此，特作说明。

一 祠堂作为理学实践的载体

从思想史的角度看，朱熹完成了儒学由汉唐以来的章句训诂之学至义理之学的转型，儒学由朱熹而重光。但这种转型更主要体现在思想、学术等层面。理学对于下层民众生活等方面的引导以及对基层社会的整合作用，至少在宋代，仍相当有限。作为人口占大多数的平民因文化教育的限制，他们的信仰、精神包括日常生活方式等基本被理学排除在外。《朱子家礼》中的祠堂制度体现了朱熹将理学推向民间社会，规范引导平民生活、思想、信仰的努力，寄寓了朱熹将理学植根于民间社会期望。

祠堂作为祭祀先祖先人的信仰场所，其设立范围、地点历代有别，与冠、婚、丧、祭等仪礼的关系存异，兴废不一。北宋司马光回顾祠堂制度在历代的兴衰时说："先王之制，自天子至于官师皆有庙……及秦非笑圣人，荡灭典礼，务尊君卑臣，于是天子之外无敢营宗庙者。汉世公卿贵人多建祠堂于墓所，在都邑则鲜焉。魏晋以降渐复庙制，其后遂著于令，以官品为所祀世数之差。……唐世贵臣皆有庙。及五代荡析，士民求生有所未遑，礼颓教佟，庙制遂绝。"[①] 可见，至少在北宋之前，祠堂设置范围极其有限，祠堂仅是限于贵族官宦的小众信仰设施，儒学未能将祠堂作为走向社会、文化、信仰实践的主要载体。

《朱子家礼》中的祠堂制度之所以能够作为理学实践的载体，有力地推动明清以来理学全面介入民间社会的进程，与祠堂制度能够紧密连接民间社会以及其可行性密不可分。

《朱子家礼》中，朱熹拓展了祠堂的功能，这是理学能够全面、深度介入民间社会的前提。祠堂是"以报本反始之心，尊祖敬宗之意，实有家名分之首，所以开业传世之本也。"[②]《朱子家礼》强调了祭祀先祖的祠堂核心功能。这与其他先祖祭祀场所如墓祭、寝祭以及建于墓所的祠堂等无

---

① 司马光：《传家集》，《景印文渊阁四库全书》第 1094 册，台湾商务印书馆，1986，第 722 页。

② 秦蕙田：《五礼通考》，《景印文渊阁四库全书》第 142 册，台湾商务印书馆，1986，第 531 页。

大多区别。但祠堂不只承担祭祀的职能，在《朱子家礼》中冠婚丧祭等各种礼仪及设施的规定，也蕴含着丰富的再创造空间，使得祠堂也可以转化为民众精神信仰的中心和解决现实生活事务的机构。祠堂因之具备了信仰、经济、文化教育、治安安全、救济、调解、娱乐、规范日常生活秩序等多重功能，这些功能在实践中相互补充、彼此强化，体现了理学寓正德于厚生的传播取向，这是祠堂制度发展过程中的重大创举，对理学走向民间社会起到了关键作用。借助这些功能及相互补充、强化，理学广泛渗透于民众日常生活之中，祠堂激活了民间社会内部参与儒学实践的能量，理学在普通民众的日常生活中得到高度的认同，百姓能够在日用而不知的情况下实践儒学。理学向民间社会经济、文化教育、信仰等不同的领域全面扩散，祠堂实现了对信仰与个体生老病死、喜怒哀乐、精神信仰寄托、现实问题解决等的有效链接，使祠堂成为民间社会生活的重心，这是祠堂能够植根于民间社会的深层基础。

祠堂制度有力地推动了社会关系的重新整合，构造了理学立足于民间的人际关系、社会组织、社会心理条件。因先祖信仰的凝聚，原子化的个体以祠堂为中心，以宗法制为原则，强化了成员之间的关联度，重构了社会关系。以宗子主导祠堂事务为切入点，通过冠婚丧祭等以"谨名分、崇爱敬"为本的礼仪的配合，形成了以"尊尊亲亲"为基本原则的宗族伦理，"尊尊"确认了儒家伦理对于基层社会成员之间上下尊卑关系的安排，"亲亲"则表达了家族成员间友爱和睦的愿望，血缘关系成员在儒家伦理的引导下凝聚成相对稳定有序的血缘群体，宗族组织在此基础上形成，这改变了原先个体"散无统纪"的状况。定期的祭祀、娱乐等促进了家族成员之间的互动，强化了血缘群体成员间的认同感和向心力。祭祀等公共性活动促进了族人比较一致的生活方式、价值取向和情感体验。祠堂的现实经济、教育、治安保障等功能始终在提示：血缘群体的建立是现实人生的保障，个体只有在血缘群体中才能安身立命。祠堂本身成为儒家教化活动的组织者，依托祠堂重构的宗族等社会组织和人际网络关系为儒家教化的展开提供了有力的组织体系、监督体系、动员体系。

祭田的设置是祠堂能够长久运作的经济基础，这既保证了祠堂制度的稳定性、延续性，也保证了祠堂功能的发挥。《朱子家礼》强调，在设立祠堂的同时应"置祭田"。"初立祠堂，则计见田。……不得典卖。"① 对祭田设置的数量、目的、方式、用途及处置等作了周密的规定。这些规定有效地避免了祠堂制度在实施过程中因为经济原因而兴废无常，或者因为经济原因导致其功能的流失。这也是祭田被认为是宗法制度的核心要素的原因。从祠堂制度的历史实践看，家族祠堂的兴废及功能的发挥与祭田有无多寡具有高度的关联性。如果没有祭田这一经济基础，祠堂的日常运作将停滞，理学实践将失去源源不断的经济动力。

朱熹突破了祠堂设立的身份等级限制，扩大祠堂作为信仰中心的设立范围，有助于打破上层社会对先祖信仰的垄断。宋代之前，"古者宗庙，大夫三，士二，庶人祭于寝，然今世大夫士无世官不得立庙"。② 能够设立祠堂的群体限于士以上阶层，庶民仅能"祭于寝"，庙数须符合各自的身份等级，而且祭祀的对象因身份等级差异也有世数区别："大夫仅及于曾，适士仅及于祖。"③ 这种按照身份等级设立祠堂的原则一直持续到民间祠堂蔚然兴起的明代早期，"庶人无祠堂，惟以二代神主置于居室之中间，或以他室奉之。……至若庶人得奉其祖父母、父母之祀"，④ 在《朱子家礼》中，士庶民可以"立祠堂于正寝之东"，⑤ 也可祭祀高、曾、祖、祢四代先人。《家礼》对祠堂设置的这些规范，扩大了祠堂设置的社会范围，使祠堂成为遍及各阶层的文化信仰实践载体。在祠堂中，纪纲人道始终之礼仪"行之有时，施之有所"，⑥ 各种礼仪也有了展开的空间，"祠堂有斋房、神库，四世之祖考居焉，先世之遗物藏焉，子孙立拜之位在焉，牺牲鼎

---

① 秦蕙田：《五礼通考》，《景印文渊阁四库全书》第 142 册，台湾商务印书馆，1986，第 531 页。

② 邱濬：《大学衍义补》，《景印文渊阁四库全书》第 712 册，台湾商务印书馆，1986，第 618 页。

③ 李光地：《小宗家祭礼略》，《景印文渊阁四库全书》第 1324 册，台湾商务印书馆，1986，第 826 页。

④ 徐一夔等：《大明集礼》，《景印文渊阁四库全书》第 649 册，台湾商务印书馆，1986，第 172 页。

⑤ 秦蕙田：《五礼通考》，《景印文渊阁四库全书》第 142 册，台湾商务印书馆，1986，第 531 页。

⑥ 秦蕙田：《五礼通考》，《景印文渊阁四库全书》第 142 册，台湾商务印书馆，1986，第 530 页。

俎盥尊之器物陈焉，堂上堂下之乐列焉，主人之周旋升降由焉。"① 这为理学的普遍化实践提供了丰富的可能性，至明中前期，由于朱熹理学自身的影响力以及在意识形态主导地位的确立，《朱子家礼》仪制的合法性也得到明代官方的确认，作为一种基层社会设施，祠堂"被士大夫作为思想生产和传播空间"，"并作为行道的工具和场所而进行文化再造的实践"。②

朱熹对祠堂重构的理学民间社会实践意义在于：以祠堂这一物理空间为依托，祠堂成为一个体系完整、功能全面的民间机构，构建了理学传播的社会关系、组织架构、经济支撑网络和社会心理条件，祠堂中经济、文化、教育、保障、信仰、娱乐等功能融为一体，互为奥援，彼此强化，为理学的民间社会实践提供了源源不断的动力。它有效填补了传统社会民间社会的权力空缺，满足了普通百姓各方面的需求，逐渐成为理学民间社会、文化、信仰实践的主要载体。

二 理学在祠堂实践中的二重性

随着社会经济的发展以及明代嘉靖年间官方放宽民间设立祠堂的限制，祠堂逐渐成为民间社会的基本信仰设施。从实践的角度看，理学在祠堂实践中表现出理学旨趣与信仰并存的二重性。

就祠堂实践中的理学旨趣看，在先秦两汉时期，儒家大量介入与祠堂相关礼仪的制作，《周礼》《礼记》《仪礼》等儒家典籍中，冠、婚、丧、祭等多种仪式都与"庙"有关，如行冠礼时"筮于庙门"，订婚仪式中有"归卜于庙"等，不一而足。这些"庙"是后世祠堂的滥觞，其仪式建立在血缘认同的基础上，以强化宗法制为目的，与"庙"相关的各种礼仪本质上是儒家"治政安君"社会政治诉求的表达。

朱熹改造后的祠堂礼仪仍重申了先秦儒家的精神。在《家礼》序文

---

① 吕坤：《呻吟语摘》，《景印文渊阁四库全书》第 717 册，台湾商务印书馆，1986，第 37 页。
② 张小军：《"文治复兴"与礼制变革——祠堂之制和祖先之礼的个案研究》，《清华大学学报》（哲学社会科学版）2012 年第 2 期。

中，朱熹称祠堂制度的目的在于"纪纲人道之始终"，"以崇化导民"，[①]
其宗旨在"人道"而非"神道"。在祠堂的具体仪式中，蕴涵着浓厚的儒
家伦理观念：如"宗子主此堂之祭。而继曾祖之小宗，则不敢祭高祖，而
虚其西龛一；继祖之小宗，则不敢祭曾祖，而虚其西龛二；继祢之小宗，
则不敢祭祖"，[②] 这表达了理学对于宗法等级关系的确认。"祭有十伦"，对
祖先的祭祀礼仪中包含着对亲疏之杀、贵贱之等、夫妇之别、长幼之序、
政事之均、上下之际等各种人伦关系的安排，祠堂中的居家杂仪意在"正
伦理，笃恩爱"。祠堂成为物化了的理学观念，是理学教化的展开场域。
"祖先之礼的核心是用'祖先'格定社会的礼仪秩序。"[③] 祠堂以"谨终追
远"为精神原动力，以"修身齐家"为阶序，依据祠堂的祭祀、经济、慈
善、公益等社会功能，将祠堂转变为乡村秩序体系的权力中心，实现了对
基层社会关系、秩序、习俗、思想信仰世界的重构，以此作为改造社会的
切入点。

但祠堂中的礼仪具有信仰属性，是信仰的象征符号。"礼之所尊，尊
其义也。失其义，陈其数，祝史之事也。"[④]"庙"中的礼仪在形式（数）
上与祝史之事相似，具有信仰属性。荀子论祭时说："其在君子，以为人
道也；其在百姓，以为鬼事也。"[⑤]秦火之后，"庙"中的礼仪因儒家教化
内容渐遭侵蚀而流失，其形式（数）逐渐流变为以先祖为中心的信仰表达
方式。如汉代一些贵族建于墓所的家庙，已与社会教化渐行渐远，成为一
种替代的信仰设施。从历史轨迹看，祠堂始终是与信仰联系在一起的，它
表达的是此岸之人追念彼岸之先祖的宗教情怀，甚至是对彼岸先祖的祈
求、敬畏之心。《家礼》中，明确祠堂之设基于"报本反始、尊祖敬宗"[⑥]

---

① 秦蕙田：《五礼通考》，《景印文渊阁四库全书》第142册，台湾商务印书馆，1986，第
530页。
② 秦蕙田：《五礼通考》，《景印文渊阁四库全书》第142册，台湾商务印书馆，1986，第
531页。
③ 张小军：《"文治复兴"与礼制变革——祠堂之制和祖先之礼的个案研究》，《清华大学学
报》（哲学社会科学版）2012年第2期。
④ 朱彬：《礼记训纂》，中华书局，1996，第183~184、404页。
⑤ 王先谦：《荀子集解》，中华书局，1988，第376页。
⑥ 秦蕙田：《五礼通考》，《景印文渊阁四库全书》第142册，台湾商务印书馆，1986，第
531页。

的宗教精神，祠堂的功能以及各种仪式基本保留了此种信仰因素。

经过朱子改造后的祠堂是一个信仰中心。"祖宗崇拜应当被看成是宗教的第一源泉和开端，至少是最普遍的宗教主题之一。"①《家礼》强调了祖先在信仰中的神圣地位，祠堂中神主是先祖的象征符号，也是祠堂的精神根基。在祠堂中，先祖是一种超验的存在，是宗教情感的寄寓。祠堂中祀先世神主，以依祖先之魂气，"盖人既没而葬，则为主奉之，乃神灵之所依也。主之所奉必有其处，则祠堂者又神主之所依也。故古者不重墓祭，而祭必于庙"。②祠堂是先祖与子孙相互感通之地。子孙日常生活中，"晨谒于大门之内"，③"出入必告"，④"正至朔望则参"，⑤"俗节则献以时食"，⑥"有事则告"，⑦祖先在祠堂这一空间中具有神圣的地位，"或有水火盗贼，则先救祠堂，迁神主、遗书，次及祭器"。⑧祭祀则须有时，或以杯珓卜日。进入祠堂的每个人言行举止都以虔敬庄重为标准，"床席倚卓盥盆火炉酒食之器，随其合用之数，皆具贮于库中，而封锁之不得它用"。⑨祭祀时应降神、参神，以感格祖先之魂魄。祭祀时祝曰："祀事既成，祖考嘉飨，伏愿某亲，备膺五福，保族宜家。"⑩祠堂中举行的各种礼

---

① 恩斯特·卡西尔著：《人论》，甘阳译，上海世纪出版集团译文出版社，2003，第132、133页。

② 徐溥：《何氏家庙记》，《景印文渊阁四库全书》第1248册，台湾商务印书馆，1986，第592页。

③ 秦蕙田：《五礼通考》，《景印文渊阁四库全书》第142册，台湾商务印书馆，1986，第531页。

④ 秦蕙田：《五礼通考》，《景印文渊阁四库全书》第142册，台湾商务印书馆，1986，第532页。

⑤ 秦蕙田：《五礼通考》，《景印文渊阁四库全书》第142册，台湾商务印书馆，1986，第532页。

⑥ 秦蕙田：《五礼通考》，《景印文渊阁四库全书》第142册，台湾商务印书馆，1986，第532页。

⑦ 秦蕙田：《五礼通考》，《景印文渊阁四库全书》第142册，台湾商务印书馆，1986，第532页。

⑧ 秦蕙田：《五礼通考》，《景印文渊阁四库全书》第142册，台湾商务印书馆，1986，第533页。

⑨ 秦蕙田：《五礼通考》，《景印文渊阁四库全书》第142册，台湾商务印书馆，1986，第531页。

⑩ 秦蕙田：《五礼通考》，《景印文渊阁四库全书》第142册，台湾商务印书馆，1986，第574页。

仪表达了贯通幽明生死、融合世俗与神圣、度越此世与彼岸的宗教意蕴，服制器皿等成为信仰的象征符号。祖先似乎无处不在，在彼岸世界统摄着祠堂中的一切陈设和礼仪，甚至统摄着进入祠堂的子孙的言行举止。无论在功能上，还是在民众宗教情感的引导上，祠堂都被营造为一个此岸之人与彼岸之先祖沟通的空间。尽管明代以后祠堂民间实践中扩展出社会、经济、文化、赈济等众多功能，但祠堂首先是一个以先祖信仰为精神内核的信仰设施。

"从宗支到房支的所有祠堂，……仍然具有作为一个明显整体的原有的信仰功能。"①各种礼仪在祠堂铺陈开来，生与死、人文与神道、理学宗旨与宗教精神相互交融，并物化于祠堂之中，祠堂也因此成为推行理学实践的坚实可靠的物质载体。在祠堂中，对先祖信仰的过程也是践行理学精神的过程，而践行理学精神的过程也是信仰先祖的过程。祠堂仪制及其实践过程表现出明显的理学旨趣与民间信仰并行的二重性。

祠堂的这种二重性原因包括：有儒学发展的内在原因与儒学传播的社会条件。一方面，"神道设教儒所崇"，② 先秦以来儒学有"神道设教"的传统，如《易·观》有"圣人以神道设教，而天下服矣"③之语。汉代"谶纬神学"可视为儒学传播过程中"神道设教"的具体表现。朱熹选择祠堂作为祠堂作为理学基层社会实践的载体，是对儒学传播过程中这一路径的再次确认。另一方面，朱熹在之所以选择"神道设教"作为理学民间社会实践路径，受制于传统社会民间信仰习俗和民众的文化心理。先祖信仰源远流长，上至帝王官宦，下至黎民百姓，在长期的历史演变中已经成为一种全民的信仰类型。从民间角度看，先祖信仰之所以经久不衰，往往出于人们祈求祖先保家佑族，福佑子孙此世的幸福，纾解此生苦难的呻吟，或者出于消灾避祸的现实需要，这是先祖信仰习俗形成的心理动力源泉，也是普通民众日常生活观念的底色。佛、道思想之所以能够渗透于祖

---

① 莫里斯·弗里德曼：《中国东南的宗族组织》，刘晓春译，王铭铭校，上海人民出版社，2000，第47页。

② 王禹偁：《小畜集》，《景印文渊阁四库全书》第1086册，台湾商务印书馆，1986，第159页。

③ 朱熹：《周易本义》，九州出版社，2004，第189页。

先信仰的各个环节和仪式中，百姓所以信青鸟家言"停棺数十年不葬者"①，无非是"媚于鬼神而觊冥福"②，在民间信仰基础上形成的文化心理、行为模式、生活方式等形成了强大的惯性力量，也深刻地左右着人们对以祠堂为中心的理学观念的态度、接受、表现方式。从实践看，明清之际祠堂中的仪式也有释、道及巫术等民间信仰因素的介入，民间不时出现丧祭时"惑浮屠之法、修淫昏之祀"的情形，并未完全遵循《家礼》的相关规定，这也可说明民间信仰习俗的顽强生命力。

祠堂兼具理学旨趣与民间信仰的二重性，从理学传播的角度看，朱熹通过发掘重构传统资源，找到了理学与民众信仰的契合点，理学与民间信仰习俗形成了共生形态，祠堂兼顾了普通民众的信仰需求，并利用先祖信仰形式，置入理学的要求和宗旨。理学宗旨借助信仰动力得以被普通民众接受，并行之久远，而普通民众信仰因理学范导而有所统归。在实践中，理学在民间信仰化，而民间先祖信仰理学化。朱熹以此"交神于无而寓理于有，致礼于幽而兴物于明"③，实现了理学宗旨与信仰习俗的高度融合，"祖宗崇拜具有渗透于一切的特征，这种特征充分并规定了全部的宗教和社会生活"。④

三 理学信仰化的意义

民间信仰习俗是民间文化的主要构成要素，理学与民间信仰习俗在文化信仰权力方面存在竞争关系，理学需借助祠堂扩展其在民间社会文化信仰领域的地位。为了争取基层民众，争夺民间文化信仰权力，根据普通民众接受心理、习惯，理学也调整了其传播策略，即理学信仰属性不断强化

---

① 郝玉麟等：《广东通志》，《景印文渊阁四库全书》第 564 册，台湾商务印书馆，1986，第 400 页。
② 程敏政：《尢山汪氏重建祠堂记》，《景印文渊阁四库全书》1252 册，台湾商务印书馆，1986，第 285 页。
③ 卫湜：《礼记集说》，《景印文渊阁四库全书》第 119 册，台湾商务印书馆，1986，第 484 页。
④ 恩斯特·卡西尔著：《人论》，甘阳译，上海世纪出版集团译文出版社，2003，第 132、133 页。

的趋势。这种趋势促使理学形态的转换，重构了民间信仰生态。

祠堂实践推动理学由意识形态、思想文化转换为民间信仰形态。宋代时理学在意识形态、文化思想领域的地位上升，理学主要依托书院、科举制度扩展，但理学尚未普遍化。元代科举将朱熹所注"四书"悬为功令，但相对于广阔的民间社会来说，理学的传播范围仍相对有限。明代前期，理学真正上升为意识形态的主导地位。但严格意义上，理学至此或者表现为意识形态话语，或者表现为士绅阶层的思想文化体系，这种话语体系与庶民的生活仍存在相当的隔膜。朱熹以祠堂为载体向民间推行理学的过程，作为意识形态或精英话语的理学转换为民间信仰话语系统，理学向信仰形态演变。

先祖是整个祠堂仪制的灵魂，祭祀先祖是祠堂活动的重心，祈求先祖保佑家族繁衍是民众参与到祠堂实践体系的重要精神驱动力，先祖信仰提供了祠堂组织体系及各种功能展开的精神资源。在仪式上，祠堂采用了信仰的外壳。《家礼》称祠堂"制度亦多用俗礼"①，祭祀时也沿袭民间信仰习俗，如需"献以时食"的"中元节"源自道教信仰。朱熹之所以将理学嫁接于信仰习俗之中，盖因"今风俗皆然，亦无大害国家，不免亦随俗为之"②，意在方便理学循着缘俗设教的方向在民间展开实践之路。祠堂并非生产、生活的实用空间，其设置具有强烈的象征意味。在祠堂中，理学观念符号化，理学思想原则和要求等物化于祠堂中神主、祭器各种设施中，理学理念被具象地表达，具体为大量铺陈的礼仪，表现在祠堂肃穆庄敬氛围的营造上，外化于进入祠堂人员的服饰音容中，蕴涵在参与者进退揖让的程序中。在祠堂的实践中，信仰的因素不断被强化，如因果、福报观念在祠堂活动中的凸显。围绕祠堂的活动在一定程度上演变为信仰的表达形式。理学至此已经由意识形态、思想文化形态转变为信仰形态。

祠堂改变了祖先信仰的表达方式。民间也有浓厚的祖先崇拜，但民间祭祀祖先礼仪保持了底层文化的特色，民间祖先祭祀往往出于万物有灵观

---

① 秦蕙田：《五礼通考》，《景印文渊阁四库全书》第 142 册，台湾商务印书馆，1986，第 531 页。
② 朱熹：《朱子语类》，《景印文渊阁四库全书》第 701 册，台湾商务印书馆，1986，第 892 页。

念，认为祖先在另一个世界能够保佑子孙后代，甚至出于害怕祖先灵魂作祟，敬畏而祭之，这是民间祖先祭祀的最主要的心理动力。但民间往往只能于寝处祭祀祖先，条件有限，仪式相对简单，缺乏组织性、规范性，呈现出自发性、本土性等特点。庶民祭祀祖先表达的是现实功利的目的和愿望，凡是被认为有助于与祖先沟通、能够取悦祖先的方式和手段都会使用于祭祖仪式中。仪式中掺杂巫术、方术等。因此民间祖先祭祀仪式、方式等显得粗鄙浅薄，甚至表现出桀骜不驯的特质。经过祠堂转换之后，祖先信仰在仪式上、内涵上都呈现为体系化、规范化，表达的是儒家的价值取向，血缘群体成为祖先信仰的重要社会支撑体系，儒学开始逐渐主导民间祖先信仰。

这一形态与作为官方意识形态和作为思想文化的理学不同，首先，作为信仰形态的理学立足于普通民众日常生活，呈现生活化、世俗化的特点。其次，信仰形态的理学在祠堂设置中具象化、符号化，通俗易懂，重在实践而非理论阐释和创造。再次，信仰形态的理学充分调动了民间的力量作为传播动力。

这种转换，意味着儒学真正完成了政道教一体三翼的布局，实现了形态的多样化。汉唐以来，作为意识形态，作为文化教育的主要内容，儒学已经在政治生活、文化教育体系中全面展开，即儒学之政与道的展开。但适应普通民众文化教育水平、信仰背景，能为普通民众持久信奉、践行的儒学形态并未真正形成，普通民众被隔离于儒家教化体系之外，亦即儒家教化体系相对来说仍有欠缺。信仰形态的儒学契合了普通民众的生活、思想和信仰实际与需求，易于被普通民众接受践行。借助先祖信仰，儒家才真正将民间社会纳入自身的教化范围。在此意义上，信仰形态理学的出现，标志着理学真正构建了覆盖整个社会政治、法律、思想、文化教育、民众生活的完整教化体系。

理学信仰化重构了民间信仰生态。在朱熹的祠堂体系中，理学与民间信仰因素既有融合的一面，也有竞争的一面。总体上，朱熹在利用先祖信仰资源时坚持理学主导的原则，极力排除不符合理学精神的民间信仰行为和仪式。《家礼》吸纳了对于理学无伤大雅的民间信仰习俗，但明确规定，举行丧礼时"不作佛事"，斥除"饭僧设道塲，或作水陆大会，写经造像，修建塔庙"①，这些规定限制了其他信仰对于祠堂信仰体系的渗透、冲击，确立了理学对于祠堂仪制及其实践的主导地位。在此后的实践中，不少儒者继承了朱熹确立的原则，如明曹端明确要求子孙丧礼绝释、老之说，"仪式并遵文公家礼"②，民间家乘中丧祭之礼严拒佛、老的要求屡见不鲜。由于儒家知识分子的推动，释、道等民间信仰参与丧祭等礼仪的机会大大减少，其社会空间也被压缩。以祠堂为中心的信仰体系蔚然兴起，成为民间占据主导地位的信仰形式，甚至在一些地方，取得了对其他民间信仰的优势地位，"徽俗不尚佛、老之教"③，以祠堂为中心的信仰体系与其他民间信仰呈现此消彼长的趋势。

儒家主导的祠堂信仰体系的扩展，原先由释、道甚至巫术为底色的信仰类型在民间的垄断地位被打破，这加快了儒家引导平民生活、思想、信仰的步伐，加大了力度，以祠堂为中心的先祖信仰逐渐成为民间信仰的主要类型之一，改变了儒家文化在民间信仰领域缺席的状况。官方及儒家知识分子"在地方上推行种种儒家的'礼仪'，并同时打击僧、道、巫觋的法术"。④ 儒家原则和要求逐渐成为判断信仰合法性的依据，这在一定程度上形成了对其他民间信仰行为的牵制，如民间信仰行为中的奢靡、伤风败俗行为因为儒家思想的影响而有所收敛。此外，因为祠堂信仰体系与其他民间信仰的竞合，民众各取所需，儒、释、道主导的民间信仰出现互相渗透的倾向，如释、道参与丧葬仪式，祠堂建设过程中风水观念的掺入，民间信仰中神灵神格的则儒家伦理化等。在儒释道主导的民间信仰相互渗透过程中，国家权力意志、精英文化借此实现了对民间信仰生态的重构，这在一定程度上促进了不同民间信仰类型的平衡。

---

① 秦蕙田：《五礼通考》，《景印文渊阁四库全书》第 142 册，台湾商务印书馆，1986，第 549 页。

② 曹端：《曹端集》，王秉伦点校，商务印书馆，2003，第 205 页。

③ 许承尧：《歙事闲谭》（下），李明回等校点，黄山书社，2001，第 607 页。

④ 科大卫、刘志伟：《宗族与地方社会的国家认同——明清华南地区宗族发展的意识形态基础》，《历史研究》2003 年第 3 期。

图书在版编目（CIP）数据

儒道研究. 第五辑 / 卢国龙主编. -- 北京：社会
科学文献出版社，2020.8
ISBN 978 - 7 - 5097 - 7556 - 1

Ⅰ.①儒…　Ⅱ.①卢…　Ⅲ.①儒家 - 研究②道家 - 研
究　Ⅳ.①B222.05②B223.05

中国版本图书馆 CIP 数据核字（2018）第 297807 号

儒道研究（第五辑）

主　　编 / 卢国龙

出 版 人 / 谢寿光
责任编辑 / 袁卫华

出　　版 / 社会科学文献出版社·人文分社（010）59367215
　　　　　　地址：北京市北三环中路甲 29 号院华龙大厦　邮编：100029
　　　　　　网址：www. ssap. com. cn
发　　行 / 市场营销中心（010）59367081　59367083
印　　装 / 三河市龙林印务有限公司

规　　格 / 开　本：787mm×1092mm　1/16
　　　　　　印　张：14.5　字　数：222 千字
版　　次 / 2020 年 8 月第 1 版　2020 年 8 月第 1 次印刷
书　　号 / ISBN 978 - 7 - 5097 - 7556 - 1
定　　价 / 124.00 元

本书如有印装质量问题，请与读者服务中心（010 - 59367028）联系